人力资源和社会保障部
中国职工教育和职业培训协会　组织编写

现代班组长
岗位培训教程

主　编　毕结礼

外语教学与研究出版社
FOREIGN LANGUAGE TEACHING AND RESEARCH PRESS
北京 BEIJING

图书在版编目 (CIP) 数据

现代班组长岗位培训教程 / 毕结礼主编. — 北京 ：外语教学与研究出版社，
2014.11
ISBN 978-7-5135-5250-9

Ⅰ. ①现… Ⅱ. ①毕… Ⅲ. ①班组管理－岗位培训－教材 Ⅳ. ①F406.6

中国版本图书馆 CIP 数据核字 (2014) 第 268429 号

出 版 人　蔡剑峰
项目策划　吕志敏
责任编辑　吴　飞
装帧设计　锋尚设计
出版发行　外语教学与研究出版社
社　　址　北京市西三环北路 19 号（100089 ）
网　　址　http://www.fltrp.com
印　　刷　北京京科印刷有限公司
开　　本　787×1092　1/16
印　　张　17.5
版　　次　2014 年 11 月第 1 版 2014 年 11 月第 1 次印刷
书　　号　ISBN 978-7-5135-5250-9
定　　价　45.00 元

职业教育出版分社：

地　　址：北京市西三环北路 19 号 外研社大厦 职业教育出版分社 (100089)
咨询电话：010-88819475
传　　真：010-88819475
网　　址：http://vep.fltrp.com
电子信箱：vep@fltrp.com
购书电话：010-88819928/9929/9930 (邮购部)
购书传真：010-88819428 (邮购部)

购书咨询：（010）88819929　电子邮箱: club@fltrp.com
外研书店: http://www.fltrpstore.com
凡印刷、装订质量问题，请联系我社印制部
联系电话：（010）61207896　电子邮箱: zhijian@fltrp.com
凡侵权、盗版书籍线索，请联系我社法律事务部
举报电话：（010）88817519　电子邮箱: banquan@fltrp.com
法律顾问: 立方律师事务所　刘旭东律师
　　　　　中咨律师事务所　殷　斌律师
物料号: 252500001

编审委员会

主　任：毕结礼

副主任：陈邦峰　陈　祎

编　委：（按姓氏音序排列）

陈斯毅　董　菁　孔令启　李荣生

兰　垣　刘继斌　田光哲　王德跃

王　琳　王立喜　王喜海　张宗辉

郑春发

编写委员会

主　编：毕结礼

副主编：王　琳　石惟理　刘忠东

编　者：（按姓氏音序排列）

毕结礼　多　宏　付小骏　葛正宇

侯国旗　焦　玲　李吉鹏　李　娟

李丽娟　李向东　李粤冀　刘忠东

罗昭通　潘　伟　曲金龙　单　红

孙　洁　石惟理　史　珺　王冬云

王　琳　王　鹏　王喜海　王颖莉

吴学海　周建政

前　言

　　企业班组建设和班组长岗位能力提升培训，是企业内生动力生发、企业活力增强、企业竞争力和执行力提升的重要途径，具有基础性和关键性作用。党的十八届三中全会，把转变发展方式和人才强国战略、人才强企战略放在更加突出的位置。我国经济技术的发展正在由粗放型向精细型转化，正在朝着人才红利的方向迈进。国家经济技术发展和人才发展战略，对企业班组建设和班组长岗位能力，特别是管理能力提出了更高的要求。随着现代化国家和现代化企业的发展，班组在企业中的基础性作用日益凸显。大家越来越认识到企业班组建设和班组长岗位能力对企业竞争发展、持续发展的基础性作用。

　　长期以来，国家一直非常重视班组长岗位培训。1986年，在改革开放的关键时期，原国家经济委员会等相关单位在全国开展全方位的企业班组长培训工作，并取得了显著成效。2004年，为进一步推动新时期班组建设，促进班组长能力提升，增强企业活力和竞争力，原劳动和社会保障部提出加强班组长岗位培训的要求，并由中国职工教育和职业培训协会（简称中国职协）承担班组长岗位培训项目的开发工作。在原劳动和社会保障部领导的直接领导下，在相关业务司局的帮助下，中国职协组织相关培训专家编写了《企业班组长岗位培训标准（试行）》和《企业班组长培训教程》（2005年8月正式出版）。同年，原劳动和社会保障部提出在全国开展现代班组长培训工作。原劳动和社会保障部、中国职协在太原钢铁（集团）有限公司召开了"现代班组长座谈会暨培训启动仪式"，主管职业培训工作的原劳动和社会保障部副部长林用三出席会议并讲话。

　　时代在进步，发展在加速，我国现代化发展的水平不断提升，企业现代化步伐也在不断加快，特别是信息技术、互联网技术日新月异，正在改变整个世界，软能力在经济技术发展中快速显现，人们的危机感、时代感、发展感愈加强烈。因此，企业班组建设、班组长岗位能力，尤其是管理能力、学习能力、创新能力必须与时俱进、强化提升。推进新时期班组长岗位能力提升培训，是新时代发展的要求，也是人力资源和社会保障部、中国职工教育和职业培训协会的职责所在，是全面落实党的十八大精神和国务院《关于加快发展现代职业教育的决定》，推进国家构建劳动者终身职业培训体系的必然行动，势在必行。

20年后的今天，中国职协组织专家重新编写班组长岗位能力提升教材，旨在体现三个要点：一是紧紧扣住现代企业发展的主题，使班组长能力适应现代企业发展需要，并成为企业现代化建设的中坚力量；二是紧紧扣住职业教育和职业培训的运作特征，突出教材的实践性特点，使教材简单易学、好用和实用；三是尽可能吸收新的内容和实践中的典型做法，紧紧把握国家经济技术发展战略和现代企业发展趋势，凸显班组管理的人本思想和现代管理发展趋势。全书分为九个单元，分别是走进现代企业 认识现代班组、班组长的角色定位与认知、班组长职业素养与岗位胜任能力、班组管理基础建设、班组实务管理、班组现场管理、班组效能管理、班组压力与情绪管理、班组创新管理。

根据现代企业的变化与发展对班组长能力建设，以及国家推进现代职业教育体系建设和劳动者终身培训体系构建目标的要求，我们在教材内容和设计上，较2005年出版的《企业班组长培训教程》做了较大调整，补充了一些适应我国经济方式转型、现代化发展的内容，增加了走进现代企业 认识现代班组、班组效能管理、班组压力与情绪管理等单元。在其他单元中，我们强化了员工素质教育、精细化管理和文化建设的内容。

由于水平有限，虽然我们尽了努力，但难免存在疏漏和不足，请广大职教工作者批评指正，以进一步完善本书，谢谢大家。

毕结礼

2014年11月

Contents

目　录

第 **1** 单元

走进现代企业 认识现代班组

　　现代班组，是现代企业生命有机体中的重要组成部分。没有现代化的班组，就不可能有现代化的企业。现代企业必须高度重视现代班组建设，使班组建设和运行管理体现在企业的一切经营活动和行为中，实现科学有效的管理，实现预期的效果。为了使现代班组成为现代企业管理体系中的有效组成部分，发挥好班组在企业生产经营中应该发挥的功能作用，使班组建设和班组管理成为现代企业发展和管理的重要内容，就要求企业的班组建设和班组长岗位胜任能力必须遵循现代企业建设和发展的客观规律，与现代企业发展的轨迹相一致。而现代企业的班组建设和班组长岗位能力提升，首先要求应对现代企业有一个最基本的认识。应当提升班组长对现代企业、现代班组的认知能力，深入了解什么是现代企业和现代班组，是对班组长最基本的素质要求。

学习目标

1. 熟知现代企业的主要特征。
2. 熟知现代班组的主要特征。
3. 能够分析传统企业与现代企业的主要区别。

学习方法

1. 通过了解本企业及班组的发展变迁，分析企业和班组的变化情况，并归纳成文。
2. 可以采用网络学习法，上网搜集不同企业、不同班组的情况，并归纳成文。
3. 有组织地走访某些现代企业，开展同业交流活动。

The first section
第一节
现代企业的主要特征

相对于传统企业而言，现代企业是代表经济组织最先进形式和未来主流发展趋势的企业组织形式，是伴随着以信息技术、生物技术、材料技术、激光技术、空间技术、海洋技术、新能源技术等一系列高新技术为代表的新技术革命而产生、发展起来的。从管理的角度看，现代企业的特征主要体现在管理的创新，包括管理理念、管理制度和管理技法的创新。这些重大创新要素，是现代企业管理区别于传统企业管理的标志所在，是班组长能力提升的基础和依据所在。

一、案例导入

天士力集团是现代化企业吗？

天士力集团是由天士力集团公司及其参、控股的11家公司组成的，是以制药为主体，从事天然植物药研究和标准化种植、加工、生产相配套的高科技企业集团。该企业注重以产权制度为核心的管理制度和体制变革，建立起一整套适合企业快速发展的现代企业制度和管理模式。公司股东大会、董事会、监事会、经理层按照《中华人民共和国公司法》（简称《公司法》）的要求规范运作，责权分明，并在产权改革中确立了开放式的员工参与体系，把企业发展和员工个人利益在产权制度上紧密结合，为企业的持续发展创造条件。

天士力集团通过不断引进各类不同文化背景的人才，改变传统观念和行为模式，并在企业内强调"以人为本，天人合一，变则通，通则合"，包容多元的"通""合"价值观，体现了尊重人才、灵活机动的经营观。他们认为：在工作中做出优异成绩的

最佳途径是参与创新，没有成熟的行业，只有守旧的管理者。

天士力集团建立了现代企业管理制度，完善了财务管理体系、市场管理体系、科研管理体系、人力资源管理体系、GMP（药品生产质量管理规范）体系等基础体系，确立了科学的工作流程。公司注重激励与奖励机制的建设，建立了分配上具有高度调控权和按劳取酬的激励机制。按照个人业绩，特别是对企业发展至关重要的创造性劳动成果进行奖金分配，拉开分配档次，并重奖有突出贡献的科技人员，使人才在经济上和心理上都得到了应有的回报，激发了全体员工对创造性劳动的不懈追求。

公司聘请国内外著名医药专家、经济管理专家分别担任企业技术发展顾问和经济管理顾问。企业高级管理人员的专业背景包括药物研发、药物制剂、金融、财会等，有丰富的管理企业和制定、实施战略计划的经验，使集团拥有一个多文化、多学科、年轻化的充满进取、创新意识的合作团队，形成了技术专家、管理专家、财务专家相结合的专家型人才管理团队，成为带领企业不断走向现代化、国际化的核心力量。

公司将知识、技术作为创造财富的核心能力，特别是生物技术、组合化学技术、高速药物筛选技术等已在企业广泛应用。公司目前具有先进的制剂生产技术，并采用了当今最新的提取、分离和制剂生产技术，同时投入向R&D（研究与开发）倾斜，直接增强了公司对新产品的研发能力。ERP（企业资源计划）项目以及CIMS（计算机集成制造系统）项目的实施和文件化、流程化的管理体系，使公司目前形成了通过计算机和网络进行数据传递、收集、分析、决策的管理信息系统。公司目前的内部网络和电子平台能够使客户、供应商、投资者及内部员工之间保持直接的沟通，拉近了企业与社会的距离，获得了有力的信息支持，使企业在融入经济的国际化、全球化过程中掌握主动权。

二、案例分析与启示

（一）案例分析

现代企业制度和现代管理观念、方法是现代企业的主要标志。它以市场经济为基础，具有完善的企业法人制度和科学的组织管理体系，产权明晰，管理科学、高效。天士力集团作为以大健康产业为主线、以制药业为中心的高科技企业集团，符合现代企业的基本特征。

一是公司建立了完善的组织机构和现代产权制度，运用了先进的管理思想，构建了独特的企业文化，建立起一整套先进的现代企业管理制度。

二是在管理上注重人的引进、人的协调、人的激励，通过较高的领导层素质、员工素质以及合理的人力资源调配，使企业形成良好的组织氛围和激励机制。

三是公司注重人本管理和数字化管理，在产权改革中确立了开放式的员工参与体系，把企业发展和员工个人利益在产权制度上紧密结合；在数字化应用上形成了通过计算机和网络进行数据的传递、收集、分析、决策的信息管理系统，提高了管理效率。

（二）案例启示

建立现代产权制度，采用现代化技术进行现代化管理是现代企业的重要标志。现代化的管理包括管理思想现代化、管理组织现代化、管理方法现代化、管理手段现代化、管理人才现代化和管理制度现代化等六个方面。其中，管理思想现代化是先导，管理人才现代化是关键，管理制度和管理组织现代化是保证，管理方法和管理手段现代化是条件。

现代企业的这些关键要素，是现代班组建设及班组管理的基础和依据。

三、学习要点链接

（一）现代企业的主要特征

与传统企业相比，现代企业在技术进步的推动下，高新技术装备不断更新，生产力水平迅猛发展。同时，高新技术装备下的生产方式变革，加快了经济全球化和信息化进程，推动企业构建以资本为纽带的现代企业制度，形成以现代管理理念和工具为支撑的企业管理与创新机制。

所有者与经营者相分离，拥有现代技术，实施现代化的管理，企业规模呈扩张化趋势是现代企业的四个最显著的特征。

1. 拥有现代技术——现代企业技术的基本特征

（1）具有先进的设备和技术手段。无论在产品设计上，还是在工艺流程、技术手段上都具有时代的先进性。

（2）具有较高的数字化、信息化程度。大量的电子报表、数字化管理工具的使用，推进着企业管理水平和技术的不断更新，并已成为企业生存的基本条件。

（3）劳动分工与协作关系越来越精细、复杂。现代企业是建立在社会化大生产基础上的，而社会化大生产都具有整个社会共同劳动的客观要求，其影响范围已远远超出了企业、地区甚至国家范围，精细分工和密切协作成为现代企业发展的必然趋势。

2. 所有者与经营者相分离——现代企业制度的基本特征

现代企业制度是指在适应现代社会化大生产和市场经济要求下，以政企分开、产权明晰、权责明确、管理科学为特征的新型企业制度。其中，所有者与经营者相分离作为现代企业制度的最基本体现，有以下三个基本特点：

（1）产权明晰。企业按资本构成可以有多种组织形式，并以《公司法》为依据，在产权明晰的基础上，有一套完善的公司法人治理结构。其中，公司制能够有效地实现出资者所有权与企业法人财产权的分离，有利于政企职责的分离和经营机制的转换，有利于摆脱企业对政府的依赖，有利于解除政府对企业承担的无限责任。除公司制企业外，还有非公司制企业，如全民所有制企业（即国有工业企业）、城镇集体所有制企业、私营或民营企业等，它们构成了我国现行的企业制度体系。产权明晰，就是要逐步改变原有不适应市场经济体制的企业制度。

（2）权责明确。权责明确是指合理区分和确定企业所有者、经营者和劳动者各自的权利和责任。其中，所有者按其出资额，享有资产受益、重大决策和选择管理者的权利，企业破产时则对企业债务承担相应的有限责任；经营者受所有者的委托，在一定时期和范围内拥有经营、支配企业资产及其他生产要素并获取相应收益的权利；劳动者则拥有按与企业的合约履职、就业并获取相应收益的权利。此外，权责明确还涉及在所有者、经营者、劳动者及其他利益相关者之间建立起一种相互依赖又相互制衡的机制。

（3）管理科学。管理科学广义上指企业组织的合理、高效；狭义上指特定的企业管理要素，诸如产品研发管理、营销管理、生产计划管理、质量管理、物资供应管理、人力资源管理等方面的科学化和先进管理方式的使用。管理是否科学的最终判定标准在于管理的效率，即管理成本和管理收益的比较。

3. 实施现代化管理（凸显人本管理）——现代企业管理的基本特征

（1）人本管理特色明显。在当代，企业的发展已不再是生产规模的简单扩大，企业的竞争力突出地体现在科技、管理水平的高低，而科技、管理要素的主要载体是人。人是最积极、最活跃、最关键的因素，是创造力的源泉。人的主观能动性发挥得如何，直接关系到组织生产经营效率和经济效益的高低。

与"以物为中心"的管理思想相对应，人本管理自始至终把"人"置于企业经营管理的核心地位。从狭义视角看，人本管理主要考虑的是企业物质资本所有者（即传统意义上的企业所有者）和人力资本所有者（即企业内部员工）的利益；从广义视角看，人本管理还考虑到企业的社会责任，体现着对企业外部主体的人文关怀。

有学者将人本管理概括为"3P"管理，即Of the People（企业最重要的资源是人），By the People（企业是依靠人进行生产经营活动的），For the People（企业是为了满足人的需要而存在的）。

人本管理要求理解人、尊重人，充分发挥人的积极性、主动性和创造性。作为一种现代管理方式，相对于传统的管理方式而言，它是一种根本性的跨越，是更高层次的管理方式。

现代企业的人本管理更强调在认识上对人的本质和心理活动的重新认知（如人性假设理论、激励理论），重视人才的选拔、培养和保护，加大企业人力资源开发和人力资本投资的力度；在管理上实行参与管理、民主管理，采取有效的制度设计和企业管理活动来最大限度地调动员工的主动性、积极性和创造性；在文化上创造良好的企业文化氛围和员工的共同行为模式，开展团队的合作与学习，建立学习型组织，进行组织修炼；在企业评价标准上，将企业与员工的共同成长视为企业成功的标志。

现代企业的人本管理将职工视为企业的主体，除了追求企业内部人的利益外，还要关注外部人的利益，行使企业的社会责任，为社区建设、环境保护、文化发展作贡献。企业管理既是对人的管理，也是为人的管理。美国《财富》杂志曾通过"创新精神，总体管理质量，长期投资价值，对社区和环境的责任，吸引和保留有才华人员的能力，产品和服务的质量，财务的合理性程度，巧妙地使用公司财产的效率以及公司做全球业务的效率"这九个导向性指标，来评选世界最优秀的企业。从中可看到，企业对员工、对社会、对用户的责任等指标在整个指标体系中占有相当分量。

 案例：

★ 柳传志的育人思想

> 柳传志认为人才是利润最高的商品，能够经营好人才的企业最终是大赢家。他认为企业需要各种各样的人才，但主要需要这三种人才：一种是能够做好一摊事的人；另一种是能带领一班人做好事情的人；第三种是能审时度势、制定战略的人。

（2）企业文化特色明显。企业文化作为被组织成员认同、共享并共同具有的信念与认知，集中反映了一个企业经营管理的理念以及由此产生的组织行为。

有关材料证明，世界上许多知名企业之所以充满活力，主要在于其企业文化不同于一般的企业。它们不像传统企业那样将增加产量、降低成本和加强市场营销作为直接的管理要求，而是通过文化建设，培育员工的价值观认同，从而提高员工的职业素养，以内在的动力和岗位行为，形成企业高效率、低消耗和标准化的运营规则。活力型现代企业文化主要有以下五个特点：一是有追求客户满意、员工幸福、企业成功，推动员工与企业共同成长的愿景；二是有协同配合、包容互补的团队精神；三是有公开公正、相互尊重、平等待人的民主氛围；四是有注重员工内在动力挖掘和激励的管理理念；五是有鼓励创新、持续改进的学习型组织文化。活力型现代企业文化核心是将企业的发展建立在"尊重人""发展人"的基础上。

我们看到，在2013年第20期《中国人力资源开发》杂志中，几乎用了43个页面的篇幅推出了关于苏州固锝电子股份有限公司"幸福企业"和"幸福班组"建设的采访、评论和报道。

这家前身为1981年成立的苏州无线电元件十二厂，现为国内最大二极管生产基地的公司，于2006年在深交所上市，自2009年开始进行"幸福企业"建设。

五年来，苏州固锝电子股份有限公司完成了问题企业→守法企业→学习型企业→利他型企业（幸福企业）的转变，并逐步完成了"幸福企业"体系构建，具体包括八大模块，如表1-1所示。

 **案例：**

★ 苏州固锝，"幸福企业"进行时
——企业的利润来自于员工的幸福和客户的满意

表1-1　"幸福企业"体系构建的八大模块

序号	模块	内容
1	人文关怀	困难员工基金，幸福领班，知心姐姐，准妈妈关怀，幸福午餐沟通会，爱心车队，离职员工座谈会，领班关爱基金
2	人文教育	圣贤教育，礼仪讲座，孝亲电话，好话一句分享，家庭日，读书会，生日会
3	绿色企业	绿色设计，绿色采购，绿色制造和销售
4	健康促进	幸福医务室，健康档案，健康培训
5	慈善公益	关爱智障儿童，关爱老人，社区关怀，弱势群体关怀
6	志工拓展	志工培训，志工体验日，志工护照，志工统一服装与标志，《志工管理条例》
7	人文真善美	用文字、图片、影像记录爱的足迹，为幸福企业书写历史，为幸福企业的复制提供借鉴资料
8	敦伦尽分	恭敬心，精益管理，经费减半，销售倍增，"我爱我设备"，"金点子"，"答案在现场"

苏州固锝电子股份有限公司推行"幸福企业"体系建设以来，企业年离职率由20%降到5%左右，人均效能提升50%左右。

该公司在其2011年年报开篇《致股东》中强调："企业的利润来自于员工的幸福和客户的满意""在企业经营平台上，在致力于股东利益最大化、提升员工幸福感和客户满意的前提下，企业还承担着社会责任。"

（3）科学管理方法得以广泛应用。随着现代科学技术的进步、先进机器设备的采用、市场全球化趋势以及专业化协作的发展，企业与企业之间、企业内部各环节及各生产要素之间的联系越来越复杂、紧密，催生了被广泛采用的先进生产组织方式。同时，随着机械化、自动化和信息化程度的日益提高，生产过程的均衡性和连续性要求也越来越高，既形成了采用先进生产组织方式的需求，也为先进生产组织方式的不断改进与完善提供了可能。

在此情况下，系统工程、价值工程、信息化管理工程［包括MRPⅡ（制造资源计划）和ERP］、决策技术、成组技术、价值链管理、供应链管理、看板管理、精益六西格玛、综合平衡积分卡、杜邦财务分析体系等管理方法与工具得以广泛应用，进一步提高了企业的管理质量与效率。

4. 企业规模呈扩张化趋势——现代企业发展的基本特征

关于企业的规模化扩张趋势，将在下面的内容中详细介绍。

（二）现代企业发展的主要趋势

伴随着现代技术进步和经济全球化与信息化进程的加快，企业现代化的进程也进一步加快，并具有以下发展趋势：

（1）企业资本的规模化、社会化趋势日渐凸显，市场融资总量快速增长，国际化趋势日益强劲。以国内企业为例，经过三十多年的改革开放，且不论民营经济的蓬勃发展，即使在国企，这种资本规模化、社会化的发展趋势也令人振奋，如表1-2所示。

表1-2　国企发展规模对比表（1978～2013年）

序号	项目	1978年	2013年	倍数关系
1	全民企业（万户）	6.33	15.6	2.46
	其中：央企		5.2	
	地方		10.4	
2	资产（万亿元）	0.65	159.6	245.54
	其中：央企		104.1	
	地方		55.5	
3	户均资产（亿元）	0.1	10.23	102.3
4	利润（亿元）	706		
	其中：央企		17 000	
5	户均利润（亿元）	0.11		
	其中：央企		3.27	

注：1978年的数据为国家统计局数据库数据；2013年的数据为国家财政部企业司在2014年7月发布的2013年国企财务决算数据。

　　经过三十多年的改革开放，国有经济、民营经济、混合经济等多种经济形式并存的企业产权格局已逐步形成，中国企业发展迅猛，以高铁为代表的中国制造走出国门，以海尔、三一重工、华为、联想、格力、苏宁、中兴、腾讯、百度等企业为代表的中国企业品牌充满创新的活力，并由中国制造向中国创造转变。

　　1990年12月19日，上海证券交易所正式营业。据统计，1991年底在中国大陆资本市场，沪深两市首发的股票只有13家，股票流通市值约2.2亿元，其中沪市1.35亿元，深市0.85亿元。

　　在中国大陆股市经历了34年的发展之后，截至2014年9月16日，沪市上市公司达971家，上市股票、证券总市值为17.07万亿元（流通市值15.25万亿元）；深市上市公司达1 595家，上市股票、证券总市值为11.13万亿元（流通市值8.16万亿元）。沪深两市的上市流通市值为23.41万亿元，较1991年底的增幅达10.6万倍。

　　根据2011年发布的《国民经济行业分类》（GB/T 4754—2011），国有龙头企业的发展日益向制造、采矿、金融、交通运输等行业集中。截止到2014年1月，国资委直接管理的113家央企，加上保监会、银监会、证监会直接管理的金融央企，共有125家。其中，62%属于制造业、采矿业；9.6%属于金融业；5%属于交通运输业。中外合资、民营经济的发展则集中在房地产业、服务业、电子制造业、信息产业。它们共同推动着中国经济的发展。

　　在2013年11月通过的《中共中央关于全面深化改革若干重大问题的决定》中，进一步明确了加快企业现代化的进程：

　　一是积极发展混合所有制经济。实行国有资本、集体资本、非公有资本等交叉持股、相互融合的混合所有制经济。国有资本投资运营将服务于国家战略目标，更多投向关系国家安全、国民经济命脉的重要行业和关键领域，重点提供公共服务，发展重要前瞻性战略性产业，保护生态环境。

　　二是推动国有企业完善现代企业制度。国有企业必须适应市场化、国际化新形势，以规范经营决策、资产保值增值、公平参与竞争、提高企业效率、增强企业活力、承担社会责任为重点，并将根据不同行业特点放开竞争性业务，推进公共资源配置市场化，破除各种形式的行政垄断。

　　2014年9月国内外各大媒体掀起一股阿里巴巴旋风，纷纷报道阿里巴巴"登陆"纽约证券交易所。某媒体的报道题头为：美国有苹果、谷歌，日本有索尼、松下，瑞典有宜家，中国呢？

　　报道称：9月19日，中国本土的电商巨头、中国的"名片企业"阿里巴巴以"史上最大IPO（首次公开募股）"身份登陆纽约证券交易所，市值已超过2 000亿美元，并实

 案例：

★ 阿里巴巴"登陆"旋风

现融资250亿美元。其融资额是2000年新浪上市融资额的300倍，是腾讯2004年上市融资额的100多倍，是百度2005年上市融资额的200倍，1999年初创的阿里巴巴成为中国互联网企业的领跑者。

为此，马云在阿里巴巴上市庆祝晚宴演讲中，意味深长地说：

"非常感谢！今天阿里巴巴融到的不仅仅是钱，更重要的是信任和责任！我一直在问自己一个问题：是什么塑造了阿里巴巴？15年前，我从来没有想到自己会有机会站在这里，能说出这样一番话。我坚信互联网改变了整个世界，也改变了中国，即便是阿里巴巴不能够成功，也会有其他的企业成功。

"非常感谢我的团队，是我的团队推动了阿里巴巴今天的上市，没有他们，我今天也不可能站在这里演讲。1999年的时候，我和我的团队想要成立一个公司，在互联网领域做一些事情，我们想要成为世界排名前十的网站，大家也许觉得我们很'疯狂'。

"非常感谢今天到场的所有人！15年前，没有人相信我们可以走到这里，也没有人相信我们一年能有将近3 000亿美金的交易额，这就是我们过去15年走过的路。接下来的15年，让我们一起努力，我们将会给年轻人更多的帮助！"

（2）企业运营的信息化、流程导向日趋凸显，企业生产制造的能力及柔性愈益增强。依托信息技术的进步，人们开发利用信息资源，促进信息交流、集成和知识共享，提高经济增长质量，推动经济社会发展转型的历史进程。信息化在企业的现代化过程中发挥了积极的推动作用。

信息技术的进步对企业在增强企业生产制造的柔性和生产能力、实现降本增效、提高产品质量与利润水平等方面的作用愈加凸显。它使企业能够立足于供求关系复杂多变的市场中，大大缩短了对市场诸多需求的快速反应周期。

企业信息化作为人机合一、多要素集成的系统工程，其基础是企业的管理和运行模式。或者说，企业信息化的发展进程不仅仅是计算机网络技术的应用，而且是基于企业管理流程的优化、企业领导与员工观念的提升而做的相应改变，并与企业的发展规划、业务流程、组织结构、管理制度等管理的科学化进程融为一体。

从某种意义上讲，随着信息技术的发展，信息化管理已成为现代企业管理的核心要素。

信息技术的运用程度，在一定意义上也反映出企业现代化管理的水平，现代企业进入了一个大数据管理的新时代。这种新的管理模式，一方面将进一步推动企业的学习型组织建设，要求企业及员工主动适应变化，提升员工能力；另一方面也拉近了企业与企业、员工与员工之间的距离，企业不可能再实施封闭式管理，必须更加关注员工的梦想与诉求。

某企业工会利用数字化手段，通过网络平台建设，整合各方面的学习资源，职工"一卡在手，畅学无忧"，开通了网上选课、网上学习、网上考评的服务职工学习的新路径，大大提高了学习内容的针对性，自主学习、自主管理的灵活性和学习考核的便捷性。

案例：

★ "一卡通"开通了职工学习方便之路

（3）人本管理逐渐强化，企业发展与员工职业生涯发展"共振"。传统企业管理更关注设备、技术和产量，往往忽视了人力资本和员工的职业生涯发展。现代企业管理高度重视人才是第一资源的企业管理理念，把员工的知识积累、技能提升和人力资源的有效管理作为企业管理的核心要素，以增强企业的内在活力。在具体做法上，建立员工参与企业管理的机制，制定岗位绩效工资和奖励制度、员工学习培训晋升制度等。在管理制度上，充分体现尊重员工、关心员工的现代企业管理理念，并在具体的实施过程中落到实处。

零点研究咨询集团（简称零点集团）成立于1992年，主要业务范围为市场调查、民意测验、政策性调查和内部管理调查，目前已发展成为国内较大的专业策略性研究咨询服务集团公司之一。在集团快速发展的背后，是一支学科背景齐全、专业人员年轻、意识高度自觉的学习型研究队伍，他们推动着企业不断前进。

案例：

★ 零点研究咨询集团的员工职业生涯发展之路

为了给企业和员工的长期发展提供强有力的支撑，零点集团用科学的人员测评方式，结合专家的咨询服务，搭建适应组织发展和个人需要的职业生涯规划体系，并通过细致入微的访谈和核心素质的评估来综合考察核心人员的适岗情况及后期适合的职业发展方向，达到企业自身人力资源需求和员工职业发展需求之间的双向满足。

企业给内部员工进行职业规划的过程，是以员工发展促进企业发展的过程，全面了解员工的特点和需求，因势利导，帮助其突破障碍、开发潜能和自我实现，在其不断成长和发展的同时推动了企业的发展；同时也是一个促进组织和员工互相沟通、互相理解的过程，企业可以了解到员工内心的真实想法和需求，员工也能认识到企业目前所处的发展阶段和对人员的要求，以及为个人发展所提供的舞台。这种交互理解提高了员工的工作热情和团队凝聚力，也满足了企业自身人力资源的需求，无疑为实现个人和企业共同发展注入了强大的能量。

另外，企业对员工实施职业生涯管理计划，还表现出了组织对员工个人发展的重视，以及对个人和企业共同发展的追求，让员工看到企业为个人发展所做的努力，增强了员工对企业的归属感，提升了员工对组织的忠诚度，有利于留住核心员工。基于对员工的深入了解，企业也可以做好人才储备计划，构建合理的后备人才梯队，创设积极的组织氛围和良好的育人、留人环境。

（4）强化企业文化建设和品牌建设。传统企业有一个非常突出的管理特点，即重视企业内部制度建设，轻视企业文化建设和品牌建设。在制度建设方面，无论在企业制度建设的认识上，还是在如何发挥好企业制度效能方面，传统企业和现代企业都存在很大的差异。传统企业认为企业制度建设主要是约束员工行为的，违者则罚。而现代企业认为企业制度主要是用来培养职工行为习惯的，让员工参与管理，把尊重员工、关心员工放在更加突出的位置，让员工养成自我管理的习惯，用企业文化建设引导员工培养良好的职业素养，以文化建设带动企业的品牌建设，重在抓好现代企业软实力建设，包括价值观念、职业素养、学习意识和员工的自我管理能力等。

　**案例：**

★ IBM的"行为准则"

IBM（国际商用机器公司）拥有40多万名员工，2013年营业额约为998亿美元，该公司对员工的"行为准则"要求虽很简单、很平常，但正是这些简单、平常的原则和信念构成IBM特有的企业文化。老托马斯·沃森在1914年进入CTR（计算制度记录公司），1924年将CTR公司改名为IBM公司。正如每一位有野心的企业家一样，他希望他的公司财源滚滚，同时也希望能反映出他个人的价值观。因此，他把价值观标准写出来，作为公司的基石，任何为他工作的人，都须明白公司要求的是什么。

老托马斯·沃森的价值观标准被他的儿子发扬光大。小托马斯·沃森从1956年开始担任IBM公司的总裁，老托马斯·沃森所规定的"行为准则"，从总裁到收发室文员，没有一个人不知晓，如必须尊重个人，必须尽可能给予顾客最好的服务，必须追求优异的工作表现等。这些准则一直牢记在公司每位员工的心中，任何一个行动及政策都直接受到这三条准则的影响。

在IBM运营中，任何处于主管职位的管理者，不仅个人必须彻底明白公司对员工的"行为准则"，必须向下属说明，而且要一再重复，使员工知道"行为准则"是多么重要。

在IBM公司的会议、内部刊物、备忘录中，甚至私人谈话中，都可以发现"行为准则"的公司哲学贯彻其中，全体员工需要身体力行。全体员工都知道，不仅是公司的成功，即使是个人的成功，也一样取决于员工对"行为准则"的遵循。若要全体员工一致对你产生信任，需要很长的时间才能做到，但是一旦你能做到这一点，你所经营的企业在任何一方面都将受益无穷。

（5）注重科学决策和战略化管理能力建设。在计划经济时期，我国的企业发展都是按照计划经济规则稳步推进，追求稳定，少有变化。改革开放以来，随着社会主义市场经济的不断完善，企业内外环境发生了翻天覆地的变化，出现了计划跟不上变化的状况，特别是我国加入WTO（世界贸易组织）后，经济的全球化、企业的国际化使竞争更加激烈，再不改变传统的企业管理模式，企业只有死路一条。因此，战略化管理被引入了企业。战略化管理是在建立市场经济、竞争经济和信息化经济的基础上，用新的思维方法和现代技术对企业进行管理的模式。战略管理的重点是，企业结合自身发展的优势，在竞争市场环境的情况下，确定企业的发展方向和目标，并根据市场的变化，实施动态化管理策略。同时，企业以建设新型员工队伍和员工能力、新技术创新应用能力、适应市场的新产品开发能力作为提升企业竞争力的核心要素和战略管理的要点，不断强化支持力度。当前，某些现代化企业为推进企业战略化管理进程，提升战略化管理水平，高度重视企业大学建设。这种新的企业发展战略趋势，将对班组建设和班组管理产生深远的影响，必须加以关注。

（6）精细化管理趋势凸现。市场经济发展的多元化和服务需求的个性化，对企业发展提出了严峻的挑战，如对服务企业的要求方面，人们不仅需要个性化的品牌产品，更需要特别的高质量的服务。同时，对员工职业素质的要求也越来越高。精细化管理已成为现代企业内涵建设的重要内容，也将成为企业不断提升现代化管理水平的核心内容，这一发展趋势势不可当。企业的精细化管理，则是针对过去企业"粗放化"管理而提出的，是指在管理上精耕细作，是以"精确、细致、深入、规范"为特征的全新管理模式。企业通过细分市场和客户、细分机构职能和岗位、细化分解战略目标、细化管理制度、细控成本等精细化管理方法，以期提高企业的产品、服务、运营质量和个性化水平，进而提高企业整体效益。

案例：
★ 沃尔玛的"精细管理"

凡是精细的管理，通常是标准化的管理和程序化的严格管理。科学管理就是力图使每一个管理环节都数据化和信息化。沃尔玛在全球的4 000多个店铺都装有卫星接收器，每一个消费者在任何一个连锁店进行交易时，购物品牌、数量、规格、消费总额等一系列数据都会被记录下来，并迅速传送到企业的信息动态分析系统。沃尔玛的信息动态分析系统包括：客户管理、配送中心管理、财务管理、商品管理、员工服务管理等。这一切深入细致的管理是企业运行的基础，也是企业查找问题、总结分析、进步提高的平台。

沃尔玛是注重细节以赢得生意的典范。沃尔玛的管理既细致又量化：当顾客走到距离你10英尺（约3米）的范围时，员工要温和地看着顾客的眼睛，招呼并询问是否需要帮助。对于员工的微笑，沃尔玛有个量化标准：请对顾客露出你的8颗牙。推销的要点：并非推销产品，而是推销自己。观察身上所有细节，看看是否自己会买自己的账。零售业是一个非常重视细节的行业，它要求每一个员工在工作中都能充分体现自己的主人翁精神，因为没有主人翁精神，要做到细节化的管理是根本不可能的。因此，他们强调员工就是共同的合伙人，沃尔玛是所有员工的沃尔玛。

　　传统企业多处于市场经济不够发达的经济背景下，尤其是我国改革开放之前的计划经济时期，在企业管理过程中，虽常强调人、财、物三大要素，但在实施管理的过程中，却常出现"见物不见人、轻人重物"的管理现象。改革开放以来，特别是我国加入WTO后，随着市场经济发展的不断推进和国际化融合的影响，现代企业的管理要素开始进入我国的企业管理之中，在企业管理诸要素中，高度重视人的因素，以凸显"既见物又见人"的管理，而这种管理目标的实现，恰恰依靠的是班组建设与管理。

The second section
第二节
认识现代班组

众所周知，班组是企业组织架构中的最基本元素。相对于传统班组而言，现代班组作为实现现代企业价值观和发展目标的载体，必将呈现现代企业的特征，它发端于现代企业又支撑着现代企业，没有班组的现代化，企业的现代化就是空中楼阁，难以落地。

因此，我们走进现代企业的目的，就是通过明晰现代企业建设的方向、目标，更好地建设现代班组，落实班组长的岗位能力建设。

一、案例导入

某煤业分公司综采队检修班是一个担负着综采设备维护、检修及工作面安装回撤任务的班组，现有员工42人，其中具有大中专以上学历的有24人，青工（即青年员工）34人。班组通

这个检修班是现代班组吗？

过完善管理制度、规范管理机制，以创建"五型"班组为目标，打造班组的凝聚力和战斗力。各项工作均居公司同类班组前列，并多次被公司评为先进班组、先锋模范班组、文明班组并荣获青年文明号等荣誉称号。

针对班组员工素质参差不齐、流动性大、技术要求高的特点，检修班利用员工学习日、安全活动日，坚持"干什么、学什么，缺什么、补什么"的原则，组织员工集中学习上级各类文件及检修专业知识、安全知识，鼓励员工钻研生产装配工艺，苦练岗位操作技术技能，通过工艺学习考试、技术问答、实例研究、质量事故预防纠错等多种方式，提高班组员工的知识和技能。他们建立了"青年书屋"读书社，为员工搭建起学习交流平台，积极开展"自学成才"活动，引导班组员工自主学习。他们还通过技术练兵提高员工积极性，并推出理论和实操练兵"双结合有奖考核制"，将练兵课堂搬到检修现场，根据历届技能大赛考题开展模拟训练，对比赛优胜者给予奖励。

检修班把安全文化建设和安全生产工作紧密结合，开展了安全文化、亲情文化、感恩文化建设，建立班组文化园地、亲情档案，以"安全生产、青年争先"活动，"感恩"系列活动，"爱心活动"，"幸福工程"等主题活动为载体，通过组织感恩演讲比赛、志愿者活动、帮教小分队、扶贫帮困结对子、"师带徒"、资助困难员工子女就学、给员工送生日礼物和"个人无违章、岗位无隐患、班组无事故"活动等，营造了浓厚的班组文化氛围。

检修班把保安全、促生产、增效益作为工作的出发点，把维护员工的切身利益、提高员工收入作为工作的落脚点，重点开展以"技术创新、小改小革、修旧利废"为主题的"双增双节"活动，结合区队材料配件的精细化管理，着力进行节支降耗、创新增效增收活动。一年以来，他们完成了修旧利废23项、小改小革17项、技术创新8项，全年节约材料费用累计达36.5万多元，创造经济效益160多万元，员工平均年收入超过7万元。

检修班每月定期召开民主管理会，公开各项考核评优结果，接受民主管理员的民主监督，开展合理化建议征集活动，对班组管理中出现的问题集思广益，发挥群策群力的作用，大大提高了班组管理水平。

二、案例分析与启示

（一）案例分析

对上述案例分析后发现，这个班组已经具备了现代班组的某些特征，并正在按照现代班组建设的要求，逐渐推进和完善现代班组建设，突出的亮点如下：

一是注重学习型班组建设。注重知识和技能的学习，通过定期组织员工学习、鼓励员工自学自研、开展技术练兵活动、实行"双结合有奖考核制"、建立"青年书屋"读书社等形式，搭建起员工自主学习、自主成才的平台，构建了员工学习、交流的激励机制。

二是注重班组文化建设。通过建设班组文化园地、亲情档案、帮教小分队及开展演讲比赛等活动，增强了员工归属感，展现出了良好的团队精神，提高了员工的参与意识、荣誉意识。

三是注重班组民主管理和创新意识培养。通过定期召开民主管理会，实现了管理方式上的创新。通过"技术创新、小改小革、修旧利废"活动，群策群力，实现了创新增效，为充分发挥班组成员的创造力搭建了平台。

（二）案例启示

案例中的检修班具有引领、创新、示范作用。检修班虽然还算不上一个合格的现代班组，但它建立现代班组的很多做法值得同行业同类班组借鉴。例如它的"青年书屋"读书社，又如它的亲情档案、帮教小分队和演讲比赛等活动，以及"技术创新、小改小革、修旧利废"活动，对于班组成员职业素质修养、团队精神的培养，都是非常重要的。此外，学习班组和学习平台的建设、班组文化平台的建设，以及创新意识、创新能力培养和创新环境的营造，都是现代班组建设的重要内容。

三、学习要点链接

（一）现代班组的基本特征

现代班组所具有的特征是在现代企业的特征基础上形成的，由于班组的类型不同，又形成了某些个性化的特征，如服务型班组和生产型班组，具有一定的差异性。

1. 知识型：强化知识积累应用

班组成员具有较高的个人素质和适应社会发展需要的技能、本领，且具有丰富的岗位专业知识和扎实的理论基础，能够熟练掌握先进设备和复杂工艺；班组成员的知识结构合理，知识水平相对较高；班组的人才成长、作业效率及价值创造水平也相对较高。

 案例：

★"鲁班组"里的鲁班长

2006年，国内各大媒体报道了中国空空导弹研究院十一分厂数控机加班班组长鲁宏勋的事迹。

鲁宏勋自1996年担任数控机加班班组长后，在注重自我提高的同时，还注重精心打造高技能团队。通过他的言传身教，数控机加班已培养出了王宝栋、赵晓明、李明等一批数控机床操作高手，形成了"一个中华技能大奖、两个国防科工委人才奖、三个河南省技术能手、四个全国技术能手、五个院高级技术能手"的高级技术人才群体。

2003年空空导弹研究院以鲁宏勋的名字将其所在的数控机加班命名为"鲁宏勋班"。鲁宏勋班承担了研究院多项重点型号产品的精密机械加工任务，他们研究设计制造了200多套工装，极大提高了工作效率，班组年年都有多项创新成果，仅2003年就完成了20余项革新项目，创造经济效益达300多万元。他们提出了"一牢、二严、三勤、四不、五防、六及时"的质量操作方法。

以他的名字命名的"鲁宏勋班"，也成为中国航空工业的技能示范班组，被人们称为"鲁班组"。2000年鲁宏勋被原劳动和社会保障部授予"全国技术能手"称号，2002年鲁宏勋以优异的成绩荣膺技能人才的最高荣誉——"中华技能大奖"，2006年被中华全国总工会授予"全国五一劳动奖章"。其所在班组也先后被中华全国总工会和河南省国防科学技术委员会授予"全国技术创新示范岗"和"职工技能模范班组"的荣誉称号。

2. 技能型：强化技能训练提升

班组能以技术比武、岗位练兵、技术革新等活动为载体，引导员工刻苦学习、提高工作效率，形成高技术、高技能人才的培养氛围和具有一专多能、善于钻研、业务精湛等特点的高素质人才团队。

 案例：

★ 技师培养高手
——杨先胜的"口头禅"

杨先胜，中航工业贵州红林机械有限公司军品机加分厂数控车班班组长，先后获贵州省技术能手、中航工业技术能手称号及贵州省"五一劳动奖章"等多项荣誉。他本人在从事数控车加工的数年里，不仅锻炼出一身过硬的数控车加工本领，而且为班组培养出了一批技术骨干，成为技师培养的高手，并留给大家两句印象深刻的"口头禅"。

第一句是"'傻大黑粗'不是现代工人的代名词"。在杨先胜的带动下，数控车班营造出浓郁的学习氛围。班组成员间经常在加工现场和网上交流，无论是谁发现了一种新的加工方法或思路，大家都会在一起探讨、试验加工，从而提高了员工参与解决技术难题的积极性，也收获了发展与成长。他还积极倡导学习数控程序、用好数控程序的培训方法，并带领班组大力开展"小改小革"，多次解决生产难题。

第二句是"带会徒弟，快活师傅"。2006年杨先胜担任班组长之初，班组内只有一名技师，他制定了细致的培训方案和层层递进的学习周期，耐心示范，精心培养，几年后就培养出四名技师和一名高级技师。他还自创了易记、实用的《车工三字歌》，深受一线操作工人的认同与喜爱。在2008年企业举办的青工技能比武前六名的优胜者中，杨先胜班组的青工就有三名。

3. 学习型：强化岗位学习

班组成员能确立明确的、全员认同的学习愿景，树立系统思考、终身学习的理念，发挥班组学习型组织建设和知识型员工培养的功能，养成"善于通过学习解决问题"的习惯，通过自学、岗位互学、集体学习等形式，提升班组成员的技能水平及综合文化素质，改变心智模式，实现知识共享。学习型班组的最大特点不仅在于班组成员能力素质的提高，更在于班组及成员行为的改变。

某军工企业德国拉床班组共有5名员工，其中高级工1人，中级工4人。班组成员平均年龄只有28岁，是一支非常年轻的班组。

案例：
★ 一个向学习要能力的班组

班组成员有着比较强烈的学习意识。他们向书本学、向师傅学，还经常互相学习、探讨，交流学习心得。由于班组员工整体素质高、能力强，所以每当在现场遇到问题，他们都能找出解决问题的办法，决不会瞎猜、蛮干。例如某一军品零件一天只能拉削2件，拉2件就需换刀一次，刀具修磨2次就报废，生产效率极低。该班组主动向领导提出了承担拉刀修磨的任务。虽然拉刀的设计及切削原理较为复杂，但是他们并未因此而退缩。经过反复研究，拉刀寿命从原来的修磨2次就报废提高到修磨4~5次才报废，不仅提高了工作效率，而且提高了企业的经济效益。

4. 创新型：强化岗位创新能力提升

班组成员具有变革及创新意识，能以"五小"活动（小改进、小发明、小设计、小建议、小革新）、先进操作法命名、绝技绝招征集等活动为载体，进行技术创新；能通过对管理制度、流程、办法的改进，进行管理创新；勇于挑战新高度、接受新事物，具有不断超越、追求卓越的精神。

案例：
★ 王洋的"新点子"

当南化公司检维修部电修队磷一包干区获得"江苏省青年文明号"荣誉时，班组长王洋却说："咱们班迎来了一个新的起点。"王洋当班组长多年以来，新点子真是层出不穷……

电修队磷一包干区成立之初，由于负责区域广，再加上班里工人素质参差不齐，遇到技术密集型的检维修任务时，总是人手不够，严重降低了工作效率。于是，他提出在完成本岗位工作同时，每人都要多学几手，在班里开展"岗位互学"活动，每人学一招、教一招。

此外，王洋带领班组成员开展技术练兵，针对过去按常规现场照明修好后便直接打开开关，甚至带电作业等"低、老、坏"习惯，在班组内大力开展"正确使用防爆测试仪"练兵活动，每周二定期、定时开展安全学习，严格按照作业程序作业。因思而变使电修队磷一包干区人员的技能结构由过去低多高少的金字塔形，转化为高级工唱主角的橄榄形。班组成立初期，高级工仅有6名，其余都是初级工，学习使班组结构变了，现在电修队磷一包干区有技师1名，初级工全部晋级为高级工。

"让规章制度成为习惯"，使电修队磷一包干区迈上了实现自我管理的新高度。王洋给班组定下了"四快四满意"的规矩：接电话快，到现场快，处理故障快，回班组快；领导满意，化工班组满意，兄弟班组满意，自己满意。对此，王洋用"刀、斧、鞭、抹"这4件"宝贝"作了形象的比喻："刀子"是班组管理的权威，班组管理没有权威性不行，权威来自公正和管理水平，所以要学习和动脑；"斧子"是用来开辟新路的，班组建设不能因循守旧而要创新，不断探索新做法；"鞭子"的作用是鞭策，既鞭策自己也鞭策全班同志在前进路上不停步；"抹子"是用来协调班里人际关系的，一个班20多人，免不了发生这样那样的矛盾，协调好了班组会更加和谐，协调不好会直接影响工作，所以这把"抹子"也很重要。

5. 安全型：强化安全第一原则

班组成员具有"以人为中心"的大安全理念，以实现"个人无违章、岗位无隐患、班组无事故"为目标，认真开展班组"安全标准化"建设活动，落实班组安全岗位责任制，持续开展班组安全活动，提高安全操作技能和安全意识，实现安全生产。

案例：

★ 团队"安全型"班组

一种全新的团队"安全型"班组安全管理理念，悄然风行于华北油田采油一厂。这种管理理念将安全生产作为集体荣誉，鼓励每个员工自觉遵守并帮助同伴遵守各项规章制度，观察自己并留心他人在岗位上的不安全行为和因素，共享安全知识和经验，不让任何一名员工在安全生产中掉队。

这一理念激活了班组这个安全生产"前沿阵地"，"关注他人、留心他人、帮助遵守、团队贡献、集体荣誉"等"团队互助管理"特征初步形成，由"制度监管"到"文化激励"，从"要我安全"到"我要安全""我能安全"，基层班组发生的变化令人耳目一新，二联合站原油外输岗班组因此获得了"团队安全型班组"牌匾。

6. 精益型：强化管理中的效率和效益目标

能在班组层面运用精益六西格玛等先进管理技术和工具，开展精益改进活动，发现并排除班组作业中的等待浪费、搬运浪费、不良品浪费、动作浪费、加工浪费、库存浪费、超计划生产浪费等七种浪费，保证系统设计、工艺流程、加工制造、节点控制的最优化，提高班组作业效率和效益，使员工成为先进管理技术的拥护者、执行者和受益者。

案例：

★ 电机班的变化

中航工业贵阳万江航空机电有限公司三分厂的电机班在2011年度的1～6月，工人加班时间剧增，生产线人均小时产能却仍只有14.97台，达不到目标值规定的17.96台，他们是如何解决这个问题的呢？

（1）分析问题找原因。经查，他们发现生产线产能不畅的原因有三：一是操作者需离开岗位拿取零件，有效工作时间少了，还造成了产品堆积；二是生产线太长，人员走动较多；三是工装品种太多，换工装、换线浪费时间。

（2）分析原因定措施。经过讨论，班组成员决定针对每个问题寻找对策，确定改善目标、措施、责任人和完成时间点（见表1-3），有针对性地解决问题。

表1-3　分析原因定措施的具体内容

序号	问题	对策	改善目标	措施	负责人	完成时间点
1	操作者离开岗位拿零件	设置流动岗	确保操作者有效工作时间7.5小时/天	设流动岗配送零件	陈××	2011.6.15
2	生产线长，人员走动多	调整生产线	减少人员走动带来的浪费	用精益原则调整生产线，减少人员走动产生的浪费	李××潘××	2011.7.22
3	工装品种多，换线时间长	工装标准化	实现一工装多产品使用，减少因换工装产生的时间浪费	将工装标准化纳入工艺文件	俞××肖××	2011.8.10

（3）改善关键在方法。班组成员为此提出了相应的改善措施140多条，成功完成了中航工业万江公司的第一条"精益生产线"，班产量由900件/日提高到1 200件/日，既解决了问题，又实现了全员参与，调动了员工的积极性和创造性，班组也因此获得贵州省"工人先锋号"的荣誉。

7. 质量型：强化质量意识

在班组开展全面质量管理，加强质量意识和过程控制，树立"质量就是品质""产品就是人品"的质量观，进行持续的质量改进活动，使产品质量达到员工自己满意、下道工序满意、客户满意的要求，实现班组全体成员的自觉管理和产品的"零缺陷"交付。

 案例：
★ 精心铸就"中国心"

中航工业西安航空发动机有限公司第二装试厂部装班组承担某型航空发动机核心部件的装配任务，这是一个年轻且充满活力的班组集体。

2010年以来，该班组坚持"以顾客为关注焦点"的原则，秉承"质量是航空人生命"的价值观，恪守"自己信得过、检验信得过、顾客信得过"的职业操守。近几年来，军检项目提交一次合格率均达100%，保质保量地完成了任务，并形成了班组独特的质量管理特色。

一是构建班组"五化"管理平台。做到工作内容指标化，工作要求标准化，工作步骤程序化，工作考核数据化，工作管理系统化。

二是工装、零件管理定置化。工装严格按定置凹槽摆放整齐，零组件则严格按工作台上的定置痕迹化模板摆放，有效减少了多余物，避免了磕碰伤。

三是日常管理制度化。先后制定了班组《小零件管理制度》《多余物控制制度》《现场待处理零件处理流程》《质量问题上报流程》《绩效考核管理制度》《班前会制度》，优化了流程，还建立了员工质量档案和数据化管理模式。

四是精心把关，防控质量风险。班组成员结合过去多发易发质量问题，找到了班组内部关键控制点并制定了预防纠错措施，消除了质量隐患。

五是QC（Quality Control，品质控制）小组活动、质量改进常态化。班组实施了日总结、周例会的质量讲评制度，开展了班组内部提合理化建议活动（对前三名班组授予"状元、榜眼、探花"荣誉称号，给予物质奖励并在班组文化展板上展示），不断排除隐患，实施质量改进措施，多次避免了较大质量问题的发生。据统计，该班组在近三年装配工作中，发现承制单位零件质量问题900余起，用精心铸就了可靠的"中国心"。

该班组的年度QC小组改进项目也屡次获奖。其中，涡轮叶片QC小组所解决的叶片装前检查因榫齿底部凹坑不易发现所造成的试车后的报废、磕碰伤问题，使涡轮叶片的废品损失率下降了70%。该班组于2010年荣获国务院国资委授予的"中央企业红旗班组"称号，2011年荣获航空工业60年"航空报国突出贡献奖"称号，2012年荣获中华全国总工会授予的"工人先锋号"称号，2013年荣获中国质量协会授予的"全国质量信得过班组"称号。

（二）现代班组建设的核心要素

1. 树立现代发展观念和意识

在经济全球化、社会信息化时代进程中，企业要实现可持续发展，必须树立现代发展观念和意识；要建立现代化的班组，以适应现代企业发展的需要，必须要树立符合实际的现代化大生产观念、高瞻远瞩的经营战略观念、以市场为导向的信息观念和权变中的创新观念，还要有竞争意识和学习意识等。

2. 培育自我学习和发展习惯

学习习惯是在学习过程中经过反复练习形成并发展，成为一种个体需要的自我学习行为方式。在班组中培育自我学习和发展的习惯，意在激发和满足员工通过不断学习来适应不熟悉的工作方式或艰苦工作环境的意愿。在现代企业中，"一纸文凭管终身""学习一阵子，受用一辈子"的传统思维定式已被打破，追求"终身学习"成为人们自我学习、自我发展的原动力，建立"学习型组织""所有的工作场所都是学习场所"等已成为大多数组织的共识。

3. 打造员工自主成长的文化平台

自主成长是人本管理的核心思想。打造员工自主成长的文化平台必须创造员工自我发展的工作环境、学习环境和生活环境。根据员工的能力、特长、兴趣、心理状况、成长需求、潜能发挥及其价值观，使工作的岗位最大限度地满足员工成长的需要。要创造条件，提高员工的物质生活和精神生活质量，在尽量满足员工物质生活需求的同时，让企业文化、价值观和道德标准浸润员工的精神生活，使员工的精神生活文明、快乐、健康、丰富。

（三）现代班组建设的基本要素

现代班组建设的基本要素，可以从五个层面简单概括，即班组建设的"一二三四五"：构建一个体系，打造两个平台，完善三大机制，实现四个提高，处理好五个关系。

1. 构建一个体系

在坚持班组建设与企业发展目标相统一、员工发展与企业发展相统一、继承与改革创新相统一的原则基础上，以现代班组建设的使命与任务为目标，逐步建立集班组建设的组织保障、制度保障、机制保障为一体的管理体系，形成组织健全、管理明确、责任落实、运行有效的班组建设体系。

2. 打造两个平台

在立足于员工成长及职业发展的基础上，营造尊重劳动、尊重知识、尊重人才、尊重创造的班组工作环境，形成全员学习、全程学习、团队学习、工作学习化、学习工作化的班组学习氛围，持续提升员工岗位胜任能力和职业技能素质，打造好员工的学习成长和员工技能提升两大平台。

3. 完善三大机制

在继承班组建设优良传统的基础上，坚持班组建设的科学化、规范化、现代化发展方向。实施新形势下班组管理模式的转型升级，建立员工职业发展通道和班组建设工作的考核评价体系。完善班组建设的管理机制、育人机制和创新激励机制。

4. 实现四个提高

在班组建设中，进一步明晰班组管理达标升级活动的主要任务，分类采取不同的措施，使班组建设在民主管理、文化素质、技能水平、创新创效、质量安全、精益管理等方面普遍得以进步，并努力实现"四个提高"，即班组整体素质、班组管理水平、班组协作能力和班组长能力的明显提高。

5. 处理好五个关系

在现代班组建设中，积极妥善地处理好班组建设与班组管理、班组与企业、个人与团队、行政管理与民主管理、班组实践与理论指导的关系。其中：

班组建设与班组管理作为班组工作中的两个不同环节，班组管理是基础，班组建设是对班组管理的指导、充实与完善，二者互相依存，相互促进。

班组与企业的关系是部分与整体的关系，企业离不开班组，班组也离不开企业，班组功能与作用的发挥依赖于它与企业的联系，取决于班组管理与企业战略的一致性、协同性。

在班组个人与团队的关系中，应更强调团队的作用，"没有完美的个人，只有完美的团队"，应通过个人的努力，形成团队的最佳组合和最强组织力、创造力。同时，还要尊重个人，注重个人作用的影响力，正确引导班组成员充分发挥个人的创造性思维。

在行政管理与民主管理关系中，民主管理是从行政管理中衍生、发展出来，与行政管理并存，以实现组织和谐为目的，员工参与管理的一种管理方式。民主管理在现代企业制度下更符合"以人为本"的管理理念，也是国有企业基层组织管理的一种制度性安排，它在一定程度上弥补了行政管理的不足。现代班组承接企业任务在通过行政管理实施的同时，积极推进民主管理，也是做好班组建设的重要任务。

在班组实践与理论指导关系中，伴随着企业员工知识水平逐年提高和技术进步的加快，传统的经验管理已不再适应新形势下的班组建设。班组实践需要科学的总结与理论的指导，班组建设的理论也需要接受班组实践的检验。为此，必须构建好学习型班组，推进班组建设的操作性实践与理论指导在交替实施中取得可持续性的发展。

The third section
第三节
现代班组建设能力训练

如何建设好一个现代班组，只熟悉现代企业和现代班组的基本常识是远远不够的，还必须具备一定的班组建设基本技能，这样才能使现代班组建设的目标落地，班组管理的运作实现有效和高效。在以下案例中，请思考这个大学生为什么当不了班组长，缺什么能力？

一、案例导入

在一次现代班组建设座谈会上，某企业介绍了两个班组建设的情况，差别很大。为便于区别，将之称作A、B两个班组。

两个班组长的不同结局

A班组，班组长叫张楠，男，毕业于某大学机械系，本科生，具有专业优势，岗位工作表现不错，工作不到两年就被评为优秀员工，并担任了班组长。张楠在就任班组长时表示一定要发挥自己的专业能力，勤奋工作，把班组建成现代化班组。张楠上任后，更加刻苦学习和钻研业务。但一年过后，班组各项指标并未达到企业的考核指标要求，张楠对此百思不得其解。

B班组，班组长叫李志华，男，高中毕业后进入该企业，在该企业已工作二十几年，并通过自学成为企业的技术员，担任班组长也有十几个年头。企业在向现代企业的转型升级中，也在基层推进现代化班组建设。刚开始李志华也有些茫然，但他多年来养成了一个解决问题的习惯，即不会就学，不仅自己学，还组织大家学。为此，他多次召开班组会，围绕班组发展目标，学习现代企业和现代班组长基本常识，形成班组共识，让每一个员工都参与到现代化班组建设中来。在班组工作中，他自己虽是技术员，能力也很强，但仍十分注重发挥班组成员和团队作用，并把老职工和年轻职工中有一技之长者推出来，实施"传帮带"。在现代班组建设中，李志华的班组成为示范性班组。

二、能力训练与指导

（一）上述案例对你有什么启示

上述两个班组在建设和运行过程中的区别还是很大的。班组长张楠专业能力强，又是大学生，职业素养也不错，但他最大的问题是不知道现代班组应该怎么建设和如何管理。而班组长李志华则截然不同，他不仅把握住了现代班组建设的要领，还把握住了现代班组建设中的关键节点。至少有三点值得班组长认真思考：一是班组工作不仅要重视专业技能，作为一班之长，也需要重视管理技能；二是班组是一个团队，没有学习就没有进步，现代班组应当是学习型团队；三是尊重他人是团队和谐发展的内生力量。

（二）现代班组建设应提升的四个认知能力

1. 企业发展战略的认知能力

班组作为企业发展战略落实的基础，应对企业发展战略有所认知，必须首先具备研究和学习企业发展战略和管理战略的能力，将班组建设的目标、任务要求与企业发展战略的目标、任务要求相对接，使班组的建设与管理成为现代企业建设和运行管理的支撑点。

2. 班组建设使命的认知能力

现代企业班组建设的使命认知，就是要在把握企业发展战略的基础上，落实班组长岗位责任，明晰任务目标，以不断提升班组管理水平和员工队伍素质为重点，增强团队合作能力，加强班组基础管理，提高企业核心竞争力，加快企业转型升级，实现员工与企业的和谐发展、共同进步。

3. 班组长岗位认知及学习能力

班组长岗位能力认知，就是能够较好理解并履行以下四项基本职能，即班组人员管理，作业计划及任务管理，综合管理（包括质量、设备、安全、环境、成本、统计分析等管理事项），各项技术、管理制度落实。

班组长学习能力一要体现在学习力及其行为的改变上；二要体现在能够较好地完成企业发展战略、班组管理基础、岗位业务技能的学习，个人能力提升及学习平台的搭建上，最终还要体现在团队的学习能力提升上。

4. 班组团队建设与领导能力

班组长不仅是班组的行政管理者，更应是班组团队建设的引领者，班组团队建设则更多强调班组成员间的相互协同、互动，以及管理的自主性、有效性和认同感。班组长的领导能力就是基于其判断力基础之上的影响力和执行力，并体现在其组织能力和行动能力上。

（三）现代班组建设能力训练实例与借鉴

1. 岗位认知能力训练——寻求执行者、责任者和引领者三重角色的统一

现代班组建设要从班组长的岗位角色认知开始。在企业，班组长作为企业的员工，是生产者、服务者与管理者三重角色的统一；作为企业的管理者，则是执

行者、责任者和引领者三重角色的统一。而要具备这样的岗位认知能力，实现以上多重角色的统一，就要从学会尊重人、理解人、发挥人的作用开始训练。

只要去过海底捞的人都会对它的现场服务及班组管理留下深刻的印象，其成功要诀就是"把人当人对待"。黄铁鹰在《海底捞你学不会》中，引用了他的学生欧阳易时在学习海底捞案例后所写的心得："海底捞案例给我最大的启发是，如何判断考核满意度，以及如何提高员工积极性……员工的积极性不仅取决于创新和成就，还取决于其对部门发展的参与度"；他的另一个学生况琳写道："海底捞案例让我恍然大悟，它对我解决当前日常管理工作中的一些难题和疑虑非常有帮助。其中，让我感慨最深的有以下三点：一是对管理者的最基本也是最重要的要求，是要理解员工。张勇之所以在激励员工方面取得了别人所达不到的成绩，是因为他们对自己企业员工的心理和诉求都格外理解。只有理解了员工在想什么，才能有的放矢地采取最佳的员工激励方式。二是监督不是管理。员工最值钱的是大脑，雇佣员工的双手是最笨的。海底捞员工的士气高涨，同企业对他们的信任是分不开的。三是创意不是推行的，是员工满意的自然结果。只有一线员工满意，才能带来好的服务，才能获得客户的满意。"

案例：

★ 海底捞——"把人当人对待"

2. 岗位学习能力训练——努力把学习当成生活、工作的日常习惯

班组长的岗位学习能力不仅要体现在团队学习能力的提升上，还要体现在自身个人学习能力的示范与提升上，努力把学习当成生活、工作的日常习惯。

2007年某耐火材料厂引进了当时世界上最先进的瑞士麦尔兹气烧窑生产线。老刘是麦尔兹车间一班副班组长，在麦尔兹窑本体生产线投产的过程中带领全班员工顶住种种压力，通过学习、钻研，对于设备故障能够做到提前预判，并防患于未然，实现全年质量事故、安全事故零纪录。他带领大家全年改进、攻关项目多达二十余项，先后被评为"劳动模范""技术标兵""学习型员工""班组带头人"等。

案例：

★ "学习精" 老刘

"学历可以不高，但学习力绝不能不高。"这是老刘在同事面前时常挂在嘴边的一句话。无论工作多忙，老刘总不放弃学习，学习成为他工作、生活的一部分。在老刘的电脑里有一个专门的文件夹，里面满是《600T麦尔兹操作手册》《麦尔兹窑技术操作规程》《麦尔兹工艺培训材料》等多种关于麦尔兹窑的理论和实际操作资料。工作间隙和班会之余，老刘总能挤出时间查看，在生产过程中遇到难点，老刘就与大家一起讨论解决方案，这成为他工作之余最大的乐趣。

老刘还是个有"心眼"的人，经常到厂技术中心去"偷看"技术刊物、报纸，将有用的信息用手机拍下来，存到电脑里。在网上遇到感兴趣的东西就下载下来或打印

出来，在老刘的笔记本里可以发现许多"偷来"的"珍宝"。

为攻克一些技术含量非常高的工艺技术问题，他挤出时间自学，并先后报考了"机电一体化"大专班和"机械制造及其自动化"本科班，成为一名业余成才的大学生。有人问："工作那么忙，哪有时间看书学习啊？"老刘总是笑着说："学习是最有意思的。"老刘不但在工作中学习，而且会利用业余时间。他将工作之余的学习时间分成"三块"，每天早上提前一小时到班，学习理论课程；每天下午晚走一小时进行学习总结；工作间隙老刘则找技术人员请教工作和学习中遇到的问题，分析出现故障的原因或者缺陷，讨论改进方案。通过学习讨论，老刘进一步巩固了自己的专业理论知识，学到了新的知识和技术，提高了操作与分析能力，被大家称为"学习精"。

3. 团队领导能力训练——使班组的每一个成员都有成就感

班组长团队领导能力的核心就是能够激发员工的团队合作意识，通过策划、组织与行动，使班组的每一个成员都有成就感。

 **案例：**

★"臭石头"为什么能变成"香饽饽"？

小石是个独生子，父母常年在外做生意，奶奶把他从小带大。由于奶奶的宠爱，他养成了一些坏毛病。他高中毕业后考上了一所民办职业技术学院，毕业后以面试第二名的成绩进厂当了一名铸工。仗着脑子灵活，他很快便掌握了一些生产技术，由此颇为自满。工作中他不服从管理，挑肥拣瘦，有理无理都不让人。大家都说他是"茅坑里的石头，又臭又硬"，没人愿意和他搭档干活，他自己也抱着干一天混一天的态度，整天耷拉个脑袋，像个霜打的茄子。

三月份，工厂与外商谈了一笔出口生意，要求铸造车间在年底前必须完成2 500件477A摇枕的铸造任务。班组长老陈从车间领回任务，立即与大伙商量，决定重新组成三个小组，两班倒改为三班倒，人员按照老中青搭配，正、副班组长和党小组长分头领班。老陈知道大家都不愿意与小石搭档，就主动要求小石跟着自己。对此，小石心里对老陈还是很感激的，工作比过去主动多了，有时还向老陈提出一些合理化建议。比如小石发现，只要操作时把抛砂机的速度控制好，原来一个班次要换两次的瓦头，可以只换一次，有时候甚至可以不换，这样既节省了时间，又减少了瓦头的消耗。老陈采纳了他的建议，经过几次试验，果然有效，紧接着在其他两个小组推广。第一个月，造型一班的产量就创了新高，受到车间的奖励。

奖金发下来后，老陈说："这个月超额完成任务，固然是大伙努力的结果。但是不要忘了，有一个人功不可没。"

大家一听就明白："小石。"

"对！小石最近的表现比过去好多了。"老陈说，"我建议奖金三分之二按人头分下去；剩下的，每个小组评一个表现最突出的，给予重奖。你们看呢？"

大家都同意。

老陈说："小石家境好，不缺什么东西，我想小石现在最需要的是自尊和自信，我们就鼓励他。他不是对电脑感兴趣吗？我建议给他买几本电脑方面的书，再买一个日记本，写上对他的希望和祝福，我们几个签上名字，直接送到他家去，也让他的家人放点心。"老陈说完，大家都叫好。

此后，小石好像变了一个人，工作更积极了，与大家的关系也日益融洽。

六月份，老陈请假，临时让小石负责小组的工作。小石每天早来晚走，干得很起劲。

一天，小石接班时发现抛砂机中有一块瓦斗隐隐有条裂纹，本应及时通知维修班来检查或更换，但为了赶进度，他心存侥幸，认为问题可能不大。结果运转不到半小时，这块瓦斗就破碎了，并被抛砂机甩了出来，碎片击中了在旁工作的一位工人，头上缝了三针。"说什么这次也要给他个处罚。"车间很多人说。

老陈说："客观地讲，小石这次的确犯了错，应该受到处罚。但是，他的出发点还是为了完成任务，只是方法不当。对这样一个进厂不久，特别是刚刚有所转变的员工，应该一分为二，更多地看到他上进的一面，不能太苛求，不能只盯着错，忽视他的良好愿望和动机。功就是功，过就是过，人家才能心服口服。"

最后，大家形成一致意见：小石作为小组领班，对于设备隐患心存侥幸，违反规定，对事故负主要责任，给予通报批评并扣发奖金250元；鉴于事故发生后，小石积极采取措施，最大限度地弥补了损失，最终完成了生产任务，表现突出，奖励100元。

在班组宣布这个决定时，小石流下了眼泪。

年底，由于小石在这次完成477A摇枕任务的过程中做出了突出贡献，被评为优秀员工，受到工厂的表彰、奖励，并成为大家喜欢的"香饽饽"。

---

4. 时时刻刻检查自己的心态，培养正能量

管理心理学和管理实践告诉我们，心态对管理产生巨大的影响，不同的心态会产生不同的管理结果。如何建立管理者的自信心，是班组长管理能力训练的重要课题。下面的案例告诉我们一个道理：做任何事情，都需要一个健康的心态。

案例：

★"牛仔大王"的
发迹史

李维斯是美国著名的"牛仔大王"，他的西部发迹史堪称一段奇迹。当年，这位德国移民像许多年轻人一样，带着梦想前往美国西部追赶淘金热潮。

一日，他突然发现有一条大河挡住了前往西部的路。苦等数日，被阻隔的行人越来越多，但都无法过河。于是陆续有人向上游、下游绕道而行，也有人打道回府，更多的人则是怨声一片。心情慢慢平静下来的李维斯想起了曾

有人传授给他的一个"思考制胜"法宝。于是他来到河边，"非常兴奋"地不断重复着："太棒了，这样的事情竟然发生在我的身上，又给了我一次成长的机会。事情的发生必有其因果，必有助于我。"果然，他真的有了一个绝妙的创业主意——摆渡。没有人舍得花一点小钱坐他的渡船过河，于是，他人生的第一笔财富居然因大河阻挡而迅速获得。

一段时间后，摆渡生意开始清淡，他决定继续前往西部淘金。他找到一块空地，买了工具便开始淘起金来。没有多久，有几个恶汉围住他，叫他滚开。无奈之下，他只好灰溜溜地离开。好不容易找到另一个合适的地方，没多久，他又被人轰了出来。

终于，他又一次想起了他的"制胜法宝"。他真切地、兴奋地反复对自己说着，最终，他又想出了另一个绝妙的主意——卖水。西部缺水，可似乎没有人想到它。不久他卖水的生意便红火起来。但是后来，同行越来越多。李维斯不得不再次接受现实。他立即调整自己的心态，再次让自己兴奋起来，不断对自己说："太棒了，这样的事情竟然发生在我的身上，又给了我一次成长的机会。事情的发生必有其因果，必有助于我。"

他发现来西部淘金的人，衣服极易被磨破，同时又发现西部到处都有废弃的帐篷，于是他又有了一个绝妙的主意——把那些废弃的帐篷收集起来，洗干净，就这样，他缝成了世界上第一条牛仔裤！由于牛仔裤耐磨耐穿，深受矿工、农夫和牛仔们的欢迎，产品往往供不应求，订单源源不断地涌来。

从此，李维斯一发不可收拾，最终成为举世闻名的"牛仔大王"。

思考题与能力训练

1. 开一次班组长座谈会，谈一谈班组建设与管理在企业发展中的变化。

2. 班组长结合自己所在班组的现状，发现自己的优势和不足，并针对不足提出改善建议方案。

3. 列出现代班组管理的主要特点。

Extended reading
拓展阅读

与时代发展同步的现代班组建设

班组建设作为企业管理的重要基础性工作，伴随着我国国有经济发展及企业现代化的进程而发展，并始终与时代同步，具有鲜明的时代印迹。

一、我国班组建设历经的四个发展阶段

（一）班组建设初级阶段——经验管理阶段

新中国建立后，国民经济恢复、抗美援朝及社会主义建设初期是班组建设的初级阶段（建国后至国家"一五"计划完成）。本阶段的班组管理以经验管理为主，班组工作的主要任务就是号召员工不惜代价，超额完成生产任务，支援抗美援朝和实现"一五"计划。班组管理要依靠班组长的工作经验和指挥权威来进行，更多的是依靠当家做主的工人与新招进入企业的翻身农民，以高度的自觉意识和充满理想主义的社会主义建设激情而忘我劳动。

（二）班组建设发展阶段——制度管理阶段

国家"二五"计划开始至"文革"前，是班组建设的发展阶段。班组管理基本上仿照苏联模式，以制度管理为主要特征，并将之列为企业的六大基础管理模块之一。这个时期的班组工作不仅是提倡完成生产任务，而且提出了发扬主人翁精神、共产主义风格、艰苦奋斗精神和"三老四严"的作风。

其中，1960年提出了"鞍钢宪法"，强调企业实行民主管理，即实行干部参加劳动，工人参加管理，改革不合理的规章制度，工人群众、领导干部和技术人员三结合的"两参一改三结合"；1964年提出了工业学大庆的口号，提出"为国争光、为民族争气的爱国主义精神；独立自主、自力更生的艰苦创业精神；讲求科学、'三老四严'的求实精神；胸怀全局、为国分忧的奉献精神"的大庆精神。这些对班组建设产生了较大的影响。

（三）班组建设整顿发展阶段——经济管理阶段

在这个阶段（"文革"后至20世纪80年代末），班组建设具有经济管理的特征，不再仅以完成工作计划为最终目的。班组管理与国家工作重点向经济建设转移，企业的整顿、改革、升级同步，初步开展了班组承包制和经济责任制，实行班组经济核算的工作。

1986年中华全国总工会和原国家经贸委召开的第一次全国班组工作会议，以及1987年开始实施的厂长负责制，在班组建设史上具有很强的指导性和转折性意义。

（四）班组建设管理创新阶段——班组转型发展阶段

在这个阶段（20世纪90年代初至今），班组建设与改革开放同步，逐步建立以市场为导向的管理体制、运行机制。班组管理与现代企业制度的建立相结合，树立与市场经济相适应的市场观、效益观、客户观、人才观、质量观，以人为本，坚持以现代管理思想、工具为手段，以落实岗位责任制为核心，以员工与企业共同成长为目标，全面开展新经济时代的班组建设，并通过班组达标升级、技术创新、管理创新等活动，将班组建设推向了一个新高度。

二、新形势下班组建设所面临的挑战

伴随着社会主义市场经济体制改革的不断深化和以互联网技术为代表的企业

信息化进程的加快，多元的社会文化已日趋凸显，企业技术进步和组织变革的速度也在加快，这都将使班组建设面临新的挑战。

（一）组织变革下的挑战——班组角色和运行方式的变化

新形势下，企业组织结构的扁平化，并通过减少行政层次构建新的紧凑干练的组织结构，使得班组的自主性、独立性增强，班组将面临如何形成"独当一面，快速应对"能力的挑战。

新形势下，企业组织运行的柔性化，并构建以"满足客户、提高效率、动态调整"为核心的组织运行模式，使得班组跨职能运行的情形增多，班组将面临组织结构不稳定、团队成员业务背景不同的挑战，班组长角色也由管理者、指挥者变为顾问、支持者和服务者。

（二）技术进步下的挑战——班组结构及生产方式的变化

技术进步下新技术的不断更新，使员工传统的知识、技能结构发生变化，并导致班组的结构、分工发生变化，班组内分工更细、专业化更强，班组的生产方式也发生变化。

班组生产方式的变化和工作流程的改变，使班组成员关系必须适应变化，协同配合。传统生产方式中班组生产布局整齐划一、设备固定，不太考虑在制产品移动路线的合理性；而在精益生产体系中，班组则常按产品家族划分单元，设备是柔性的，生产过程按流程来进行，布局按移动最短路径安排，要求员工一专多能，协同配合，并创造性开展工作。

（三）多元社会文化下的挑战——员工关系及价值观的变化

当前，我国已进入社会转型的关键时期，社会主义市场经济的发展和东西方文化的交融，促进了社会经济成分的多元化、利益主体的多元化和社会生活的多元化，进而促进了人们价值观的多元化。在企业中则表现为员工价值观的多元化和员工关系的复杂化，班组成员的关系也常体现为既独立又协作，既竞争又合作。

在此背景下，自由与约束、正义与公平、权利与义务、利益与责任等社会基本价值观常被混淆、搁置或被边缘化。同时，企业员工需要的多层次性、激励要素的多样性，以及对企业管理理念认同的差异性，也都对我们在班组建设中满足员工需求，激发员工创造激情，协调员工关系，凝聚员工力量，提升企业价值创造能力，实现员工与企业共同成长的目标提出了挑战。

在新形势下，应对挑战，创新班组管理，将是我们每一个班组长的神圣使命。

（作者：李丽娟）

第 **2** 单元
班组长的角色定位与认知

　　清楚自己在组织中的位置，具有一定的角色认知能力，是企业班组长的首要能力。班组长只有清楚地认知班组作用及自己所扮演的角色，才能做好班组管理工作。

　　如果把企业中层管理者比喻为球场上的教练，那么，作为基层管理者的班组长就是球队队长，其任务是贯彻教练意图，身先士卒，率队组织进攻。

学习目标

1. 了解班组在企业组织构架中的地位和作用。
2. 了解班组长在企业生产经营中的地位和作用。
3. 熟悉班组长的岗位职责和任职资格。
4. 熟悉班组长的自我认知。

学习方法

1. 在理论分析的基础上，注意运用实例理解有关结论。
2. 对自己做班组长的经历进行分析，或请优秀班组长开展讲座。

第一节
班组长在企业生产经营中的地位与作用

　　在现代企业制度下，伴随着企业管理中"人"的要素管理日渐重要和管理重心的下移，班组建设和班组长的能力素质已成为影响企业发展的关键因素。班组长转变思想观念，了解自己的职位角色，明确自己在企业生产经营中的地位与作用，系统提升自己的综合素质和管理能力，也愈显重要。

一、案例导入

**万班长是不是
一个好班组长？**

　　万安民是一位技师，他在技术方面有丰富的经验，并在代表班组参加的技能大赛上多次获奖。班组中每一位员工都认为他的工作技术相当出色。不久前，他所在班组的班组长调到另一个车间去当工长了，车间主任任命万安民为新的班组长。

　　万安民上任后，下决心要把班组工作搞好，在上任的第一个月里，全班组的人都领教了万安民的"三把火"。在他上任的第二天，班组员工小刘由于公交车半途出现故障，迟到了三分钟，万安民当众狠狠地批评了他，并说"班组不需要没有时间概念的人"。第二个星期，赵师傅由于忙着车间技术比武的事情，一份班组长要求完成的通讯报道晚交了一天，万安民又大发雷霆，公开表示，再这样，就把赵师傅调走。还有一次，班组加工的某零件出现了质量问题，万班长叫技师小林帮他写一份质量分析报告。小林多方收集信息，查找问题，连续加班三个晚上赶了出来，可他连一句客气的话都没有。

　　一年过去了，车间主任发现，万安民班组似乎出现了问题，缺勤的人很多，不少人要求调动工作，许多工作都安排不下去了，班组里矛盾多了，和谐的气氛少了。

二、案例分析和启示

（一）案例分析

　　从案例中我们看到，万安民是一位技师，因参加比赛多次得奖，被选为班组长。但通过当班组长后接连处理的三件事情来看，他是一个不称职的班组长。可以说，万安民是技术上的能手，管理上的弱手。因此，万安民不可能发挥班组长在班组中的作用。他对班组长的定位、认知都存在错误，只是单纯地把自己当成了班组的"官"，过多地强调了职权影响力。他身上缺少了班组长应具备的管理素质，用罚代替管理，缺少用情管理，不善于处理人际关系，不注重人格魅力的塑造，可以说，万安民已不适应现代班组对班组长管理能力的要求。

（二）案例启示

作为班组长，一定要有明确的角色认知，要清楚班组在企业中的地位和作用，要认清自己在本企业生产经营活动中的作用，要熟悉班组长的岗位职责，掌握一定的管理知识和管理技能。一名优秀的员工并不一定能够当好班组长，要当好班组长，就必须按照班组长的岗位素质要求来提升自己。

三、学习要点链接

（一）班组在企业组织架构中的地位

在企业组织架构中，班组作为从事企业生产经营活动或管理工作最基本的组织单元，是企业价值创造的最基础环节，是提升企业管理水平、推动员工发展、激发员工活力的基本平台。其地位主要体现在以下五个方面：

1. 班组是企业组织架构中的基本单元

企业有大有小，再小的企业也是由若干个工作单元（班组）组成的。

从纵向看，班组是企业组织架构中最基层的组织单元。如下图所示，在某大型国有机械制造企业的组织架构中，其业务部和分厂、优良制造中心下的班组就有多个。

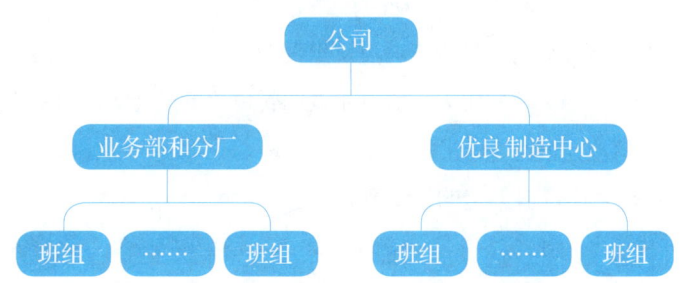

某大型国有机械制造企业的组织构架图

从横向看，班组的组织单元依据其业务特征，一般分为生产类班组、技术类班组、管理类班组、综合类班组。下图所示为某大型国有企业的班组类型及各类班组所占比重。

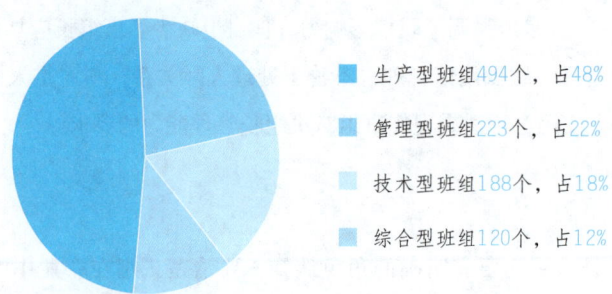

生产型班组494个，占48%

管理型班组223个，占22%

技术型班组188个，占18%

综合型班组120个，占12%

某大型国有企业的班组类型及各类班组所占比重图

由此可见，班组在企业组织构架中占有基础性地位。

2. 班组是企业生产经营活动的基本单位

班组是落实企业各项生产经营活动的最终实施单位。无论是生产型企业还是服务型企业，其经营活动的开展，都是围绕下达指标、控制指标、完成指标进行的，不管是利润指标，还是生产或销售指标、成本控制指标等，都必须由大化小、层层分解，最终落实到每个班组。

3. 班组是企业经营管理的最基层单位

企业的管理任务与目标能否在基层班组落实，决定着企业的管理及发展水平。企业的管理通常通过以下三个层级实施：

高层——全面负责整个组织的管理，负责制定企业的发展战略及不同时段的任务、目标，掌握大政方针并评价整体绩效；

中层——贯彻执行高层管理者制定的重大决策，针对企业不同时段下达的任务目标进行分解，并进行管理指挥、协调与资源保障；

基层——针对企业任务目标进行员工岗位级的任务分解，并直接指挥、协调和监督现场作业活动，保证各项活动的有效完成。

企业的战略及任务目标最终要通过班组贯彻到每位员工，然后通过员工的工作成果——产品或服务反映出来。所以企业的管理、思想、文化和相关制度，一定要在班组中落地，企业才能正常运转。

4. 班组是企业价值创造的最基础环节

无论在生产型企业产品生产制造的过程中，还是在服务型企业提供服务的过程中，尽管劳动对象不同，过程有长有短，但都会形成一个生产链或服务链，班组就是这个生产链或服务链中的最基础环节，不可或缺。

例如：机械制造企业有三大生产流程，即毛坯制造、机械加工、装配，每个流程都是由若干班组负责的，每个流程的工作都是由这些班组完成的。

5. 班组是促进企业员工成长、提高个人能力素质的平台，是实现员工职业理想的舞台

在工作中学习，在实践中成长，是各类人才成长的基本规律。实践经验证明：

班组既是实现员工成才的平台，也是实现企业战略的支点，大量的优秀管理者以及高技能人才出自于班组，又回归于班组，在班组小小的舞台上，舞出了其人生的最美篇章。

总之，企业管理千条线，班组工作一针穿。班组作为企业各项工作的落脚点，在企业生产经营活动中的地位是无法替代的。

（二）班组在企业组织架构中的作用

如果企业是一座高楼，那么班组则是这座高楼的基础和支架。一个班组出现问题，不仅会影响整个班组生产任务的完成，甚至会影响企业目标与任务的完成。

1. 班组是企业利润的直接创造单位

企业的目的在于创造利润，在企业追求利润的生产经营活动过程中，班组是最基本的生产单位，企业产品的所有零部件都是分散在各个班组进行加工生产的，班组产品质量、工作质量的高低，生产成本的控制等都直接影响着企业的利润水平。所以，企业要完成生产经营计划、降低成本、提高产品质量、提高劳动生产率、增加利润，都要从班组抓起。

案例：

★ 手感

某航空发动机制造企业喷嘴管子中心工人毛红军，在进行某航空发动机燃油总管校正工序时，发现手中弯曲矫正的管子硬度与平日不同，严谨的工作作风和实践经验使他感到管子的材料有问题。后经企业冶金部门检测，证实管子材料确实是非规范要求的材料，毛红军不仅发现了问题材料，更是堵住了一起重大质量安全事故。试想一下，没有质量，哪有利润？

2. 班组是落实企业各项规章制度的基础

人们常说，小企业发展靠感情，大企业发展靠制度，因为班组是企业最基本的构成单位，所以企业各项制度只有落实到班组才是真正的落实。现代企业制度日趋完善，但依然存在执行不到位的现象，这主要是因为班组在落实制度上出现了偏差。

案例：

★ "刷脸"

某企业实行严格的考勤制度——利用人脸识别信息系统进行考勤（即"刷脸"），车间要求班组每周上报未"刷脸"人员的缺勤说明，并规定班组人员出勤情况与班组绩效考核挂钩。实际执行中，班组员工因种种原因，时常有人未按时"刷脸"，但为了不影响本班组绩效，班组内部常常采取各种办法，隐瞒员工出勤问题，其结果是班组上报的信息与实际情况存在差异，部分员工的违纪现象不能得到相应的处罚，不仅影响了制度执行的严肃性，同时在一定程度上助长了班组不良风气，导致班组管理涣散，也影响了企业考勤制度的落实。

3. 班组是企业文化落地的土壤

随着现代企业建设的不断推进，企业文化建设的水平已成为企业形象的标志和核心竞争力。但是，一个企业的文化理念再好，如果不能落地于班组，也只能成为好看而不能用的摆设。

 **案例：**

★ "上墙"与"落地"

某企业创建了"三观"企业文化——客户观、成本观、工作观，要求在其下属各单位、各班组进行落实。

为保证文化落地，该企业还制定了文化宣传与贯彻措施、考评标准等，并由该企业培训中心的专职培训师进行培训。

通过培训，对于"三观"的理论认识，大家都觉得很简单，很容易理解和接受，例如客户观中提到的"客户就是上帝，客户是企业员工的衣食父母，客户的利益高于一切，客户是我们服务的对象，客户是事业双赢的伙伴"等，大家一致认同。但经过对基层班组的调研却发现，具体工作中要想贯彻、落实这些观点实属不易。

可见，企业文化若不能在班组落地生根，企业文化的创建就等同于空中楼阁，文化落地就是一句空话。

4. 班组是质量保证、安全保障的基础环节

质量和安全，是企业生产或工作过程中的两个重要节点。既然班组是生产或工作的基本平台和基础环节，那么抓质量和保安全，就成为班组管理的重要环节，也是班组长的重要管理职责所在。

 案例：

★ "我不保谁保？"

某企业热处理中心汤兵班组，在真空炉冷却水超温报警器尚未报警时，凭借细心的观察提前发现了停水事故。于是，该班组成员沿着供水管线一直检查到相邻的厂房，排查供水中断原因，及时排除了故障，避免了一起重大设备事故发生。班组长汤兵再谈及此事时说："班组工作的质量、安全，我不保谁保？"话虽简单，分量却不轻。

总之，班组搞不好，企业肯定搞不好。班组建设与管理工作做到位，企业发展就有了坚实的基础。在任何一个企业中，只有每个班组都健康运转，充满活力，企业才能实现安全、稳定、持续、优质生产，才会有旺盛的活力和生命力，才能在激烈的市场竞争中立于不败之地。

（三）班组长在企业生产经营中的地位

班组长的地位是指班组长在企业管理中所处的位置。在企业中，班组长是企业最基层的组织管理者，是班组管理的直接负责人，如下图所示。

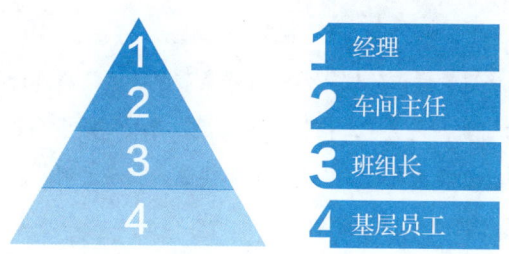

班组长在企业管理中的位置

在企业班组管理中，班组长作为最基层的、不脱产的组织管理者和管理责任人，既要负责分厂（车间）任务的贯彻落实并指挥全班组成员完成任务，又要直接参加劳动，完成自己的任务计划；既要严格考核，搞好班组管理，又要带头遵纪守规。班组长在企业中的地位主要体现在以下三个方面：

（1）班组长作为班组生产经营工作的组织协调和直接指挥者，处于"兵头将尾"的"管理者"地位；

（2）班组长作为生产现场技术、技能难题的解决者和价值的直接创造者，具有生产技术技能"带头人"的地位；

（3）班组长作为员工技术技能和职业生涯发展的指导者，具有员工发展"教练"的地位。

可见，在企业生产经营活动中，班组长的地位至关重要。班组长的工作情况，直接关系到班组建设的质量，以及企业生产经营活动的正常进行和经济效益的提高。

曹安，某航空发动机制造企业的首席（车工）技能专家，是该企业第52车间二工段机加班的班组长，其所在班组承担着该企业重点型号产品的科研、批产任务以及外贸、民品中大量复杂、高难度零件的加工任务。

案例：

★ "教头" 曹安

多年来，曹安率领班组成员攻克多项技术难关，为企业解决了车加工工序中的多项技术难题。例如，在某航空发动机精锻叶片的模具深型腔加工中，曹安带领班组成员在刀具上加以改进，解决了型腔深、孔径小、表面光洁度及精度按常规加工无法保证的问题。他充分发挥了自己作为班组长的技术引领作用，甘当"教练"，被大家戏称为"曹教头"。

他关注班组成员技术传承与创新的培养。他在复杂薄壁偏心件加工、各类特型面加工、精密螺纹加工等复杂零件加工中积累了宝贵的经验，总结了一套独特的加工方法。每当接到过去班组没有加工过的工件时，为保证进度和加工质量，他都会及时与工程技术人员协商，对工艺流程进行大胆的改进和调整，自制辅助的二类工装，不但提高了加工质量，而且降低了生产费用。他每月至少组织两次班组学习、培训、技能交流活动，通过面对面的零距离交流与沟通，使班组员工在职业素养方面得到了提高，在班组营造了"比、学、赶、帮、超"的氛围。

他关注班组成员质量意识的培养，积极收集质量案例，每月讲解、讲评、总结上个月生产中出现的问题，完善"三检"规章制度，开展"质量诚信承诺"，对容易出现质量问题的零件、比较复杂的工装夹具，都要进行现场培训。他把质量预防的重点放在技能水平相对较弱的新进厂的组员和平时工作粗心大意的员工身上，在安排任务时，总是不忘记提醒他们要注意质量和安全，对有一定难度的任务及时给予技术指导，使得可能出现的质量问题被控制在萌芽状态。

他注重班组成员管理方法的改进。例如在6S管理方面，他结合现场生产特点，自己设计、自己动手，对所有工具实行"痕迹管理"，使工具摆放更科学、更规范，并且方便查找；在安全管理方面，他利用班组活动时间或班前会对全体员工进行安全教育和安全操作考试，来提高员工们的安全意识，每天进行安全检查和督促，并制定了班组作业危险因素辨识表，使班组现场安全违章降到零。

他所在班组不仅出色地完成了零件制造的研制、生产任务，还被企业命名为"优秀质量信得过班组"和"曹安技能辅导站"。

（四）班组长在企业生产经营中的作用

班组长的地位决定着班组长应该起到的作用。从班组长在企业工作中的实践经验来看，班组长主要有以下五方面的作用：

1. 行为标兵和示范作用

人们常说，员工的素质就是领导的素质；只有落后的干部，没有落后的员工；部下素质低不是你的责任，但是不能提高部下的素质，是你的责任。班组长的行为、形象可对班组产生重要的影响。所以，班组长必须时时注意自己的言行，并不断提高自身的素质，在班组建设中，发挥标兵和示范作用。

 案例：

★ 模仿

一名日本的心理学家在考察一个科室时，发现科员情不自禁地都在模仿着他们的科长，一举手，一投足，甚至连梳头发的姿势都在模仿。由此可见，这名科长的影响力有多大！可不能小看自己的言行。

2. 任务的组织实施及管理作用

将上级下达的任务细化、分解到岗（人），并通过计划、组织、协调、过程控制和激励，推进落实，确保任务保质、安全、按期完成。

3. 承上启下的桥梁、纽带作用

班组长在企业中起着承上启下的作用，既要及时准确地把上级的指示精神传达给组员，并加以贯彻落实，又要向上级反映班组工作的实际情况，提出建议，做好班组成员的帮手和上级领导的参谋及助手。

4. 生产技术能力的推进作用

班组长作为生产技术技能的"带头人"和"教练"，在企业的生产经营活动中，大多通过破解难题、攻克难关、培养技术技能团队，使企业的生产技术能力得以推进。

5. 班组建设的引领作用

班组建设，作为班组团队管理的有效手段和方法，是通过在班组内部进行班组文化、学习制度及工作制度等的建设，最大限度地调动班组成员生产的积极性、创造性，提高班组成员的生产工作技能与综合素质的活动过程。

生产任务的完成和班组良好形象的建立，仅靠班组长一个人的能力是不够的，必须发挥其在班组建设中的引领作用，依靠班组全体成员的团队精神，形成班组综合战斗能力。

 **案例：**

★ 郭"老师"

某企业总装车间部装班组有一名郭班长。郭班长不仅自身业务水平高超，而且还自觉担任了班组技术业务的兼职教师，负责对班组成员进行操作技能上的指导和帮助。

部装班组作为该厂核心部件装配区，不仅工作任务繁重，而且对各项工作质量要求极高。为了保证产品质量，提高生产效率，满足客户需求，郭班长总是把自己掌握的技能，毫不保留地教给他的组员。在他的影响下，班组成员的学习热情被充分调动起来，具有"师资"水平的组员不断涌现，部装班组不仅被评为该企业的五星级红旗班组，还被国资委评为"中央企业红旗班组"。在郭班长的带领下，部装班组成员士气高昂，工作更加自信、努力，大家都习惯称郭班长为郭"老师"。

The second section
第二节
班组长的岗位职责与任职资格

　　有些班组长总在说"我们就是个一线干活的"，似乎并不认可自己的企业管理者角色。虽然班组长大多为兼职，并都处在企业生产经营、服务一线的岗位，但作为班组活动及日常作业的组织者和责任人，我们只要一挑起"班组长"这副"担子"，肩上就有了对所在班组负责的压力和组织管理的责任，而不仅仅只是干好自己手中的活。

一、案例导入

"兵头将尾"

夏复山

　　夏复山，某航空发动机制造企业的首席（钳工）技能专家，是该企业第53车间二工段钳工班的班组长，手下有10个"兵"，主要承担着精密测具、量具的装配制造工作，"当好'兵头'，做好'将尾'"，是他这些年做班组长的口头禅。

　　当好"兵头"：他以身作则，在技术上精益求精，成为生产技术技能"带头人"，先后获"陕西省技术能手"、"陕西省首席技师"、中航一集团"航空报国优秀贡献"奖、"中央企业优秀共产党员"、"全国青年岗位技术能手"、"全国技术能手"等称号，并获国务院"特殊津贴"。

　　做好"将尾"：他率先垂范，通过精细化管理，带动全班组成员共同完成任务，成为班组员工的"教练"。

　　他关注员工技能：为班组制定了一系列措施，并根据班组成员各自的技术水平，有针对性地安排生产任务，以老带新，进行"传、帮、带"和"如何做好工具钳工"等专题讲座。他言传身教、毫不保留、不厌其烦地手把手传授技艺，使班组成员的技术技能水平普遍提高，先后为车间培养出了14名钳工骨干，并陆续被评聘为高级工、技师、高级技师，其中一名青年员工还获"陕西省技术能手"称号。

　　他关注产品质量：在质量控制方面，夏复山带领他的班组，以预防为主，预防与检验相结合，使班组成为一个有明确任务和职责、互相协调、互相促进的有机整体，将产品的一次交检合格率从85%提高到94.5%。

　　他关注工作效率：在班组生产管理上率先推行班产考核与旬考核制度相结合的办法，即将当月钳工任务按交付期限及难易程度分为三部分，按上、中、下三旬考核，每月将任务进行合理搭配，根据情况定出钳工任务的项数，打印出单子，下发给每个组员按旬自主考核，并严格执行班产管理，有效地利用了时间，提高了工作效率，使任务完成更有计划性、周期性和透明性。

他带领全体班组成员攻克多项技术难题，充分发挥了班组整体作用，累计完成工装制造、修理任务将近10 000项。他的班组被企业命名为"夏复山班组"，成为一支重技能、保质量、高效率的优秀团队，并荣获航空工业"质量信得过班组"和陕西省国防科技工业"工人先锋号"称号。

二、案例分析与启示

（一）案例分析

夏复山是一名优秀的班组长，它既是班组生产经营工作的组织协调者和直接指挥者，又是直接的生产者和技术技能带头人，还是班组员工的技术技能教练，充分发挥了班组长的"兵头""将尾"的作用。他以自身的人格魅力、过硬的技术才能、勇于探索的精神，潜移默化地影响着班组的每一位员工，并且调动了他们的工作热情和工作的创新意识，高质量地完成了班组的各项任务，打造出了和谐、高效的工作团队。

（二）案例启示

班组长虽然是企业最小的"官"，但要当好这个"芝麻官"并不容易。要做好班组长，不仅要具备较高的职业修养和综合素质能力，还要明晰自己的岗位职责，赢得班组成员的认同，凝聚团队力量，并充满高昂的工作激情，夏复山就是这样的一位班组长。

三、学习要点链接

（一）班组长的岗位职责

有这样一句顺口溜：班长班长，点到记账；班前交接，班后清场；计划进度，日清月爽；质量安全，时刻预防；任务产量，完成漂亮；上下满意，心花怒放。

这些话虽不是对"兵头将尾"班组长工作全部、科学的反映，但它们反映了班组长最起码的岗位职责：负责班组人员管理，组织进行班组作业计划及任务管理，落实企业各项技术规程及管理制度，做好班组综合管理（包括质量、设备、安全、环境、成本、统计分析等管理事项）。

1. 负责班组的人员管理

班组长的人员管理职责主要体现在以下四个方面：一是进行班组任务及人员

调度，尽可能做到人尽其才；二是负责员工能力的开发与培养，指导员工学习，进行员工激励，引领班组成员共同成长；三是推进班组民主管理，做好员工情绪管理，把握班组员工个体动态和思想状况，调动员工积极性和工作热情，挖掘员工个人潜力；四是负责进行班组的知识管理与信息管理，及时沟通协调，充分发挥班组的价值创造作用。

案例：

★"方法"就是资源

某企业档案馆编研班组主要负责该企业的档案管理标准和技术标准的制定与修订、档案的信息化建设、档案编研、档案验收、档案资料系统的业务指导、涉密信息的导入和导出等工作，现有成员包括班组长在内仅有4名。但这些年来，班组长王争妍使用科学的人员管理方法，克服了班组工作量大、人员短缺的困难，圆满完成了任务，在她眼里，"方法"就是资源。

方法一：人尽其才，合理分工。根据班组成员各自能力优势、工作喜好和个性特点确定岗位，并参照岗位职责描述与说明，明确班组内部各个成员之间的分工和工作标准。

方法二：团队导向，计划控制。通过深入分析班组成员的自我认识和基本的价值观，班组管理中总是以团队的任务为导向，在分配每项工作任务时都是先帮助每个班组成员明确团队的目标以及行动计划，并树立阶段性目标，使班组成员清楚地看到任务目标和自己对于完成本项工作所起到的重要作用，不仅激发了班组成员的工作责任感与激情，而且提高了工作效率，节省了用工数量。

2. 组织进行班组作业计划及任务管理

按照上级下达的工作任务要求，结合班组人员实际技术水平、现有任务量、时间进度，进行生产作业计划及所需工具、能源、材料、设备及易耗品的计划管理，制定符合班组具体情况的、可行的工作计划，并尽可能保持班组成员在任务量、技术、体能、效率等方面的均衡，避免因"肥活""瘦活"分配不均产生的矛盾。

案例：

★"5W1H"就是灵

某企业班组长李玉，每当制定班组次日生产作业计划时，总喜欢使用"5W1H"法。他首先要了解下道工序的生产数量和本班组的库存情况，列出需生产的件号，确定与其他制件的匹配关系、匹配数量及所需时间。然后了解本班组半成品情况、工位器具数量和该制件的质量要求。例如需要三套连装的，就考虑三台机床同时换模具，在这之前，制件的生产安排既要形成批量，又要计算好时间，增加了机台的有效作业时间。班组长李玉所安排的生产作业计划非常切合实际而且容易操作，大家都说："'5W1H'就是灵！"

【知识卡片】

"5W1H"法

"5W1H"法是对选定的项目、工序或操作，从原因（何因Why）、对象（何事What）、地点（何地Where）、时间（何时When）、人员（何人Who）、方法（何法How）等六个方面提出问题并进行思考的方法。

3. 负责落实企业各项技术规程及管理制度

在班组任务的执行过程中，一要确保班组成员均严格按照企业各项技术规程及管理制度的要求进行作业；二要结合企业管理要求及班组情况，制定并实施班组内的相关作业要求及管理制度。

班组长张帅工作的最大特点就是"问题"不放过，执行制度严，大家总称他为"严"班长。

案例：

★"严"班长

他执行技术规程"严"。当生产现场出现技术问题时，他总在第一时间与车间管理人员或技术人员联系，及时探寻解决办法，重新确认工艺技术标准与操作规范；他要求班组成员严格执行班组的产品检验制度，特别是首件的质量检验工作、做好完工后的自检工作（检验结果均有记录）；他将督促检查和随机抽查相结合，确保班组成员严格按照操作工艺及规范作业，实现安全生产。

他处理质量问题"严"。当生产现场出现质量问题时，他总是首先主动会同技术部门进行质量分析，讨论原因，并制定行之有效的整改措施，避免类似问题再次发生。同时，定期对整改措施的执行、完成情况进行检查，确保落实到位，最终做到发现一个问题，解决一个问题。

4. 组织进行班组综合管理

班组长的班组综合管理职责主要体现在企业的质量、设备、安全、环境、成本、统计分析等管理事项在班组的落实保障和信息沟通上。

其中，质量管理是按企业管理、技术要求，控制产品及工作的实施过程，确保班组任务的完成质量；设备管理是按企业的设备、工具管理要求，指导员工正确操作设备，组织维护保养设备及工具领用；安全管理是预防班组作业过程中可能出现的各种安全隐患，并在班组内宣贯安全生产理念，检查安全防护设施，提高全员安全意识，确保人员、产品和顾客的安全；环境管理是对班组责任区域环境卫生及物品定置要求的落实和检查，确保责任区域地面、工作台、工具柜、办公桌等设施干净整洁；成本管理是在劳动生产率提高的基础上，落实企业成本管控措施，节能降耗，减少产品质量损失和低值易耗品的资金占用；统计分析是根据企业的统计管理要求，组织进行班组作业任务的统计分析，并进行相应的改进。

案例:

★"五不走"规定

某企业机械加工车间一班曾是车间现场管理的老大难班组，新任班组长张亮到任后，马上与班组成员研究制定了班组环境管理的"五不走"规定，即下班时做到：设备工装不擦洗保养好不走；材料、配件不堆放整齐不走；工具、吊具不清点摆好不走；原始记录不记好不走；地面环境不打扫干净不走。并与本人绩效挂钩，班组长张亮带头做出表率。很快，大家就消除了乱堆、乱摆、乱放现象，班组面貌焕然一新。

（二）班组长的任职资格

从现代企业对班组长的要求来看，班组长任职资格所需具备的最基本文化和职业能力要求包含文化、人品、能力、沟通、爱心五个基本要素。其中，文化、人品、能力是胜任岗位的基础；沟通是做好班组工作和带好团队的手段；爱心是关爱班组成员、热心班组管理、做好岗位工作的保障。班组长要履行好职责，胜任本职工作，原则上应当具备以下条件：

1. 有文化，具有良好的学习、管理基础

（1）须具有高中以上（含）文化程度。随着科学技术及信息化技术的发展，国民教育整体水平提高，从业人员的文化素质及学历层次也越来越高，现代班组鼓励在具有大专以上（含）学历的毕业生中选任班组长。

（2）生产型班组长须具有高级工以上（含）技能等级的职业能力。

2. 有人品，具有良好的职业道德和思想素质

（1）忠于职守、敬业爱岗，具有高度的工作责任心。能忠实地履行岗位责任，认真尽责，刻苦勤奋，拼搏向上，有所作为。

案例:

★无声响操作

1991年，许振超当上了桥吊队队长。他在工作中发现，桥吊故障中有60%是吊具故障，而故障主要是由于起吊和落下时速度太快，吊具与集装箱碰撞造成的。他指出，这么操作不仅桥吊容易出故障，货物也不安全，必须做到无声响操作。司机们一听炸了窝："集装箱是铁的，船是铁的，拖车也是铁的，这集装箱装卸就是铁碰铁，怎么能不响呢？""说出口的道理很硬，没有说出口的道理更硬：桥吊队实行的是计件工资，多吊一箱就多挣一份钱。搞无声响操作，轻拿轻放，不明摆着要降低速度、减少收入么？"许振超没有多解释，自己动手练起来。他通过控制小车水平运行速度以及吊具垂直升降之间的角度，操作时眼睛上扫集装箱边角，下瞄船上装箱位置一点，手握操纵杆变速跟找垂线，打眼一瞄，就能准确定位，又轻又稳。然后，他专门编写了操作要领，亲自培训骨干并在全队推广，以事实说服人。就这样，"无声响操作"又成了许振超的杰作、青岛港的独创。

（2）诚实守信，具有良好的群众基础。诚实守信不仅是做人的准则，也是做事的基本准则。班组长做事，既代表个人，又代表组织，如果班组长不能诚实守信，说话不算数，那么他所代表的班组就会受到影响，得不到人们的信任。因此，诚实守信不仅是一般的社会公德，更是班组长应遵守的基本职业道德。

案例：
★ "隐瞒"之后

某企业的维修班组，负责维护高炉的正常运行，无论高炉的哪个环节出现问题，都会影响生产，要求班组员工有很强的责任心，同时还要对设备的使用情况进行诚实的反馈。

一次高炉维修，在往炉顶运送备件时，组内一名员工因工作疏忽运错了备件，并隐瞒了下来。由于发现及时，没有造成重大事故。班组长一方面耐心地对该组员进行批评教育，使他认识到了自己的错误和可能造成的严重后果；另一方面，班组长没有把事故隐瞒下来，而是主动向车间作了汇报，并承担了自己在管理、教育上的责任。班组长的负责行为，不仅提醒了组员在今后的工作中必须诚实守信，而且更加强了班组的凝聚力。

3. 有能力，具有良好的职业素养和技术、管理水平

（1）在技术业务素质上，具有完成本班组的工作任务所应具备的专业知识和技能。

（2）在管理能力素质上，掌握管理的基本知识和技能，有一定的协调沟通能力、写作总结能力、口头表达能力和信息搜集、加工、分析能力，以及解决问题的能力。

案例：
★ 班组长的诀窍

某铸造厂制壳班组，在对某零件的壳体进行生产过程中，多年来一直存在着小三角孔跑火及毛刺的缺陷，产品的一次交付合格率只有30%，严重影响生产任务的完成，班组工作非常被动。为此，领导及时调王宇军任制壳班组班组长。

王宇军到任后，凭借自己丰富的生产经验和技术优势，马上带领班组员工不断总结经验，找出问题的症结所在，并进行了多次的制壳试验，最后终于从根本上解决了该零件制壳中产生的质量问题，使出现缺陷的概率大大减小，使一次交付合格率由原来的30%提高到90%以上。

王宇军依靠技术突破的诀窍，赢得了班组成员的信赖，很快打开了班组工作的局面。

4. 有爱心，具有忠诚履职、积极向上的影响力

（1）关爱员工、办事公道，具有善解人意、团结同志、依靠员工的民主作风。

（2）以身作则、率先垂范，具有身先士卒、吃苦在前的奉献精神。

（3）遵章守纪、激情进取，具有履职尽责、积极向上的创新意识。

 **案例：**

★ **双赢的培训**

某企业研制中心真空钎焊班组主要承担着该企业零部件的真空钎焊和热处理任务。班组19名成员中既有大学毕业的技术人员，也有技校毕业的操作工人。

班组长张建伟认为，班组成员中70%为操作工人，必须先培训并提高工人的技能水平，才有利于班组总体目标的完成。可班组工人却对此不以为然，认为培训占用了自己的业余时间或挣工时的机会。

张建伟认为，产生这种想法的主要原因，在于过去的培训针对性不强，并未真正通过培训给工人带来水平的提高，班组内的技术人员也未将工艺技术要求向工人交底和进行验证。

于是，张建伟改变工作方式，只做不说，利用班组技术员的学历优势，针对现场出现的问题，他和技术员们从原理上结合具体案例进行本土化的分析、讲解，及时培训，使工人能知其然，也能知其所以然，实现了技能知识理解上的贯通，工人持续的新问题的提出及实践验证，不仅提高了个人技能水平，也促使技术员们进行更深层次的研究与思考。这样的一个良性循环，使工人和技术人员都取得了明显的进步，技术员们的理论得到了验证，工人们的技能也得到了提高，在班组中形成了同步共进的良好氛围。

总之，那种只会说不会做，或只会做不会说的班组长，都已不再适应现代企业的发展需要了。现代班组长必须具有持续的学习能力、过硬的实际操作能力、丰富的现场实践经验、与时俱进的创新意识和引领员工职业化成长的影响力。

（三）班组长的选聘

班组长虽为"兵头将尾"，但在不同的企业，或在同一企业不同单位的企业班组管理实践中，班组长的聘任程序有简有繁，简者由车间（分厂）负责人直接提名宣布后即到任履职；繁者则须经过一定的组织选聘程序，并经组织批准宣布后，方可到任履职。

如果采用直接任命的模式，若缺乏群众基础，则难以服众，且可能会造成班组问题不断出现，影响班组成员的工作积极性及团结。所以，班组长的聘任无论简繁，对于拟聘人选，其聘任均应符合"选聘信息与程序公开，达到班组长任职的基本能力要求，群众评价良好"这三个基本原则。

1. 班组长选聘的组织

如果采用"经过一定的组织选聘程序，并经组织批准宣布后，方可到任履职"的班组长聘任模式，其选聘的组织须建立相应选聘工作组织机构，并明确拟选聘岗位的任职条件、选聘原则、流程及条件，以确保选聘工作公开、公正、有序地进行。其中，选聘组织机构的成员应由车间领导和相关生产、技术、质量负责人和车间职工代表组成。

为适应车间生产任务剧增的需要，完善车间的生产组织模式，加强车间的班组管理，经车间主任办公会议研究决定，在机加工段新设钳工班组，并拟面向车间员工选聘钳工班组长。组织方案如下：

案例：

★ 某车间班组长的选聘组织方案

1. 选聘组织机构

为保证本次选聘班组长工作的有序开展，车间特成立选聘工作领导小组，指导、监督选聘进程，并根据综合考评成绩，最终择优确认拟聘人选。

组长：车间主任

副组长：车间书记、车间副主任

成员：车间其他领导、相关技术人员、车间职工代表

2. 选聘原则

公开、公平、公正，择优选聘。

为加强班组长选聘工作的透明度，加强群众监督，公布举报电话：×××××××××。

3. 选聘程序

个人自愿报名，群众评议，车间考评。

其中，在××月××日之前完成自愿报名；在××月××日之前完成群众评议；在××月××日之前完成车间的综合考评，并将综合考评汇总成绩报选聘工作领导小组。

4. 择优选聘

车间选聘工作领导小组根据参聘人员的综合考评成绩汇总、群众评议结果，择优确认拟聘人选，并经车间公示三天无异议后生效。

---

2. 班组长选聘测试

班组长选聘的目的是为了通过公开、公平、公正的班组长选拔，真正做到任人唯贤、好中选优，使那些有才能、懂技术、职工信赖的优秀职工走上班组长岗位。

一般情况下，要科学地做好对参加选聘人员的能力测试，可通过完全测试型或综合评价型的形式进行选聘测试。其中，完全测试型主要适用于生产操作技能型班组；综合评价型主要适用于生产辅助管理型班组。

（1）完全测试型选聘。

① 公布选聘原则及程序。包括选聘的职位、人数、范围，选聘条件，聘任期限，选聘程序以及时间进度安排。

② 选聘测试模块。选聘测试模块分为笔试、操作技能考试、综合面试三大模块。其中，笔试占20%，操作技能考试占30%，综合面试占50%。

③ 选聘测试题的责任单位及主要测试内容。

A. 笔试题目由拟聘岗位所属部门负责人负责草拟、汇编，从安全环保、质量工艺、交货管理、成本控制、班组管理等方面选取试题。

B．操作技能题目由考评组现场指定一道本班组的工序、一道其他班组的工序，进行技能考试。

C．综合面试由参聘人员的竞聘演讲和竞聘答辩两部分组成，每人15分钟，当场由评委根据"竞聘面试评价表"进行打分，竞聘演讲顺序由抽签决定。

其中，演讲以述职为主，内容包括个人经历、对岗位的认识、管理思路、个人优势与不足四个方面，时间不超过五分钟；答辩由评委现场提问，内容包括工作思路、组织能力、沟通能力、应变能力等几方面，时间不超过10分钟。最后评委根据举止仪表、表达能力、应变能力、演讲水平、普通话水平、现场测试等几方面以不记名方式评分，去掉一个最高分和一个最低分，取平均值算出分数。

④ 选聘成绩的汇总确认。选聘测试模块的各责任单位将选聘成绩汇总排序，提交车间选聘工作领导小组确认并发布相关信息。

（2）综合评价型选聘。

① 公布选聘原则及程序（略）。

② 选聘测试模块。通过理论考试、群众民主评议和领导综合测评三大模块来选聘班组长。其中：

A．理论考试题目（20%），由拟聘岗位所属单位及相关部门负责拟定，范围为员工手册、员工行为规范、质量管理、装配工艺、现场管理等。

B．群众评议（30%），由拟聘岗位的直接下属代表根据"直接下属民意评价表"对参聘者予以评价打分；并从品德言行、履职能力、工作绩效、协作态度、负责精神和发展潜力等方面打分，每项按0、2、5、8、10（即劣、差、中、良、优）五个档次打分。

C．领导综合测评（50%），由参聘人员的面试（包括竞聘演讲、竞聘答辩）和参聘人员当年绩效考核情况两部分组成，每部分各占一半的分值。其中竞聘演讲每人15分钟，当场由评委根据"竞聘面试评价表"和其答辩情况进行打分。

③ 选聘成绩的汇总确认。选聘测试模块的各责任单位将选聘成绩汇总排序，提交车间选聘工作领导小组确认并发布相关信息。

The third section

第三节
班组长自我认知能力训练

作为企业管理"终端"的班组长，如何"演"好这些角色，要有一定的"演技"；能否当好班组长，关键在于综合素质和能力水平。要发挥好班组长的作用，首先是要清楚地认识到班组长所扮演的岗位角色，自觉进行岗位自我认知能力的训练。

一、案例导入

青工刘力是厂里的工人技术骨干，为人老实厚道，多次在公司电工比武中名列前茅。电工班老班组长退休后，车间领导任命刘力为电工班班组长。

"任劳任怨"的
刘力

刘力好钻研，电工方面的技术问题很少能难得倒他。担任班组长后，刘力更加任劳任怨，不管是电气设备检修还是运行线路维护，每天从早忙到晚，手脚不得闲。

刘力还有个特点就是不太爱说话。平时和领导、同事们的话就很少，车间调度会上他也很少发言，班前会也只是简短几句布置一下任务，私下里和领导、班组成员几乎没有什么来往。班组成员身体不舒服，家里有什么事，情绪有什么波动，他很少注意到。

他认为班组长最重要的是以身作则，带头完成各项工作任务。再说，每天班上有那么多活要做，把精力用在鸡毛蒜皮的人际关系上，实在不应该。

这样，电工班组的任务完成情况当然也不尽如人意。刘力是个称职的班组长吗？他的问题出在哪里？

经过一层层激烈的角逐，张军终于如愿以偿，成为钳工班班组长。

"严格管理"的
张军

为人严谨的张军认为班组管理的关键应该是制度管理，只要健全班组各项管理制度，严格考核，公平公正，人们自然会心服口服，班组管理也会井井有条。

上任伊始，他就细化了班组各项管理规定，并将考核结果与当月奖金挂钩，一旦发现违纪现象，他就绷起脸来，严加训斥。结果，在一个星期之内，班里16名工人中的10人被张军训斥，其中3人受到了经济处罚。

这样一来，大家对张军的意见很大，有人见到他就气鼓鼓的，班里以前和张军关系不错的哥们儿也对他"敬而远之"了，张军成了孤家寡人。

张军想不明白，自己到底哪儿错了？

"老好人"周姐

质检班班组长周姐是个热心人，班里谁家有个大事小情的，她都能照顾得到，哪个身体不舒服，她都会像老大姐一样关心照顾。她还经常做些好吃的，拿到班上和大家一起分享。和同事朋友相处，她从不计较个人得失，活干在前头，荣誉、奖金拿在后头。论人品，没说的，班组长周姐是个好人。

周姐对领导言听计从，领导安排什么，她马上向大家布置什么，自己从没什么想法。一旦大家提出异议，她马上便说："领导说了，就照这样执行。你照吩咐做了，出了差错领导不会怪你；你如果不照这样做，出了问题你得自己担着。"大家听了觉得有道理，也就不再说什么。如果有了不明白的地方，就不再问她，而是直接请示主任，因为大家知道跟她说了也没用，她还得去请示领导。

令周姐苦恼的是，她发现班里有个别人直接跟她"顶牛"，不再服从她的指挥，有什么事也不跟她商量，直接找主任。她的"无能"渐渐被传播开来，以至于她原本"听话"的下属也开始不拿她当回事了。

周姐很苦恼，常叹道："我怎么了？我也是一片好心啊！"

"讲义气"的老赵

老赵任司机班班组长十多年了。由于工作认真负责，待人热情豪爽，和老老少少各级领导的关系都处得不错。

在他的班里，什么制度都不好使，全凭"哥们儿义气"。对年轻司机，老赵更是像家长一样关心、照顾，即使他们工作中出现一些纰漏，凭老赵里里外外的关系都能给遮掩过去。小伙子们服他，也怕他。在司机班里，不管是工作分派还是车辆管理，老赵说一不二，他的话有时比领导还管用。

司机们私下也嘀咕，这司机班也不能没有章程。跟老赵关系好，什么事都好办；把老赵得罪了，领导也得说好话。

二、能力训练指导

（一）班组长角色认知的基本要素

上述刘力等四位班组长都具有班组长的某些素质，如刘力的任劳任怨、张军的严格管理、周姐的热心肠和老赵的讲义气。实践证明，这些素质在班组管理中是不可缺少的。但是，作为班组长，只有单一的某项技能，是不能胜任班组长岗位工作的。刘力等四位班组长在角色认知上出现了问题，是不称职的。班组长应从以下三个方面认识自己的角色：

（1）要从班组全局、全方位角度去认识自己的角色。班组"麻雀虽小，五脏俱全"。前边已经讲过，班组长不仅要会管人，还要会管事；在管理时不仅要有原则，还要有情感等。班组长只有从这样的视角认识自己的角色，才可能不会出现片面的认识和偏差的行为。

（2）要从角色转换的角度去认识自己的角色。角色转换是管理科学的主要内容，有些认识不清的事情，角色转换后立刻会变得清晰。班组工作是比较复杂的，班组长担当着多个角色。这些角色，在不同时段、节点发挥不同的作用。例如管理上有时就必须严格，原则问题不让步；但有时候必须用情，有点"哥们儿义气"，但要技巧到位，不能乱用，否则角色会出现混乱。

（3）要从个人素质全面发展的角度认识自己的角色。不仅具备自己干好的能力和本领，还要具备带领全班干好的能力和本领；不仅能够管好自己，还要学会管好班组；不仅原则性强，还要有人情味。

（二）克服认知定位错误的常用方法

现实工作中，确实有些班组长对自己的角色认知不清楚，要么高估自己，要么低看自己；要么大包大揽，要么撒手不管。这常常导致班组管理功能的弱化及员工的不满。

1. 常见的班组长岗位认知定位错误

（1）过高估计自己——班组长就是"老大"。例如上述案例中司机班班组长老赵型的班组长，认为班组长是一线的灵魂，是企业的命脉，企业领导也得敬让三分，大有"舍我其谁"的架势，"我是班组长，我说了算"。在工作中常常表现为：一是喜欢自作主张，不愿意听从上级的指令，或者和上级领导讨价还价；二是具有"土皇帝"做派，具有强烈的"控制"下级欲望，组员必须服从自己所有的命令。

这种过高估计自己的情况往往会导致上下级关系的紧张，班组成员内部矛盾多且绩效差。

（2）忽略沟通协同——班组长就是"业务"领先。例如上述案例中电工班班组长刘力型的班组长，认为班组长就是带头做好本职工作，只要个人业务领先，完成各项工作任务，班组工作就没有问题了。其结果是因缺乏沟通和协同，班组的团队作用难以发挥，员工潜力及整体效能得不到更大提升。

（3）轻视思想工作——班组长就是"以罚代管"。例如上述案例中钳工班班组长张军型的班组长，认为班组长在对班组成员进行绩效考核时，班组成员只要发生问题，不管问题是如何发生的，问题的性质是什么，一律先惩罚了再说。这种认识支配下的班组长，认为惩罚是解决问题的最有效手段，这种做法往往导致员工工作积极性受挫，甚至产生破罐子破摔的心理，不利于问题的解决。

（4）放弃工作创新——班组长就是"传话筒"。例如上述案例中质检班班组长周姐型的班组长，认为在企业管理层中，班组长最没权没势，具有这种认识的班组长，工作中说话不硬，办事不果断，凡事总习惯请示领导，不敢严格执行纪律，不想得罪人，唯唯诺诺。

也正是有了这些错误的角色认知，使班组长很难发挥自己的管理激情和创造性，在员工中也难以形成权威，自然也很难带出一个有活力、高绩效的班组。所以，班组长既不要小看自己的职位，也不能妄自尊大，以为谁都离不了自己。

2. 克服班组长岗位认知定位错误的基本策略

如何克服班组长岗位认知定位错误？许多优秀的班组长均有不同的经验与感受，但也有"求真善、有爱心、带团队、勤交流、讲原则"的共同点。

（1）求真善——我该这样做好班组长。作为基层管理者，要想在班组员工中有较高的权威，不但技术要好，更要通过注意平常的一些小事，在班组员工中塑造良好的个人形象，这在班组的管理过程中是非常必要的，而且也是很见效的。

所谓真，就是班组长要做到待人待己"真诚""真实"，上下班准时，工作认真严谨，实事求是，有工作任务时要以身作则，有困难时要挺身而出，为员工负责。

所谓善，就是班组长要待人和善、与人为善，在保证完成上级任务要求的同时，更多关注、呵护自己班组内的员工。尤其是面对一些有缺点的班组成员，班组长要学会包容，应该做到"两容"——容人与容事，就是对各种性格的人都要包容，对各种事都要拿得起、放得下，不要过分计较。一个班组长如果总是试图去改造别人，那是很不现实的做法。作为一班之长，就是要理解下属，充分发扬下属的长处，避开他的短处。如果任何人的缺点都在班组长的视线中，事情无论大小都要搞个一清二楚，就会让人手足无措。

 案例：

★ 娄老师的转变

某大型国有企业下属的工学院，随着企业改制，转为了企业培训中心，业务性质由原来的学历教育转为公司内部的干部、员工培训。培训中心设置了三个业务处，三个业务处又包含了七个班组，其中的教育处教研室班组聘李娟副教授为班组长。该班组成员中有一位老教师娄戈，不合群，爱斤斤计较，并且对新业务感到棘手，常常与班组长因工作分配和绩效考核等事情发生争执。面对这样的下属，李娟采取了极为包容的做法，经常心平气和地与他沟通，并采取恰当的方法帮助他提高业务水平。娄老师渐渐和大家爱开玩笑了，工作也顺手了，班组的各项活动也积极参与了。大家都说："娄老师变得让我们都快认不出来了！"

（2）带团队——我该这样用好人员。作为基层管理者，要想在班组员工中有较高的威信，自己首先要具有较高的技术，并通过专业技能的再学习、再提高，以过硬的技术能力来影响其他班组成员。同时更需要发挥好班组其他成员的作用，班组的党员、团员、骨干员工都是班组管理的重要资源，充分调动他们的工作热情和积极性，并凝聚成团队的力量，让每人都承担班组管理中的一份责任，班组管理将事半功倍。

铣工小组班组长赵建国退休了，新任班组长张良一上任，就与大家一起讨论怎样改变班组的落后面貌，为充分利用好班组的管理资源，他们实施了"五大员"的班组管理办法，班组工作很快就赶了上来。

 案例：

★ 张良班组的"五大员"

1. 基础管理大员

每天对生产现场及班组员工进行巡回检查，发现问题及时整改，并要求制定整改措施，杜绝类似问题重复出现。

2. 质量大员

每天监督检查班组员工是否严格按照工艺规程操作，遵守工艺纪律，对违反者进行批评教育；对工作责任心不强、疏忽大意者，及时提醒；每月还对班组员工进行至少一次质量培训。

3. 6S管理大员

每天上下午各一次检查班组现场工作环境、工装工具及定制模板摆放。若发现不符合项，及时提醒整改归零。如果相同问题重复出现，则提交班组会议讨论，进行绩效奖惩。每月对班组员工进行至少一次6S培训。

4. 安全大员

每天开工前检查班组成员劳动保护用品穿戴情况，穿戴不符合要求者不允许开工操作。每周检查一次现场设备及灭火器、开关插座的安全状态。对安全不合格项，及时与车间安全员沟通，有针对性地整改处理。每月对班组员工至少进行一次安全培训。

5. 民主大员

负责收集班组成员对车间及班组民主管理建设的意见，并会同班组长与班组员工进行沟通，针对不同层级的问题，逐级反映落实，分层解决。

在张良与"五大员"的共同努力下，大家各司其职，各负其责，齐动手，共操心，在班组管理上形成了"齐抓共管、人人参与"的良好局面。

（3）勤交流——我该这样做好沟通。"沟通"是人与人之间、人与群体之间思想、感情的传递和反馈过程，以期达成思想的一致和感情的通畅。班组长的"勤交流"，目的在于"有效"沟通，即通过不同形式的交流，将班组长与成员之间的各类生活、生产、管理信息，准确、恰当地表达出来，并促使对方接受。

　　班组长除了要关心职工、热心帮助职工外，还要做好与班组成员的交流工作，包括技术、思想、学习、生活等方面的交流，以了解、掌握班组成员的动态变化特点，从而在工作中充分发挥班组成员的特长，实现班组建设的目标。

　　班组长的"有效沟通"，有益于员工准确理解企业决策、提高工作效率、化解管理矛盾，形成健康、积极的企业文化。

 案例：

★ "拉家常"的赵班长

　　某企业调度班的班组长赵宏升，非常善于与班组成员沟通，其拿手戏就是"拉家常"。在"拉家常"中，他拉近了与员工的距离，及时了解了班组成员的思想状况和心理状况；在"拉家常"中，他解决了班组中的老大难问题，使班组凝聚力更强。

　　他通过与老调度员"拉家常"，让老调度员非常情愿地把自己的管理经验和技术诀窍传给了班组其他成员；他通过与年轻调度员"拉家常"，触发了他们对班组的感情和创新的激情，并使他们逐步成为班组工作的中坚力量。

　　在赵班长的影响下，调度班组形成了团结和谐、互帮互助的文化氛围和良好的工作氛围。

　　（4）有爱心——我该这样用"情"管理。用"情"管理，是班组长对员工"爱心"的职业表达。只有真切体现"爱心"的用"情"管理，其管理的情绪、情感因素才能在员工的心中激起浪花，并发挥重要作用。

　　用"情"管理，就是要关注、关心和关爱员工，凡事设身处地，多考虑员工的困难和需求，多考虑员工的感受，真正实现让员工快乐工作的愿望；用"情"管理，就是站在呵护员工成长的角度，诠释企业管理要求，寓理于"情"，营造班组和谐的工作氛围，激发员工的创造力。

 案例：

★ 有"情"加班

　　某企业数控加工中心班组承担着该企业核心零部件的加工任务，由于该班组的生产能力与任务存在较大差距，导致加班成了家常便饭，双休日几乎成了单休日，节假日也从来不能保证休息。班组成员对加班有较大的抵触情绪，有时人来加班，心却在家，工作效率总上不来。新任班组长刘飞看在眼里，急在心里，试图改变以往简单下达加班命令，全员加班的做法。

　　他先与班组每位成员沟通，发现员工不愿意加班的主要原因是嫌单位生产任务安排不均衡，日常工作时间效率不高，致使加班安排常态化，个人休息权益被侵犯。据此，刘飞一方面向车间呼吁"每个人都有休息的权利与自由"，关心员工休息，就是关心效率和员工的安全与健康；一方面帮助技术部门及生产调度完善零部件的加工工艺及生产计划，提高正常工作时间的工作效率，并向员工通报车间及工艺调度部门的管理改进措施；另一方面，与员工一起分析测算仍需加班完成的工作量，以及如果不加班完成任务对车间及员工的负面影响，并实施有"情"加班的四条措施。这四条措施一是采取加班的月初预告制；二是实施加班人员的轮休制，确保员工休息时间；三是采用加班人员在正常工作时间内的弹性工作制；四是按照劳动法要求，说服车间拿出一块专项考核工资，提高员工加班期间的工资待遇。

刘飞班组以关注并满足员工需求为出发点的加班管理方法，比较有效地处理好了班组加班问题，得到了员工的认可。

（5）讲原则——我该这样严格管理。讲原则，是建立在遵守制度条件下的管理。制度即规程，是要求员工共同遵守并按一定程序办事的规程。制度作为企业运营标准化、规范化和常态化的规程，是班组管理的基石，班组长用"情"管理必须建立在服从制度管理的基础之上。

无论是企业制度，还是结合班组实际所拟定的班组制度，班组管理制度的遵守与服从就是原则。同时，还要注意让班组成员自觉地遵循班组管理，克服缺乏制度约束的随意性和不确定性，该遵守的和该执行的不能打折扣，实现班组员工的自我管理。

讲原则，就是制度面前人人平等。班组长要率先垂范，做出表率，同时督促员工执行制度，共同遵章守纪，维护制度的严肃性。

制度的执行是一个长期、反复的过程，是一个在执行中不断培养习惯的过程，班组长不仅要有层层抓的狠劲，还要有反复抓的韧劲。通过制度的执行，使基层员工的整体素质得到不断提高，不良行为得到不断纠正，最终实现由强制执行到自觉执行的转变。

 **案例：**

★ 制度面前"不讲价"

某机械厂轴尾班组，制定了严格的员工考勤管理制度，以期改变班组劳动纪律涣散的状况。严格的班组考勤管理制度，让一些员工感到不适，他们甚至欲挑战制度，以期摆脱制度约束。但班组长朱云鹏的口头禅是"制度面前不讲价"，他坚持制度面前人人平等的原则不动摇，班组员工不管是谁，只要违反制度，一律按制度处罚。面对有些人的不理解，朱云鹏积极与员工沟通，动之以情，晓之以理，他的做法终于得到了大家的认可，班组原来涣散的劳动纪律状况得以扭转。现在的轴尾班组，不仅考勤制度大家严格遵守，其他班组制度也能很好地执行。

试想，如果制度的执行可以讲价，会是什么结果呢？

思考题与能力训练

1. 你如何理解企业班组与班组长的地位和作用？

2. 作为班组长，你自己的工作职责有哪些？

3. 班组长应具备哪些素质？

4. 根据现代化班组发展趋势，制定自己的学习计划和能力提升计划。

Extended reading
拓展阅读

班组长角色自我认知的意义

　　班组作为企业最基层的组织，是企业组织架构中的最基本单元，是企业一切生产经营管理活动的最终落脚点。常言道："工厂如战场，班组是一线。"那么，在实际工作和班组建设中，班组长究竟扮演着什么角色？班组长角色自我认知又具有什么意义呢？

一、班组长角色认知

　　何谓角色认知？对"角色认知"一词最简洁的解释是"人们对布置给他们或对其要求的工作职责的了解程度"。班组长角色认知是在班组功能定位及班组长履职要求的基础上，对班组长的岗位定位。

1. 班组长的三种角色

　　从班组长的日常岗位工作要求看，主要包括如下四项基本的职能，即：负责班组人员管理，班组作业计划及任务管理，班组综合管理（包括质量、设备、安全、环境、成本、统计分析等管理事项），落实各项技术、管理制度。从其工作流程及岗位总体要求看，班组长的岗位角色就是执行者、责任者和引领者这三重角色。

　　（1）从任务输入与输出的角度看，班组长是完成班组任务、落实企业要求的执行者。

　　班组长作为最基层的领导，是企业战略、制度、政策的具体执行者；班组身处企业生产、管理的一线，班组任务及企业各项工作能否得以完成和落实，班组长起着至关重要的作用。

　　（2）从工作保障的环境角度看，班组长是进行班组建设、营造班组良好工作环境的组织者和责任者。

　　班组作为企业最基层的组织单元，其任务及各项工作能否得以完成，取决于班组的高效运作；而班组能否正常、有序、高效地运作，则取决于班组建设。

班组建设作为提升班组管理水平和班组员工整体素质能力，营造班组高效工作环境的持续改善过程，既是确保班组作业中的人、机、料、法、环、测及安全等工作环境要素落实的基础性工作，也是班组长履职的重要责任所在。

（3）从员工发展角度看，班组长是班组团队及员工成长的引领者。

现代企业的发展已不再只强调企业的商业成功，而更多地强调企业与员工的共同成长。因此，班组长的另一重要角色是关心并创造班组团队及员工成长的环境，凝聚团队思想，围绕班组产量（P-Production）、质量（Q-Quality）、安全（S-Safety）、成本（C-Cost）、交货期（D-Delivery）及员工综合素质能力的提升，身先示范，引领班组团队及员工成长。

2. 班组长的地位和作用

（1）地位。

一是班组长作为班组生产经营工作的组织协调和直接指挥者，处于"兵头将尾"的"管理者"地位。

二是班组长作为生产现场技术、技能难题的解决者和价值的直接创造者，具有生产技术技能"带头人"的地位。

三是班组长作为员工技术技能和职业生涯发展的引领者、指导者，具有员工发展"教练"的地位。

（2）作用。

一是具有员工行为标兵和示范的作用。做技术、技能的带头人，引领员工成长。

二是具有班组任务的组织实施及管理作用。率领班组成员执行生产经营指令，确保按要求高质量地完成生产作业计划及管理任务。

三是具有承上启下的桥梁、纽带作用。协调班组内外关系，上成为组织的参谋及助手，下成为班组成员的拉手及帮手。

四是具有生产、技术能力的推进作用。通过小改小革和带头示范，推进企业技术、管理的进步。

五是具有班组建设的引领作用。通过班组建设和活动，发挥团队领导作用，提高班组成员的工作积极性。

二、班组长角色自我认知的意义

班组长角色的自我认知，作为班组长岗位履职的先决条件，对于充分发挥班组长作用，推进班组建设，最大限度调动班组成员生产的积极性和创造性，提高班组成员的综合能力素质，促进员工与企业共同成长，均具有十分重要的意义。

1. 有利于班组长主要任务的完成

班组长角色的自我认知，使班组长更加明晰自己所应承接的主要任务是什么，即在生产、管理现场组织好进行价值创造的生产、管理活动，通常包括五个方面：提高产品质量；提高生产效率；降低成本；防止工伤和重大事故的发生；促进员工与企业共同成长。班组长角色的自我认知，将有利于班组长顺利完成以上任务。

2. 有助于增强班组长的岗位责任感

班组长角色的自我认知，有助于增强班组长的岗位责任感。作为一名有责任感、责任心的合格班组长，其执行者、责任者的角色定位，要求班组长做到三个把握：一要准确把握好上情，准确理解上级要求的精神、目的和意图，有针对性地开展好工作；二要把握好下情，充分了解班组团队及员工个人情况，工作做到有的放矢；三要把握好实情，承担起上下实情沟通与传达的桥梁作用，帮助企业完善决策，减轻上级安排失误的压力，帮助员工理解企业，增强员工对上级要求的认同感，推动工作深入开展。

3. 有助于班组长个人能力的提升及员工的成长

班组长角色的自我认知，通过其执行者、责任者、引领者的角色定位和作用的发挥，促使班组长注重提升个人的能力并带动员工的学习与成长，提高班组建设的水平与效能。

一个企业班组工作的好坏与班组长的领导水平及素质是分不开的，要想成为合格的班组长，就应当付出艰苦的努力，不断提高自身素质、专业能力及管理能力，才能履行所肩负的职责。

总之，班组长应该是一个复合型人才，地位重要，作用特殊。班组长综合素质的高低影响着其对自身角色的认知程度和班组建设的水平；班组长对其角色的认知程度又将影响着其综合素质的提高，并直接影响企业生产、管理任务的完成。班组长角色自我认知的现实意义在于：班组长对其角色的认知将推进班组长不断提高其综合素质，提高工作能力，提高技术水平，主动适应现代企业对班组长岗位工作的要求，更好地胜任班组长工作。

（作者：李丽娟）

第**3**单元

班组长职业素养与岗位胜任能力

"干什么，吆喝什么；干什么，像什么样"，这是用来劝诫他人认真工作的一句俗语，却一语点出了职业素养和岗位要求的真谛。没有一定的职业素养和岗位胜任能力，很难担当班组长的岗位职责，完成班组岗位任务，尤其是现代班组，对班组长的职业素养和岗位胜任能力提出了更高的标准和要求。

学习目标

1. 熟知职业素养和岗位胜任能力的基本要求。
2. 掌握成为优秀班组长的技法。
3. 熟知优秀班组长的素质要求。

学习方法

1. 将所学知识融入到自己的日常工作、生活中，每天从每件小事做起。
2. 开展班组长经常性的交流活动，打造相互学习的平台，相互借鉴和促进。

第一节
班组长的职业素养

　　从岗位上看，职业素养包括岗位对人员的素质要求；从个体上看，职业素养包括人员在岗位上长期工作所锻炼和培养出的、与岗位相关的素质，如职业精神、业务素质、技术技能水平等。

一、案例导入

乙烯会战中的
"五朵金花"

　　在燕山石化30万吨/年乙烯装置及其配套工程的建设工地上，曾经传诵着"五朵金花"的故事。

　　乙烯球罐是储存液体乙烯的带压容器，乙烯工程要配套建设4具球罐，每个容积2 000m³，设计温度−30℃，压强为21kg/cm²，选用低温高强度钢板，板厚40mm，每具球罐由66块瓜瓣型钢板组成，全部由日方提供半成品，由我方现场组焊。根据日方工艺要求，焊前钢板要预热到120℃，每道焊缝要焊15遍。为保证焊接质量，国外要求具有3年以上焊接经验的焊工才能担此重任，而我方担任焊接任务的是一群年轻焊工，其中还有5位女焊工。

　　为了胜任焊接任务，她们开展了艰苦的练兵活动。焊工的功底是腕力、蹲力和眼力。为了练腕力，她们在手腕上吊上几斤重乃至十几斤重的砖块；为了练蹲力和眼力，她们蹲下去十几分钟也不起来站一站。她们的胳膊练肿了，手腕累得拿不起一双筷子，但是她们硬是挺了过来。功夫不负有心人，经过刻苦的练习，她们终于通过了考核，取得了上岗证书。

　　8月的北京，烈日炎炎。焊工们身处野外，上晒下烤，还要钻进球罐内为预热到120℃的钢板施焊。闷热而不流通的空气，刺眼的电弧光，呛人的烟气，砂轮打磨的粉尘，所有这些都令人难以忍受。每当她们钻出球罐，脸是黑的，口腔内、鼻腔内挂满铁锈，咳一声吐出的痰都是黑红色的。就是在这样艰苦的条件下，这群年轻的姑娘们竟连续工作了180个日日夜夜，没有人请过一天病事假。

　　球罐的赤道带是最长的一条焊缝，也是质量要求最高的关键部位。日方焊接专家亲自指导焊接，只见球罐内烟雾缭绕，电弧光交相辉映，在5位姑娘的"描绘"下，"五条彩龙"逐渐显现出来。忽然，专家闻到一股煳味，仔细寻找发现是一个姑娘的鞋底和护脚冒烟了。其实这位姑娘早就知道自己的鞋底被钢板烤着了。但是，焊接工艺要求一条焊缝在没有焊完之前是不能停顿的。为了保证质量，她忍着剧痛仍然按照规定的速度工作着。此情此景让专家十分感动，他眼含热泪向中国的普通女工伸出了大拇指……

这群平均年龄只有20多岁的娘子军和她们的战友们，用自己对事业的无限忠诚和高度负责的精神，用6个月的时间完成了原计划需要10个月才能完成的任务，焊接合格率达到100%。在工程结束时，日本专家恭恭敬敬地向她们鞠了一个90度的大躬，表示对5位女焊工的深深敬意。

二、案例分析与启示

（一）案例分析

"五朵金花"给人以力量。5个年轻的姑娘身上体现的是时代精神、敬业精神、奉献精神、艰苦奋斗精神、使命感和集体荣誉感。在"五朵金花"身上，人们看到了职业素养的力量，看到了高尚的职业品格和优秀的企业文化。

（二）案例启示

"五朵金花"的事迹告诉我们，做人比做事更重要，人的职业精神和职业修养是职业生涯发展的基础，职业技能是职业生涯发展的支柱。职业精神和职业修养是现代班组长应该具备的职业素质。

三、学习要点链接

（一）班组长的岗位基本素养

1. 职业道德

职业道德是指从事某一种职业的人员必须共同恪守的基本道德准则，因此具有行业性和职业性的特点。不同的行业有着不同的工作性质、社会责任、服务对象和服务手段，俗话说"国有国法、行有行规"，不同的行业和岗位对于职业道德规范都有着更为具体的要求。作为企业基层管理者的班组长，除了必须遵守社会公德、本行业以及本企业对所有员工要求的道德规范外，由于其职位的特点，还应有更高的道德规范要求。

2. 业务素质

要想当好班组长，自己首先要有良好的业务素质，业务技能和操作水平要高于班组成员。自己没有过硬的本领是难以服众的，要求班组成员达到的业务熟练程度和工作效率，自己要保证能够做到。班组长既是指挥员，又是战斗员，所以必须做到精通多门技术，技术技能高强，业务熟练。只有这样，管理才能得心应手，工作效率才高，工作质量才好。

3. 心理素质

（1）积极心态。要有积极乐观、豁达向上的人生态度。一个优秀的班组长一定是一个乐观自信的人，不会让悲观的情绪弥漫在自己的心中，阻碍自己的工作。积极的心态也是一种开放的心态，对人宽容、对事包容，乐于接受新鲜事物，敢于直面困难。

（2）服务心态。服务不只是服务于企业，还要服务于员工；不仅要服务于本岗位，也要为上下道工序服务。班组长要做员工的知心人、贴心人，不仅仅局限于工作时间以内，更多的管理绩效出自于工作时间以外。用制度管人不如用心管人，做有心的管理者，从细微之处关心员工的生活。以心换心，以情还情，才能成为员工的贴心人，更好地带动员工服务于企业。

（3）发展心态。发展就是在变化中不断提升自己。班组长不但不能拒绝变化，而且要主动创造机会，在发展中不断提升。比如，让自己从技术型人才向管理型人才、由经验型人才向知识型人才转变，只有主动改变、主动顺应发展的要求，才能掌握职业发展的主动权。

（4）学习心态。班组长要建立学习心态，学会用欣赏的眼光看人，带着求知的心情做事，带着讨教的心态对人，同事之间取长补短、优势互补、互相学习、共同提高。班组长不仅要善于培养人，善于和优秀的人一起工作，还要善于挖掘班组员工的优势和潜力，创造出最大的工作绩效。

4. 身体素质

俗话说"身体是革命的本钱"。身体是"1"，其他都是"0"，强健的身体是干事业的坚强后盾。要想当好班组长，就必须有良好的身体素质，并组织一些有益于自身和班组成员身体健康的活动。优秀的班组长不仅要注意自身的身体健康，更要带动班组成员一同保持身体健康。

5. 职业精神

（1）敬业精神。敬业，是职业道德与职业规范的核心要求。简单来说，就是尊重自己的职业，享受工作的乐趣，专心致志做好工作。工作不只是一种谋生手段，它还可以给人带来满足感、成就感，驱除空虚感，满足人的心理需求，展现自己的人生价值。敬业是职业人的第一品格，也是班组长的第一影响力。

 案例：

★ **爱岗敬业、无私奉献的张新明**

只有爱岗敬业的人，才会在自己的工作岗位上勤勤恳恳，不断地钻研学习，一丝不苟，精益求精。燕山石化公司的班组长张新明就是这样的人。

① 勤学苦练，努力提高个人素养。张新明是生产运行保障中心第五作业部技术组组长，高级技师。在30多年的一线检维修工作中，他始终坚持业务学习。2007年因工

作需要，张新明的工作范围从聚丙烯生产转换至橡胶生产，他努力学习橡胶生产设备设备的专业技术理论知识，努力使自己在最短的时间内熟悉工作环境和内容，熟悉橡胶生产设备的结构和性能及橡胶生产工艺，积累自己的业务知识，向技术管理型班组长转变。同时，在参加兼职教师培训班学习期间，他将自己30多年来积累总结的工作经验制作成课件，并在作业部内部的教育活动上向同事进行讲解，得到了大家的一致好评。之后在中心钳工协会的讲台上，他和其他兄弟作业部的同事进行了交流，也取得了很好的效果。

②勇挑重担，带领班组攻坚克难。在工作现场他严格要求自己，处处起到表率作用。抢修加班他毫无怨言，始终忙碌在检修第一线。节假日休息时，只要厂内有活，他随叫随到，及时赶到现场参加检修工作。丁基橡胶D-701C胶粒水罐减速机更换，支架的改造和设计，后处理一、二线挤压机电机更换，电机底座的改造和设计等工作，均取得了圆满的成功。在丁苯R-3101凝聚釜搅拌轴改造时，他在现场工作了一天一宿，直到完工才休息。顺丁橡胶后处理二线压块机更换主油缸时，检修环境非常艰苦，工作环境狭小，工件又大，在一米多深的地坑内直不起腰，干起活来很费劲。为了保证安全，他从分析到开工作票，一直到检修工作结束，都没有离开现场一步。这里的工作完成后，已是晚上九点钟了，他又出现在干燥机的检修现场，直到所有检修项目完成后，他才拖着疲惫的身体回了家。

③爱岗敬业，从不计个人得失。橡胶二厂丁基装置后处理三线X-7303双螺杆膨胀干燥机，是一台实验机组，2011年再次实验进料端带有锥度的新螺杆，筒体和螺杆回装上以后，却盘不动车。他认真检查，发现筒体内的两个螺杆相互碰撞，仔细分析原因，是设计出了问题，只加大了螺杆的直径尺寸，没有考虑螺杆的中心距没变，经过和橡胶二厂的设备管理人员及生产厂家的技术人员商量，由生产厂家负责修复螺杆后班组员工再回装。由于他较快地发现了问题，为螺杆修复和回装赢得了时间，没有耽误开车时间，得到了橡胶二厂好评，为作业部赢得了荣誉。2012年，该设备经常发生故障，挤压筒体内发出异常声音，于是停车检修。在抽螺杆的过程中遇到了困难，最后只好把筒体和螺杆整体拆下运到厂房，用100吨千斤顶才将螺杆顶了出来。经过他的检查和测量，发现是八字套和螺杆摩擦受热变形，需要修理。胶厂决定车螺杆，但发现车螺杆时间太长，会耽误工期，又决定装一节旧的筒体。于是张新明通过测量废旧筒体的尺寸，发现能够运用间隙，将旧筒体回装使用。

④技术革新，走在同行最前列。他本人牵头组织作业部技术人员积极参与公司新投产装置，如橡胶一厂稀土装置、橡胶二厂丁基溴化装置、丁基9万吨装置等重点设备的施工，就重点设备安装、检修等缺陷问题与相关单位协商，并积极解决，保障了新装置的顺利开车成功。随着科学技术的不断发展进步，他认识到必须掌握先进的技术、技能，才能找到解决现场实际问题的关键所在，并广泛应用于实际工作中，提高工作效率。因此，他刻苦学习机械制图软件CAD，并通过电脑制图制作加工了多个专

用工具、设备部件等，解决了生产装置现场许多急难问题。

张新明以他朴实的作风、高尚的人格魅力和丰富的实践经验得到大家的敬重。

（2）乐业精神。乐业，通俗地说就是非常喜欢、热爱这份工作，并且愿意为此付出一切。单纯地将工作看成是谋生的手段，是低层次的认知。只有具备把工作视为自己的天职，愿意付出，并从中体验工作的艰辛与成就的乐业精神，才能成为卓越的管理者。乐业，是对工作有一种至高无上的兴趣，能从工作中享受乐趣的一种态度。如果一个人把工作视为一种乐趣和享受，敬业就成了自然而然的事情，成绩和成功也就理所当然、顺理成章了。

（3）责任精神。责任是一种能力，又远胜于能力；责任是一种品格，更是一种精神；责任是工作中的微小细节。一份工作，十分责任。班组长的工作琐碎繁杂，有时候又费力不讨好，既得罪人，又有危险性，如果不是本着对工作百分之百的责任心，很难坚持。一名具有责任精神的优秀班组长要敢于担当，不找借口，以积极的态度处理自己的利益与义务、索取与奉献、个人与他人的关系。他能始终保持主动的进取精神，对自己的工作充满激情，总是不断向上。

（4）真诚精神。一个优秀的班组长对待每一个班组成员都是真心实意、友好爱护的。真心真意地关心班组成员，了解他们的工作、生活，了解他们的期望，解决他们的困难，与员工面对面、心贴心、肩并肩，懂得员工的所思所想、所喜所忧，用一颗平常心、敬重心、无私心对待每一个班员，关心和爱护他们，必然可以得到每一个班组成员的拥护和支持。

（二）班组长自我管理及发展素质

1. 学习管理

学习需要管理，学习内容、学习方法、学习时间和学习习惯等等，都需要规划和管理。作为班组长，要学习与之匹配的各种专业技能和管理知识，在学习过程中不断审视和提升自己。一名优秀的班组长能够针对自己的弱点，进行有针对性、系统性的学习，能够利用一切时间学习，在干中学、学中干，善于借他山之石，能够养成学习的习惯，具备自我学习、主动学习的管理能力。

 案例：

★ 邢士华工作室

邢班长是燕山石化公司运行保障中心电气仪表维护班的一名普通班组长，虽然名叫邢士华，但其实他一点也不"形式化"。他工作踏实，善于思考，善于观察，善于发现问题，善于通过小事找规律。针对自己理论知识相对薄弱的问题，为了能够找到工作问题的理论依据，他经常向技术员请教。这样日积月累，他从技术员那儿学到了不少知识，逐渐形成了自己的一套学习方法。他还通过不断观察生产实践，解决了不少装置难题。为推广对企业有价值的举措，发挥基层班组的智慧与力量，运行保障中心创立"邢士华工作室"，以邢班长为中心，业务骨干和技术精英一同参与，专门"根治"装置疑难杂症，为企业创造了巨大的经济效益。邢班长善于学习、善于钻研，在平凡的岗位上创造出了不平凡的价值，这种学习精神是值得每位班组长学习的。

2. 时间管理

"生产线事情繁杂，手头有很多事情做，整日忙忙碌碌，没有空闲，老被事情牵着鼻子跑，应该怎样管理时间？""似乎是很忙，时间很紧；又似乎是没什么事，很有时间。为什么会有这种现象？如何解决？"其实这些都是没有做好时间管理的结果。时间管理所探索的是如何减少时间浪费，以便有效地完成既定目标。班组长的工作看似针对性较强，实则不然，他既要负责生产又要负责人员管理，既要对上也要对下。由于工作相对的不定时、不定量，所以使很多事情具有不确定性。这就需要抓住关键点，做好规划，熟悉岗位知识，处理好人际关系，善于拒绝，把握事情的轻重缓急等。时间管理是一门综合艺术，只有多学习、多实践、多思考、多改善，才能成为优秀的班组长，在有限的时间内创造最大的效益。

3. 健康管理

健康既包括身体健康也包括心理健康，强健的身体是前提，健康的心理是关键。两者相辅相成，都需要好好管理。首先，需要重视，很多班组长在使命与责任下，往往忽视自身健康，小病不治，大病已晚。其次，要善于保养，同生产装置一样，身体也需要保养，需要维修。只有平时精心保养，才会持久健康。再次，加强锻炼，无论是身体还是心理，都要加强锻炼，只有具有一定的韧度，具有持久动力，身心才会健康，才会有更多的精力和体力去完成各项任务，应对各种挑战。

（三）对职业素养存在的错误认识

1. 职业素养就是业务素质

业务素质是职业素养中的一个重要组成部分，职业素养中还包含职业道德、文化素养、心理素质、身体素质等。如果仅仅认为职业素养就是业务素质，那么这样的理解就太偏颇了。

2. 职业素养一旦形成就不会再变化

岗位标准和岗位要求随着时代的进步在不断地提升和改变，与之相匹配的职业素养也会随着岗位的需求不断变化和完善，它是一个动态、上升的过程。

3. 职业素养是先天的，取决于个人潜质

班组长的素养是可以通过后天的努力培养出来的。在后天的素养修炼过程中，你付出多少，你的素养就有多高。

第二节
班组长岗位胜任能力

岗位胜任能力是一种标准，用以衡量学习、专业、管理、创新等能力的水平。具有一定的职业精神和职业水准，只是具备了成为一名合格班组长的基本条件，而一名优秀的现代班组长必须具备高尚的职业精神和高水平的职业水准。

一、案例导入

咱班也有
"高富帅"

一米七的身材，个头不算高大；父子两代都是地道的铁路工人，不是什么"富二代"；长相嘛，39岁的他站在人堆里，不显山不露水，谈不上帅气。可周围的职工们却都称他为"高富帅"，他就是洛阳电务段驼峰车间南阳西驼峰工区工长吴晓陶。

技高一筹。电务是技术密集型行业，要想成为班组带头人，在最能体现技能水平的突发故障处理上，若没有两把"刷子"，是干不长的。职工对吴晓陶技能的肯定，是建立在长期实践基础上的。某年8月份的一天，值班员通知6道轨道区段有瞬间闪红光带的现象。此时正是驼峰作业高峰，这样的隐性故障极有可能造成信号连锁失效，造成溜放车辆冲突掉道。吴晓陶一阵小跑来到现场，测试、观察、判断，最终发现是轨道电路绝缘隔离不良造成的。临时处理完后，值班员掐指一算，还不到10分钟。

学富五车。当今电务新技术、新设备大量上道应用，吴晓陶深知，没有丰富的理论功底，在岗位上迟早是要被淘汰的。"每天不翻翻书，心里总觉得空落落的。"吴晓陶这样说。周围的职工都这样评价他："要说业务，全车间近百人没有几个可以跟他比肩的。"

统帅"三军"。工区现有12名职工，大到值班调休，小到吃饭睡觉，吴晓陶都要操心，职工们反映的或是他发现的问题，句句有回声，件件有落实。一个工区就是一个家，作为"家长"，上有年龄大的老师傅，下有刚参加工作的年轻人，个个都要招呼到。工作上他更是雷厉风行，车间主任这样评价他："这样的帅才，放在哪里，车间都一百个放心。"

二、案例分析与启示

（一）案例分析

吴晓陶技高一筹、学富五车、统帅"三军"，这是当代职场中名副其实的"高富帅"。从吴晓陶的身上，我们看到了优秀班组长具备的能力素质，具有丰富的知识，善于学习与实践应用，既能够处理应急事故，也能够领导团队攻坚克难，营造积极正向的团队氛围。从吴晓陶身上，我们还能够看到他继承了父亲朴实的铁路工人的精神，并将这种精神带到团队管理中，可见班组长的成长氛围和工作氛围非常重要。

（二）案例启示

吴晓陶当之无愧是一名优秀班组长。这种"当之无愧"是学出来的，练出来的。天上不会掉馅饼，有付出才会有收获，这是做人做事的基本道理，也是个人职业生涯发展顺利的真谛。

三、学习要点链接

（一）班组长岗位必备能力

1. 专业能力

班组长要具备高于班组成员的专业能力。专业能力指从事某种工作，或某种工种的专业技能和能力，如机械加工、数控加工等。

2. 学习能力

人生是一个不断学习和不断提高的过程，对班组长来说，只有通过不断学习，才能提升自身的岗位能力，才能适应和推动企业不断向前发展。

3. 执行能力

执行力是贯彻、落实既定目标的过程行为能力。对企业来说，执行力就意味着生命力，没有执行力，再好的目标、计划都无从实现，而班组作为企业的细胞，是企业各项工作的基础，是企业一切工作的落脚点。班组对企业的各项决策是否执行到位，班组长是关键。提高班组的执行力，班组长应做到以下四点：一是班组长要以高尚的品格及高超的技艺带领并影响班组成员出色完成各项任务；二是以人为本管理理念和团队建设策略凝聚人心，形成有特色的班组文化；三是在管理过程中，将以情管理放在突出的位置，用制度去培养班组的价值观念和良好习惯；四是健全班组各项规章制度和工作流程，并与考评、奖励制度相配合。

4. 组织协调能力

现代班组需要横向合作、纵向整合。班组之间是合作与服务的关系，班组成员之间是协调与支持的关系。只有每个职工都能和谐工作、充满活力，班组才会有旺盛的生命力和战斗力。随着班组与其他部门间横向联系的加强，班组成员间的互动、互助关系会越来越频繁和复杂，职工之间、上下工序之间难免产生分歧和意见。这就要求班组长具有较高的组织协调能力，及时化解矛盾，理顺情绪，避免矛盾激化和升级，使班组健康有序运转。

班组长作为"兵头"，不仅要自己做好，重要的是如何组织协调好班组成员，使他们发挥优势，取长补短，形成合力，创出佳绩。班组长如何发挥好组织协调作用？其自身的示范效应尤为重要。以下七个"jian"的概述，对班组长影响力的提升很有价值：

"间"——做好班组管理的"中间人"；

"坚"——做一个坚强的班组管理者；

"艰"——发挥带头作用，攻坚克难；

"肩"——敢于承担责任，敢于担当；

"监"——做好安全和现场作业的监察工作；

"煎"——时刻保持积极、乐观的工作态度；

"尖"——勇当技术和管理的尖兵。

5. 创新能力

创新是企业发展的不竭动力，是企业发展的永恒主题。在竞争激烈的今天，班组长只有高度重视创新，才能实现企业的可持续快速发展。创新包括技术创新、观念创新、制度创新、模式创新、管理创新等。作为班组长，重要的是观念和管理方法的创新。

 案例：

★ 这个创新点子好

这是一个浙江饭店老板的故事。老板为了考核厨师，想出了一套考核的办法：菜端上桌子后，送菜的服务员不能马上走，要后退几步，观察每一个顾客的表情，是赞许还是摇头皱眉，是否每一个菜都这么好；顾客离开后，先不收拾，拍下照片，看哪些菜吃得干净，给做这道菜的厨师加分。这样的考核对厨师的压力很大，大家都十分敬业，并且在菜肴创新方面大做文章。经过一段时间的统计后，及时总结出了顾客点击率和满意率排在前列的菜肴，同时又做到了菜肴的推陈出新，不断给顾客以新鲜感，顾客反映亮点不断。

（二）岗位能力提升的主要路径

1. 明确目标，百折不挠

每个人的成长涉及多种因素，但关键还是看自己。要想当好班组长，必须有自己的发展目标，并将目标转化为积极的行动。在执行过程中，要有耐心，能够面对困难和挫折，要百折不挠，化挫折为动力。但要注意，在坚持中，注意方法和策略的调整，能够随机应变，在学习中不断成长。

案例：

★ "三不准"班长

某企业刚上任三个月的班组长小沈，忽然撂挑子不干了。原因是他上任后，针对班组内存在的纪律松散现象，提出了三个"不准"：上班不准无故迟到早退，不准串岗离岗，不准干私活。这本是对职工最起码的要求，然而，"三不准"一宣布，讽刺声、谩骂声不绝于耳，小沈陷入了"四面楚歌"的境地。一气之下，他找到车间主任，交出了这顶"乌纱帽"。

2. 适应环境，迎接挑战

工作环境对每一个人的成长都是非常重要的，如工作氛围和领导的风格等。班组长工作的环境普遍具有一定挑战性，无论是生产环境还是人际环境，都存在这样或那样的实际问题。班组长是问题的解决者，在解决问题中发挥潜能、锻炼能力，因此可以说班组长是在逆境中成长的。然而不是每个班组长都能经受住考验，环境是试金石，可以成就一个人，也可以吓倒一个人。每个人都在一定环境下生存，一方面受着环境的影响，另一方面也以个人行为影响着环境。他既可以被动地接受，也可以主动地创造。应当勇敢地面对并大胆迎接各种挫折与挑战，不把挫折当失败，学会在顺境中提高，在逆境中成长。

3. 细心观察，认真思考

善于发现问题、思考问题并解决问题，是一个好员工应该具备的品质，也是一种能力。作为班组长，要率先具备这种品质和能力。提升这种品质和能力的有效途径，就是要细心观察并认真思考。细心观察是发现问题的前提，认真思考是解决问题的关键。在工作中只有养成细心观察、认真思考的好习惯，才能不断发现问题，不断解决问题。坚决克服工作标准低，不精益求精，不负责任（如粗心、懒散、草率），不主动思考的问题。

案例：

★ 用心做人做事，成就自己

一位刚从高职院校毕业的学生到一家钢铁公司实习还不到两个月，就发现很多炼铁的矿石并没有得到完全充分的冶炼，一些矿石中还残留着没有被冶炼好的铁。如果这样下去的话，公司会有很大的损失。于是他找到了负责技术的工程师，说了他看到的问题。可那位工程师却很自信地说，我们的技术是世界上一流的，不可能有这样的问题。

于是，这位实习生拿着没有冶炼好的矿石找到了公司负责技术的总工程师反映情况，总工程师认真地听过后说道："看来是出问题了，怎么没有人向我反映？"总工程师立即召集负责技术的工程师来到车间，果然发现了许多没有被充分冶炼的矿石。经过检查发现，原来是监测机器的某个零件出现了问题。公司总经理知道了这件事后，不但奖励了实习生，而且晋升他为车间技术监督员，并且不无感慨地说："我们公司并不缺少工程师和技术人员，但缺少的是工作认真负责、一丝不苟的员工，这么多职工就没有一个人发现问题，即使有人提出了问题，他们还不以为然。对于一个企业来讲，人才是重要的，但更重要的是真正工作到位的人才，是尽职尽责的人才。"

4. 阳光心态，光明思维

心态对一个人的成长是十分重要的，在对人们的职业生涯发展分析后发现，具有不同心态的人有着明显不同的发展结果，而且差异很大。

积极工作心态的八大表现：

（1）认准目标，不轻言放弃，即使困难重重；

（2）遇到困难与问题，不推卸责任，不怨天尤人，积极寻找解决办法；

（3）正确认识自己的优点和缺点，不妄自菲薄，也不盲目自大；

（4）面对困难，不悲观失望，相信办法总比困难多；

（5）善于与人合作，具有团队意识；

（6）关注工作，不计较个人得失；

（7）凡事积极主动，能够把握自己的命运，而不是消极等待；

（8）对生活和工作充满热情和希望，总是相信自己能做得更好。

序号	状况	积极心态	消极心态
1	犯错时	我错了，要改进	这不是我的错
2	成功时	归功于幸运与全体的努力	归功于自己
3	失败时	努力不够，方法不好	运气不好，别人配合不好
4	遇到问题时	面对它，找办法	逃避它，找借口
5	面临坚持还是妥协的选择时	坚持做事，放弃自己的部分利益	做事上妥协，坚持自己的利益

第三节
优秀班组长的素质要求

由普通班组长到优秀班组长，不仅仅是一个个人的成长过程，更是一个人素质提高的过程，优秀班组长必须具有优秀的素质。

一、案例导入

2005年4月28日，中铁建十一局集团青藏铁路轨排基地女工班班组长聂志娥代表女工班，高高兴兴地在人民大会堂领取了"全国五一劳动奖状"。

女工班的成功之道

24名平均只有28岁的纤弱女子，何以获得如此殊荣？何以在高寒缺氧的雪域高原成了铿锵玫瑰，绽放在唐古拉山口？中铁建十一局集团青藏铁路指挥部党委书记方楚晶的一句话道出了真谛："女工班科学管理的经验值得总结和推广。"

2001年，青藏铁路二期工程开工。女工班承担了从唐古拉向拉萨方向的576公里的轨排生产任务，要求8个月内完成，验收合格率100%，环境污染责任事故为零。

女工班接到任务后，班组长聂志娥和全班姐妹们进行了热烈讨论。她说："安多铺轨基地海拔4 704米，是世界上最高的铺轨基地。我们要在8个月内完成576公里的轨排生产任务，每天必须完成80排（2公里）的生产任务。这就是我们班的组织目标。每天80排，这在平原地区就已几乎到了生产的极限，何况这是在海拔近5 000米的高原作业。相信大家都能感受到任务的艰巨性。为了使目标落到实处，我想把全班分成4个小组，再从时间上分阶段制定出全班的管理目标，你们看这样行不行？"大家表示同意。

于是，聂志娥根据任务目标和人员情况，把全班分成两个大组（细分为4个小组），一个是地面作业组，另一个是空中作业组。前者主要负责轨枕和钢轨的摆放及扣件的固定等工作，后者主要负责龙门吊车的操作。地面组和空中组各由两个小组构成，便于轮班作业。接着她又根据高寒缺氧的地理环境和作业要求，与各小组长研究制定了多项具有阶段性和可操作性的管理目标，要求每个成员做到"我能、我会、我行"。

起初，她们一天只能生产10排（每排25米长），之后逐步增加，12排，15排，20排，26排……为了提高工效，聂班组采取了许多有效的措施：一是创建学习型班组，经常组织大家学习科学文化知识和操作技能，达到一专多能，在技术上精益求精；二是开展劳动竞赛，通过组与组、（吊）车与（吊）车、人与人之间的对口赛，不断提高生产效率；三是成立了科技攻关组，解决了一道道难题。山口风大，经常吹得吊车乱动。攻关组经过多次试验，用草裹住木棍往轮子里塞，把轮子牢牢卡住，硬是用土办法制服了吊车；天冷了变速箱齿轮油结冰，会把齿轮打坏，她们就先预热，空车走两三圈后再载物；轨排生产线出轨处离控制柜较远，视线不清，她们就在出口处装上涂了颜色的小灯泡，亮绿灯时表明出轨正常，轨排合格，否则亮红灯，减少了控制柜操作人员来回走动的次数，既节省时间，又减少了氧气的消耗量。这些措施的实施，使她们的生产效率不断提高。一个月之后，她们一天就能生产80排了，步入了快车道，达到了内地轨排生产日进度的最高水平。

随着铺架速度的加快，日产80排已经不能满足前方铺架的要求，这使得女工班不得不对前一阶段的管理目标进行调整。不过，平地的极限能不能突破？人的生命极限能否承受得住？聂志娥心里没底，于是又和4位小组长讨论。小组长们认为经过一年多的磨炼，大家基本上适应了高原环境，只要加强劳动保护，合理调整作业时间，应该不会出现大的问题。同时，她们建议把以前一些行之有效的措施保持下来，再在班组内实行物质和精神双激励制度，是能够把生产进度提上去的。聂志娥采纳了大家的意见，一方面合理调整了各小组的作业时间，加大了劳动保护力度；另一方面在"大战"中，建立了物质和精神奖励制度，实行在日产80排的基础上，每多生产1排轨排，就给相关人员各发3元奖金，同时给业绩突出的人员记功授奖。这些措施的实施，进一步激发了大家的生产积极性，日进度从80排跃升到120排，在铺轨接近拉萨时，她们的最高速度已达到日产134排。她们提前优质、安全地完成了576公里的轨排生产任务，实现了环境污染责任事故为零的目标。

二、案例分析与启示

（一）案例分析

班组长聂志娥知道，面对青藏高原恶劣的气候环境和艰巨的生产任务，不尽快适应高原作业环境、熟练操作技能，不制定管理目标，就很难实现既定的组织目标。因此，她们不但分阶段制订了管理目标，还把目标细分到每一天。管理目标确定后，她们通过艰苦的演练，达到了"我能、我会、我行"和日产80排的目标。转入"均衡生产步步为营"后，她们又对进度、质量、安全和环保目标进行了特别控制，确保了各项管理目标的实现。在整个完成任务的过程中，凸显了班组长聂志娥的优秀品质和管理能力。她有较高的计划能力、协调能力和激励能力，还善于发挥大家的智慧，是一个非常优秀的学习型工作团队的带头人。

（二）案例启示

聂志娥能够带领全班高质量地完成任务，很值得我们思考和借鉴，最值得我们学习的是聂志娥不畏艰难的吃苦精神、优秀的素质和管理能力，以及她们班组"我能、我会、我行"的行为理念。

三、学习要点链接

（一）优秀班组长的特质

1. 性格特质

心理学家普遍认为，一个人事业上的成功，只有15%是靠他的专业技术，85%靠的是人际关系、处世技巧。而在这85%中，个人的心理素质，特别是良好的性格是最重要的。要想成为优秀的班组长，必须注重培养自己良好的性格，包括如下内容：

（1）诚，包括诚实、诚信、诚意。唯有诚实，班组员工才有安全感；唯有友善的诚信、互诉衷肠，才能增加信任感；诚意是推动同事之间加深了解和感情的催化剂，以真心换真心，像家人一样相处。

（2）信，指自信、守信、信任别人。自信的人才能赢得别人的信任；守信的人才能赢得别人的真情和对自己的尊重；信任别人是对别人的尊重，信任别人才能发挥他人的积极性，同时也是尊重自己的表现。

（3）宽容，是指不计较，不谋私，不指责。当错误明显是对方造成时，虽然有权利指责对方，但如果采取宽容的态度，对方不但会产生内疚心理，而且会对你产生敬意，提高你的威信。

（4）节制，即自我约束，就是凭借自己的理智控制自身情绪，大气淡然，讲求方法策略。

（5）热情，是影响他人的一个重要特征。一个热情的人，会被赋予一系列的积极心理品质，如无私、公正、诚实、效率高、负责任等。

（6）进取心，就是要求要适应时代发展的需要，不墨守成规，不因循守旧，有创新意识和创新精神。

【知识卡片】

什么是性格？

心理学家把表现在人的态度和行为方面的比较稳定的心理特征叫做性格。

作为人典型的、稳定的心理特征，它具有两个方面的特征：一是人的生理素质，即心理学家所说的气质；二是在社会实践中经过后天的努力而形成的特征。性格是由各种特征组成的有机统一体。性格不是指那种在偶然场合的特殊态度和行为，而是经常性的、习惯化了的态度和行为。从心理学的角度说，性格是人的个性心理特征的重要方面，人与人之间的个别差异首先表现在性格上。

2. 能力特质

所谓能力特质，是指一个人先天与后天作用下所具备的能力素质，这是一个人赖以生存的本领。通俗地讲，优秀班组长的能力特质，就是与一般班组长相比，能力高一些，办法多一些，示范性强一些。

（1）在专业能力上是技术骨干、带头人，有刻苦的钻研精神和攻关技能。

（2）在管理能力上，敏锐发现问题，有较强的倾听、沟通和交流能力。在管理过程中激励管理方法用得好，团队凝聚力强，示范性强，解决问题的办法多。

（3）在学习能力上，善于总结经验，能够坚持在工作中学习，学用结合的效果好。

总之，优秀班组长一定是综合素质、综合能力都优秀的人。

（二）优秀班组长岗位胜任能力

优秀班组长岗位胜任能力主要包括专业能力、解决问题的能力等八方面的能力，如下图所示。

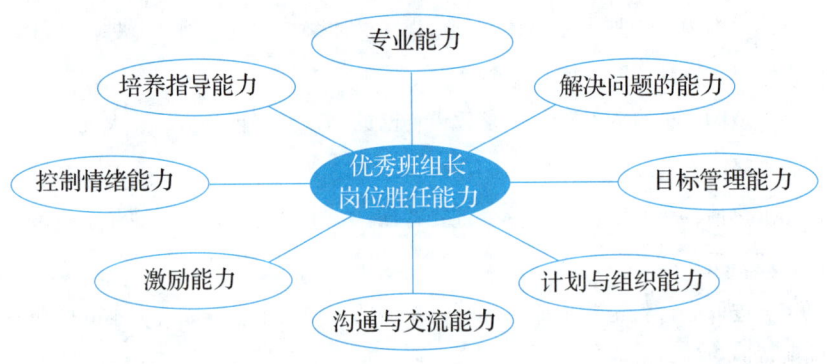

优秀班组长岗位胜任能力

（三）优秀班组长善于利用成长机制主动进取

由普通班组长到优秀班组长，不是一个简单的、自然成长的过程。普通班组长会顺着企业成才通道自然成长，成才过程是被动的，速度较慢。而优秀班组长会主动创造机会，善于利用企业的成才机制与成才通道。

（1）善于利用班组长评比表彰激励机制和制度，将优秀班组长的标准作为自己的工作目标，脚踏实地，从一点一滴做起，持之以恒，不懈努力，在工作中迅速成长进步。同时，在班组管理中注重利用激励机制，充分调动组员的积极性，使班组创造佳绩。

（2）善于利用班组长学习平台。由普通班组长到优秀班组长，其实就是一个学习成长的过程。根据经验，优秀班组长懂得利用学习资源平台提高自己，善于利用学习机会突出展现自己，具有积极、主动、开放的意识。

（3）善于利用培训机制。主动参加与业务相关的各种培训，如班组长培训、职工素质教育，加强自身的业务素质学习，变被动学习为主动学习，提高技术业务素质，同时利用各种渠道学习管理技能，尤其是与班组建设相关的管理技能，如人员管理、时间管理、激励管理等。

The fourth section
第四节
班组长职业素养和能力提升训练

　　职业素养和岗位胜任能力并非是天生的，而是通过不断实践训练逐步提升的。作为班组长，特别是优秀班组长，一定要树立不断实践的意识，才能不断成熟。

一、案例导入

**班组长的四大
"基本功"**

　　班组作为一个集体，其中的事情很多，涉及安全生产、班组建设等方方面面，为了更好地开展工作，要求班组长要有一定的"基本功"，王班长用形象的语言概括为四个字："望、闻、问、切"。

　　"望"是要学会多观察（观察班组成员中带有倾向性的问题，观察他们的思想动态等）；

　　"闻"是要多听班组成员的意见、建议（要耐心地听取意见和建议，哪怕其中有些问题很尖锐）；

　　"问"是要多问班组成员的疾苦、困难，生产上的好建议，管理中的好方法；

　　"切"是要及时反应，采取措施（在充分调查研究后，对一些敏感的、带有倾向性的问题及时做出反应，采取措施，及时化解班组的问题，使班组健康地成长）。

这种形象要不得

　　小王是车间五班的班组长，人比较豪爽，向来快人快语，比较随意，生活上有时不注意小节。

　　情景一：操作间工作台上的电话响起了一阵铃声，小王抓起电话听筒，说："喂，谁呀？什么事？""是二胖子你呀，操作数据不是刚刚报过去了嘛，有什么问题？""……好，就这样。"

　　情景二：下午下班后，小王推着自行车往家走，在厂门口碰见了好友小黄。"哥们，下班后干什么去？听说你媳妇去疗养了，咱俩晚上还不喝两盅？""走啊。"小黄答应着。两人穿着工作服径直走到厂门口旁边的餐馆。席间，两人喝了一瓶白酒，又要了不少啤酒，不一会儿就敞胸露怀，乘着酒兴大声呼喝，不时有路人侧目。

匆匆

　　燕子去了，有再来的时候；杨柳枯了，有再青的时候；桃花谢了，有再开的时候。但是，聪明的，你告诉我，我们的日子为什么一去不复返呢？——是有人偷了他们罢：那是谁？又藏在何处呢？是他们自己逃走了罢：现在又到了哪里呢？

我不知道他们给了我多少日子；但我的手确乎是渐渐空虚了。在默默里算着，八千多个日子已经从我手中溜去；像针尖上一滴水滴在大海里，我的日子滴在时间的流里，没有声音，也没有影子。我不禁头涔涔而泪潸潸了。

去的尽管去了，来的尽管来着；去来的中间，又怎样地匆匆呢？早上我起来的时候，小屋里射进两三方斜斜的太阳。太阳他有脚啊，轻轻悄悄地挪移了；我也茫茫然跟着旋转。于是——洗手的时候，日子从水盆里过去；吃饭的时候，日子从饭碗里过去；默默时，便从凝然的双眼前过去。我觉察他去的匆匆了，伸出手遮挽时，他又从遮挽着的手边过去。天黑时，我躺在床上，他便伶伶俐俐地从我身上跨过，从我脚边飞去了。等我睁开眼和太阳再见，这算又溜走了一日。我掩着面叹息，但是新来的日子的影儿又开始在叹息里闪过了。

在逃去如飞的日子里，在千门万户的世界里的我，能做些什么呢？只有徘徊罢了，只有匆匆罢了；在八千多日的匆匆里，除徘徊外，又剩些什么呢？过去的日子如轻烟，被微风吹散了，如薄雾，被初阳蒸融了；我留着些什么痕迹呢？我何曾留着像游丝样的痕迹呢？我赤裸裸来到这世界，转眼间也将赤裸裸的回去罢？但不能平的，为什么偏要白白走这一遭啊？

班组安全管理要管好"四种人"

安全是企业永恒的主题，是班组管理的重中之重。注重人的个性、人的情感、人的素质、人的思想，有针对性地进行施教和防范，不失为班组安全管理的一剂"良方"。

以下是易出安全事故的"四种人"的特征描述：

一是不负责任的"马虎人"。这类人工作时心不在焉，丢三落四，得过且过，有制度不执行或执行不到位，往往会习惯性违章。

二是投机取巧的"聪明人"。这类人脑瓜灵活，干活喜欢动脑，但怕吃苦，时常自作聪明，钻规章制度的空子。

三是胆大蛮干的"逞能人"。这类人能干活，肯吃苦，但脾气急躁，容易因抢任务、赶进度把安全制度抛于脑后。

四是自以为是的"糊涂人"。这类人个性强，有一定的工作经验，但不善于接受新知识、新技术，墨守成规，易出现"经验性"违章。

作为班组长，您将如何管理这四种人？

二、能力训练指导

（一）案例启示

上述四个案例，分别告诉我们了什么呢？不同的人会有不同的认识。以上案例分别从四个方面对班组长的管理素质进行了科学而艺术的叙述。一是借用中医诊断的"望、闻、问、切"技法，介绍班组的全方位细化管理；二是指出良好的行为举止礼仪是班组长不能忽视的形象素质；三是引用朱自清的散文告诫班组长时间管理的重要性；四是指出班组管理的个性化才是有效的。班组长的这些素质能力是十分重要的，应在日常工作中不断养成和提升。

（二）班组长的六大基本素养训练

1. 时刻记住自己是班组长

时刻记住自己不是普通组员，而是班组长。作为班组长，就必须肩负起管理的责任，学会在工作中巧妙应用"望、闻、问、切"的技巧。

2. 时刻记住可怕的十大行为

一忌心胸狭窄：听不得不同意见，对提出意见者耿耿于怀，总与对方过不去。

二忌性情孤僻：不善交谈，情趣匮乏，喜欢一人独处，郁郁寡欢。

三忌故步自封：对过去的成绩津津乐道，不思进取，无所作为。

四忌上热下冷：整日围着领导转，对"下属"的痛痒则视而不见。

五忌说多干少：夸夸其谈，对人严对己宽，缺少实干精神。

六忌技不如人：手上没有过硬本领又不刻苦钻研，对一些技术要求高的工作力不从心，不能胜任。

七忌有利先图：有好处先捞，有功劳先占，有实惠先得，自己满足后，才顾及他人。

八忌作风粗暴：主观武断，自以为是，自觉比人高明，时常教训、挖苦人。

九忌擅自许愿：不负责任，随便向组员许诺，取悦于对方，过后又不兑现。

十忌处理无方：遇到棘手问题束手无策、一筹莫展。

3. 时刻记住管理要注重日常细节

作为班组长，要正形象、树威信，要从各个方面严格要求自己，只有这样才能起到表率作用，才能服众。

加强班组管理，必须从大处着眼、小处入手，用精巧的"小手笔"，做出秀丽的"大文章"，定出"小规矩"，关注自己的日常行为。

制度管理是现代企业管理的方法之一，班组应该根据企业的经营方针和厂规厂纪，联系实际，在充分讨论的基础上，制定相应的制度和管理措施，以此规范班组职工的思想和行动。作为班组长，更要在日常的工作和生活中注重细节，注意自己的言行，注意自己的形象，做到用自己日常的言行举止感召人、鼓舞人，在班组管理和生产活动中起表率作用。

4. 时刻记住思想管理的"八宜"规律

宜疏不宜堵：疏，即疏通。当职工持有不同看法、意见时，要广开言路，鼓励各抒己见，"择其善者而从之"。

宜和不宜暴：和，即和风细语。当职工不安心本职工作时，当职工在工作中出现差错时，要平心静气地批评教育，不应粗暴对待，班组思想工作也不例外。

宜导不宜压：导，即引导。一是当群众发表不同意见或提出一些要求时，不可压制；二是要因势利导，切莫激化矛盾、加深误解。

宜全不宜偏：全，即全面。当职工一时认识片面、言行过激时，要全面了解、分析职工的思想状况和行为，不应以一概全。

宜明不宜暗：明，即明朗。对有错误或缺点的职工进行批评时要态度明朗，入情入理，切忌明是一套，暗是一套。

宜夸不宜贬：夸，即夸奖、表扬。在班组思想工作中，要以夸奖为主，切不可随意指责、随意贬罚。

宜近不宜远：近，即贴近。说服教育，举例要选身边的人和事。如果远离职工的所见所闻，其效果就不会明显。

宜先不宜后：先，即事先、抢先。做职工思想政治工作要有超前意识，尽量把工作做在前面。

5. 时间管理要学会用技巧

（1）时间管理的八个技巧。

① 每天抽出一定的时间思考、总结当天工作，列出第二天的工作计划。每天抽出10~15分钟的时间简要归纳当天工作的得失，同时也简单思考一下第二天的事情，按照重要程度列出要完成的几项工作。

② 工作中注重与他人的协作。提前商议与他人协作的工作时间和工作事项；注重团队协作工作技巧。协作出效率，省时间。

③ 学会授权。按照班组成员的特长合理分担部分班组管理工作，充分发挥班组每个成员的作用。

④ 及时解决问题，不拖延，做到日事日毕。

⑤ 不断提升工作技能，提升工作能力和解决问题的能力。

⑥ 注意平时积累与工作相关的素材。将突出的工作、有意义的活动、奖惩的决定等随手记录下来，既方便日后进行工作查询或总结，同时也是对工作的梳理。

⑦ 注意工作流程和工作方法，做事情要分清轻重缓急和主次矛盾，顺序推进。

⑧ 坚持，养成习惯。请记住：时间管理并没有什么高超的技巧，关键就在于持之以恒，坚持才会有成效。

（2）时间管理的九大"杀手"。

① 事情不分轻重缓急。

② 频繁接打电话与接待不速之客。

③ 工作环境杂乱。

④ 不会说"不"。

⑤ 具有拖延的坏习惯。

⑥ 一次想完成太多事情。

⑦ 事必躬亲，不懂授权。

⑧ 参加不必要的会议。

⑨ 沉迷于无意义的活动。

6. 安全管理不抓要害

在实际工作中，缺的不是制度和规定，而是如何让一线员工认真按规章制度去工作的方法。许多员工存在侥幸心理，认为制度太过繁琐，影响工作进度，有时就会偷工减料，省略施工环节，由此导致的事故时有发生。而安全管理者，特别是基层班组长要做的就是通过宣传教育（如文件传达、事故通报、视频观看等）和强制手段（如考核、停工、强制学习等），促使员工养成良好的安全习惯，从而杜绝事故的发生。

 案例：

★ 习惯决定安全

车辆运输单位有一位名叫张世山的"牛人"，开车40年没有出过任何安全事故，一直被视为单位的安全标杆。当人问起他有什么好的经验时，他一句话也说不出来，但是长时间和他一起工作的同事都知道，他每天出车前都要认真地检查，发现一点问题都必须排除后再出车；出车时严格按单位规定的速度、路线和相关规定驾驶车辆；回停车场后，把该擦干净的部位擦干净、该锁好的地方锁好才下班，并且严格地按照安全要求保养维护车辆。这些习惯他坚持了40年，也让他安全了40年。

思考题与能力训练

1. 您认为班组长应当具备什么样的职业素养？

2. 您认为如何才能成为一名优秀的班组长？

3. 请根据自己的工作经验和学习体会，设计一个班组建设和班组长素质提升方案。

4. 进行一次心态项目拓展训练活动。

Extended reading
拓展阅读

如何成为一名优秀的班组长

现代企业不仅需要"老黄牛"式的班组长，更需要"千里马"式的领头人。在企业中，优秀的班组长要成功扮演三重角色：承上，积极配合上司；启下，高效指导组员；平衡，主动协助同事。

一、承上篇

（一）让上司做选择题，自己做思考题

一般班组管理的思维模式：上司是决策者，班组长的工作是反映问题，执行命令。李嘉诚说过："当你提出困难时，请你提出解决方法，然后告诉我哪一个解决方法是最好的。"作为上司，他每天要面对许多问题，不可能有太多的精力来逐一思考处理来自基层班组的全部问题。这时一名优秀的班组长，应先仔细思考班组中遇到的问题并提出若干解决方案，向领导汇报时逐一阐述各种备选方案的优缺点、可行性，请领导定夺。这样，不但班组长本人的能力在思考解决问题的过程中得到了提高，领导也能在"做选择题"的过程中不断认可你的能力，从而使你成为一个受领导欢迎和赏识的下属。在培养班组成员的过程中，此方法同样适用。

（二）给出时间的提前量，同时比别人多做一步

给出提前量主要指对待工作的主动性，因为工作永远不会等你，而永远都是你主动作为。对于确定的或可预知的工作，应尽可能提前完成，打好提前量，这样才能有效确保工作的顺利开展。

同时，一名优秀的班组长还要做到比别人多做一步，要有积极主动的心态，比别人更加深入地思考，比别人更加迅速地行动，比别人付出更多的努力，天道酬勤。

二、启下篇

（一）恰到好处地运用奖惩激励机制，注重即时奖惩

如何充分调动班组成员的工作积极性，加强团队凝聚力是优秀班组长需要不断思考的问题。目前，我们最常用的是依据绩效考核方案，直接在工资中予以体现，手段单一。其实，奖惩的方式可以根据对象、事件、时间的不同而有所不同。

原则一：激励要因人而异。有这样一个"兔子钓鱼"的故事：兔子钓了很多天的鱼，可一条也没钓上，究其原因是它的诱饵选择了胡萝卜。这个故事告诉我们，由于不同员工的需求不同，相同的激励措施起到的激励效果可能会相差很大。即便是同一位员工，在不同的时间或环境下，也会有不同的需求。所以，激励要因人而异，有人可能喜欢听到表扬和认可，有人希望得到学习的机会，有人

更在乎领导对他的关心。因此在制定和实施激励措施时，首先要调查清楚每个员工真正需要的是什么，将这些需要整理、归类，然后再制定相应的激励措施。

原则二：奖惩适度。奖励和惩罚会直接影响激励效果，奖励过重会使员工产生骄傲和满足的情绪，失去进一步提高自己的欲望；奖励过轻会达不到激励效果，或者让员工产生不被重视的感觉。惩罚过重会让员工感到不公，或者失去对公司的认同，甚至产生怠工或破坏的情绪；惩罚过轻会让员工轻视错误的严重性，从而可能还会犯同样的错误。

原则三：处事公平。公平性是员工管理中一个很重要的原则，任何不公的待遇都会影响员工的工作效率和工作情绪，影响激励效果。取得同等成绩的员工，一定要获得同等层次的奖励；同理，犯同等错误的员工，也应受到同等层次的处罚。如果做不到这一点，管理者宁可不奖励或者不处罚。

原则四：时效性。工作中，奖励和惩罚一定要具有即时性，奖励和惩罚的延时将大大削弱其激励和鞭策的效果。

（二）讲故事是企业文化宣传落到实处的好方法

企业文化建设是企业生存和发展的重要战略资源和宝贵的精神财富，是提高企业整体素质和核心竞争力的重要内容。但多年来，企业文化的口号和标语似乎总停留在纸上、墙上，难以得到员工的共鸣。究其原因，这些口号和标语没有被形象化，是一个不可忽视的原因。

企业文化宣传落到实处的有效办法之一是讲故事。故事的魅力在于传承思维方式，就讲班组中员工自己的故事、亲身经历过的事情，这样真实和质朴的故事才最打动人。它可以像胶水一样，把员工与企业文化黏合在一起，以有限的资源去"撬动"更多的资源。

通过讲故事来传播企业文化，可以鼓励和培养某种特定的行为，并使企业文化信条深入人心。

三、平衡篇

现代化的企业分工越来越细致，不可能由一个人、一个岗位、一个班组单独创造效益，企业最终效益的实现来自于分工基础之上的合作，来源于各个部门之间的协作。这就意味着，作为班组长，在班组内部组织完成生产指标固然很重要，而其肩负的与前置工序的交接、向后续工序的传递、同企业相关职能部门之间的联系——胜任沟通桥梁的协调角色就更加重要。

班组的分工合作就像体育比赛中的接力跑，接棒的人要带跑一段，交棒的人跟跑一段。在这一过程中，既要分清责任，也要突出协作精神，这样才能有效地提高工作效率。

目前，我们做的更多的是不断细化和完善本部门内的工作规范和流程，殊不知工作中最容易出问题的是工作链和服务链的接口部分，如果组织不好、协调不力，就很容易出现"断链"的情况。在我们的实际工作中，在每周、每月的汇报中，除了本班组和部门已完成的工作和下一步工作计划外，可以增加一项汇报内容，就是我们所在班组或部门对我们的上下部门所做的工作支持和帮助，并可适当将其列入考核范围，从而形成一种工作导向，由只关注自己变成同时关注上下环节。相信有了正确的导向，班组和班组间、部门和部门间、环节和环节间的衔接将更加顺畅，工作效率也将随之提高。

四、学习篇

随着时代的演变和社会的进步加速，过去的成功经验可能会是今后失败的原因。现代企业之间的竞争，说到底是人才的竞争，是人才学习力的竞争，那些善于学习的团队一定是最后的赢家。

对于一个班组来讲，也只有建设成为学习型组织，才会有可持续发展的后劲，才会成为一个有竞争力的团队。一个班组学习的过程，就是班组成员思想不断交流、智慧之火花不断碰撞的过程。英国作家萧伯纳有一句名言："两个人各自拿着一个苹果，互相交换，每人仍然只有一个苹果；两个人各自拥有一个思想，互相交换，每个人就拥有两个思想。"如果团队中每个成员都能把自己掌握的新知识、新技术、新思想拿出来和其他团队成员分享，集体的智慧势必大增，就会产生"1+1>2"的效果，团队的学习力就会大于个人的学习力，团队智商就会大大高于每个成员的智商。班组长要致力于营造良好的学习氛围，在这个氛围中，每个班组成员都会不知不觉地被影响，从而促进团队共同进步。

（改编自百度文库）

第**4**单元

班组管理基础建设

　　万丈高楼平地起，平地的基础不牢，高楼也只能是立而不稳。因此，无论是企业建设，还是班组建设，都需要从基础建设抓起。做好班组基础建设要抓好两个方面的事情，一是树立与坚持正确的班组基础管理的理念和原则；二是保证班组制度建设内容的科学性和可实施性。作为班组长，必须明白这个道理，并高度重视。

学习目标

1. 掌握班组基础建设的基本常识和技能。
2. 能够制定班组建设相关的制度。
3. 熟知班组基础建设对提升班组管理的意义。

学习方法

1. 对比教材中的知识，借鉴先进企业、先进班组的经验和做法，分析自己所在企业、班组的现状，找出自己所在班组的优势和不足。
2. 掌握在工作中学习的方法。

第一节
班组管理基础建设的理念与原则

先进的理念和科学的原则，是所有良好管理行为和工作行为的基础。理念是行为方向的导航灯，它决定着人们的动机和行为方向。原则是行为规范的尺度，原则失灵，方向就会偏离。因此，班组管理的基础建设，必须以先进的指导理念和科学原则为准则。

一、案例导入

王工长的
"三字经"

郑州铁路局北车辆段上发运用车间二班一组党员工长王绍俊，在班组管理过程中，"严、细、实"三字经成为他工作中的独门秘籍。

抓管理，以"严"增效。 为了抓好小组的管理工作，王绍俊针对自己的岗位职责，按照严管理、严要求、严落实的原则，对在安全生产中出现问题的职工，不论是谁，均一视同仁。他还结合车间、班组开展的"抓短板、促弱项"活动，总结出了"两查、三卡、四抓"工作法：班组管理查漏洞，现场作业查"两违"；卡控关键时间，卡控关键车次，卡控关键人；对存在的问题及不安全因素做到抓早、抓小、抓关键、抓苗头。通过抓反复、反复抓，使现场的安全生产真正做到了有序可控。

在现场工作中，他始终做到"四在前"，即：执行制度严在前，思想工作做在前，吃苦耐劳走在前，脏活累活干在前。他用自己的实际行动激励和带动职工，从而使小组的各项工作得到了进一步的加强和提高。

保安全，以"细"见长。 他请车间技教员利用休班时间讲解新型车的构造，以及易发生故障部位的检查和判断方法。同时，他还结合职工工作习惯，细心制作了以"近期的安全通报、技术规章、卡控措施及防止典型故障的车型和故障点"为主要内容的小卡片，作业中走到哪讲到哪，使职工很快掌握新型车辆的检查要点。

合众心，以"实"聚力。 他针对职工易产生急躁和麻痹情绪等现状，把思想工作同安全教育有机接结合起来，采取班前抓预想、班中抓立岗、班后抓家访、强化日常教育的办法，用思想政治工作为安全生产提供强有力保证。他担任工长以来，走新乡、到商丘，班组每名职工的家中，都留下了他的足迹。用职工家属的话说，就是："跟着这样的工长干，干不好我们都不答应。"

随着计算机和网络技术的快速发展，企业生产经营管理朝自动化、网络化方向发展成为必然趋势。他结合当前铁路大形势，运用网络平台开展"形势前景大宣讲""热爱铁路、珍惜岗位"和"岗位成才做贡献、实现价值展作为"等主题教育实践活动，还结合班组实际，建立职工飞信群，每天用浅显易懂的话语、职工乐于接受的形式，提醒和引导班组职工牢固树立"在岗一分钟、负责六十秒"的责任感，在班组内形成了"学技能、赶先进、做功臣"的良好氛围。

仅2010年，他所在的班组就防止典型故障160件，受局奖5件、段奖11件、车间奖励278件，他被评为郑州铁路局"安全功臣"，他所在的班组被评为"标杆班组"。

二、案例分析与启示

（一）案例分析

严格来讲，这不是一个完整意义上的案例，但从文中可以清晰地看到王绍俊的优秀品质。他的"严、细、实"三字经不仅唱得好，用得更好。他做事有原则，管理有依据。在管理过程中，他能够根据行业特点，抓重点"安全"，根据管理重心抓节点，以员工之心聚班组之力。可见，王绍俊班长的综合素质不一般。

（二）案例启示

王绍俊班长的做法，对不同的读者有不同的启示，我们认为至少有三点启示：一是做事必须有原则、有规矩；二是管理必须有重点，会抓重点；三是聚力先聚心，人永远是首位的。

三、学习要点链接

（一）班组管理基础建设的基本理念

班组建设，必须把握好三个关键点，它们也是评价班组建设正确与否的核心点。第一个关键点是班组管理基础建设必须从企业全面和系统化的管理出发，要有利于促进企业的可持续发展；第二个关键点是班组管理基础建设要有利于形成班组的内生动力和凝聚力；第三个关键点是从关心职工和促进职工的职业生涯发展出发，要有利于形成班组管理的约束力和能动作用，尤其重要的是能动作用。

1. 服务企业建设和企业发展的班组管理基础建设理念

班组是企业的重要组成部分，无论在组织架构、生产过程中，还是在管理过程中，班组都是企业的重要组成部分。因此，班组的基础建设，都必须以企业发展需求为依据，并为企业发展提供有效支持和有效服务。如果在进行班组基础建设时缺少了这一理念，班组在企业中发挥作用就是一句空话，很多工作就很难落到实处。班组为企业发展服务应树立的理念包括：关注工作效率，提高企业效益的理念；关注产品品质、质量保障的理念；关注安全、安全第一的理念；关注企业发展、创新的理念等。

2. 服务于企业员工队伍建设和班组员工成长的理念

企业发展的核心和关键点是企业员工队伍建设，没有现代化的职工队伍，就不可能有现代化的企业，企业发展也会成为空谈。而班组是企业员工成长的阵地和平台，在班组建设和班组管理过程中，如何使班组成员工作好、成长好、发展好，培养良好的班组工作环境和成长、发展平台，是班组基础管理建设非常重要的内容，也是班组内生动力的源泉，绝对不能忽视。对职工的学习、职业生涯发展和生活的关爱，都要服务到位。

3. 动态管理理念

由于现代技术，特别是信息技术的迅速发展，企业的变化日新月异。在变化中发展，已成为企业发展的常态，不变则会被淘汰。因此，企业班组建设必须适应企业变化的需求，特别是班组的现场管理与建设，应当在变化中不断调整并提升管理水平。在动态管理中，重点是树立现代新技术应用理念、信息化管理理念等。

（二）班组管理基础建设的基本原则

理念是行为先导，是人们的行为价值观念。原则是行为准则、依据。做事必须要有理念，有追求，但也必须要有原则。否则，再先进的理念也不会转化为有效的行为。如何使班组基础建设在管理过程中转化为优秀班组的行为结果，是班组基础建设的基本原则，即理念不能是空谈，也不能脱离实际。

1. 同企业发展战略和各项管理制度相衔接的建设原则

企业无论大小，班组永远是企业的组成部分。每个企业在建设和发展的过程中，都应当是系统化的一盘棋，是思想统一、步调一致的一个大团队，每一个班组则是其中的一个小团队。如果企业班组建设与班组管理不能与企业发展相适应，企业将成为一盘散沙，不可能形成企业的凝聚力、发展力。

 **案例：**

★ 每个班组都要完成
目标任务

某施工建筑企业接到上级交办的工程施工任务，要求6个月完成任务。领导安排企业管理、工程技术等相关人员研究制定了实施方案，决定调用材料、后勤和一线施工的20个班组执行任务。为了完成好任务，厂领导召开了工程实施动员会，会上要求每个班组按照企业对工程任务的总体安排，制定班组具体的实施计划方案，包括工程实施进度表、质量监控保障措施等。动员会敲响了工程实施的号角，工程进展也很顺利。

在工程实施进行了一段时间后，企业质量监督部门进行质量检评时，发现两个班组出现了质量问题。究其原因，这两个班组虽然有标准的质量监控方案，但在实施过程中，没有严格按照流程走，没有与企业质量管理方案接轨，走了自己所谓的"便捷之路"，结果出了大问题，影响了整个工程的进度和质量，并最终导致工程停工，班长被调离。

2. 以人为本管理原则

以人为本管理，是社会发展进步、科学管理的重要标志。以人为本的管理，就是在管理的过程中，充分相信员工个人的能动性，对员工有充分的尊重，创造公正、平等、和谐的工作环境。以人为本的管理，就是要处处关心员工，特别是关心员工的学习和成长，细微之处见真情。在班组管理基础建设中需要充分考虑这些因素。

案例：
★ 惠普的人本之道

惠普公司的创始人之一比尔·休利特曾经说过："惠普的所有政策和措施都是来自于一种信念，那就是我们相信每一个员工都有把工作做好的愿望。只要公司能给他们提供一个合适的舞台和环境，员工必定全力以赴。"这就是著名的惠普之道的内涵和出发点。

正是基于这个出发点，惠普才建立起了独特的企业文化，制定了一系列与之配套的管理制度和规范。所以在惠普传统的五大核心价值观里，第一条就是"我们相信与尊重员工"，而且把这种尊重体现在每一个细节上。比如发工资时，不是让职工去取，而是由部门经理亲自给员工送，以表示一种诚意、一种感谢。因为在惠普的理念里，员工的工资和奖金不是公司的施舍，而是员工应得的报酬。

3. 有利于精细化管理实施的原则

精细化管理是一种管理理念和管理技术高度融合的管理模式，是通过规则的系统化和细化，运用程序化、标准化和数据化的手段，使组织管理各单元精确、高效、协同的管理。开展班组精细化建设，是提升员工工作素质的重要手段，更是企业提供有效服务的根本保障。精细化已成为企业班组建设和班组管理的重要内容。要提高班组管理水平和班组长管理能力，就必须坚持精细化管理原则，在管理细节、管理过程上下真功夫，出新措施。

案例：
★ 细节决定成败

东京一家贸易公司有一位小姐专门负责为客商购买车票。她常给德国一家大公司的商务经理购买来往于东京、大阪之间的火车票。不久，这位经理发现一件趣事，每次去大阪时，座位总在右窗口，返回东京时，又总在左窗口。经理询问小姐其中的缘故。小姐笑答道："车去大阪时，富士山在您右边；返回东京时，富士山已到了您的左边。我想外国人都喜欢富士山的壮丽景色，所以我替您买了不同的车票。"就是这种不起眼的细心事，使这位德国经理十分感动，促使他把对这家日本公司的贸易额由400万马克提高到1 200万马克。他认为，在这样一个微不足道的小事上，这家公司的职员都能够想得这么周到，那么，跟他们做生意，还有什么不放心的呢？

【知识卡片】

班组精细化管理的三大原则：

1．读得懂就能学得会（可操作原则）。

2．做任何事情都要有"度"（底线原则）。

3．消灭班组管理中的一切死角（焦点原则）。

4．有利于质量保障的原则

质量是企业的第一生命线，企业作为经济实体，通过生产产品、提供服务创造社会财富，同时获得经济效益，推动自身不断发展。而质量好坏直接影响着企业所创造社会财富的优劣，也直接影响着企业所获得的经济效益，进而影响着企业的健康发展。

 案例：

★"缩水"的工资

2003年2月上旬的一天，是让某企业铣工班全体员工刻骨铭心的灰色日子……

这天，班组员工们拿到了1月份的工资单。大家一反往日领工资时的兴奋劲，一个个阴沉的脸上挂着的只有问号：为什么这个月的工资单上只有基础工资而没有业绩工资？

员工们三五成群地聚在一起说开了："1月份，我们为实现工厂的开门红目标，没日没夜地辛苦工作，完成的任务量较上年同期略有增长，为什么还拿不到业绩工资？这样下去，我们还怎么干？"

在大家的抱怨声中，往日齐声欢叫的机床声变成了时断时续的低鸣，员工们的工作节奏明显慢了几拍……

班组成员中发生的情绪变化，班组长小刘看在眼里，急在心上。小刘自己也在不停思索，1月份员工们加班加点抢生产的工作场景在他脑海中反复闪现，但为什么会是这样的结局呢？

在反复的思索中，小刘先从为什么工资很少上找原因。1月份，全班组员工经过努力，终于按计划完成了当月生产任务。可为什么却未能挣回当月的业绩工资呢？在与车间领导沟通交流后，才知道仅完成任务量是不能保证收入增长的。企业要快速发展，就必须彻底改变过去只重产量的分配模式，必须制定出相应的规章制度，特别是生产责任制度，将质量、成本、安全生产等与业绩工资实行挂钩考核。产量的考核基数随企业发展的要求也较过去有了大幅度增长，增幅达30%，即往年全班的月加工产量是100吨，而现在的任务考核量则为130吨。在完成130吨任务量的同时还必须确保无质量问题，无安全事故，必须将生产成本控制在计划指标内，才能挣回当月的业绩工资。1月份，铣工班虽然完成了当月任务量，但却发生了两起质量事故，生产成本也超过了计划指标，因此导致当月业绩工资被扣发。

接着，小刘又从自身的组织管理上找原因。一是新的分配制度在班组员工中的宣传教育力度不够，未引起员工的重视，认识还停留在旧的分配模式上，思想观念未根本转变；二是劳动组织存在问题，表面上看员工们都付出了艰辛的劳动，但实际上生产效率并不高，劳动投入与生产产出严重不相称。要挣回业绩工资，就必须提高班组劳动生产率，小刘在脑海中已逐渐形成解决这些问题的具体方案。

草拟的《铣工班岗位业绩工资考核管理办法》出台了，明确规定了安全生产班组业绩工资与组员出勤率、加工质量、加工进度、节能降耗等挂钩考核：缺勤一天扣奖金30元；发生一起质量事故，按责任大小，扣罚业绩工资的5%~100%；发生一起安全事故，扣发当月综合奖金的30%~100%；对加快产出进度、超产工时、节能降耗等实行重奖，月超工时达20%以上的，再翻倍奖励，对质量优秀、节约原料等实行专项奖励。

草拟的班组业绩考核管理办法出台后，小刘立即组织全体班组员工进行讨论，并予以进一步补充、完善。大家畅所欲言，又树立了自信心，班组员工的主人翁意识和责任感得到进一步强化。由于有制度的保证，对班组劳动管理的参与，使得大家有了相互沟通和交流的机会，心与心的交流和碰撞凝聚了大家的智慧，更激发了员工与企业共发展的愿景。

接下来，凝聚了班组全体员工智慧的一系列新的劳动管理措施相继在班组中推广实施。随后，班组工作发生了一系列变化。

实施新的劳动管理措施的当月，即出现了员工出满勤的喜人局面。上班时间刚到，各机床操作者已做好了各项准备工作，每位员工已精神抖擞地进入了工作状态。8点整，各台机床立即唱响了整齐划一的共鸣曲……

5. 有利于激励激发员工内生动力的管理原则

所谓激励，是指运用物质或精神等方法，激发人的动机和愿望，使其朝着所期望的目标行动。激励可具体分为正激励和负激励。

正激励就是对员工工作的认可和鼓励行为。常规做法是，当员工生产和工作业绩突出时，给予员工表扬和奖励。目的是激励取得好成绩的员工做得更好，并充分发挥模范带头作用，有效地带动班组其他员工积极主动地工作，把班组工作做得更好。这种做法被称为正激励，也称为"哄着朝前走"。

负激励和正激励恰恰相反，是以友善的"惩罚"帮助员工发展的做法，是在肯定员工的前提下针对某些不足提出的批评或教育。例如员工违规操作造成失误或违反组织纪律时，依据班组规定，员工受到相应的惩罚，虽是惩罚，但目的是好的。这种做法称为负激励，有人将其形容为"打着朝前走"。

案例：

★ 范甘迪与姚明

休斯敦火箭队的主场比赛很快就要开始了。可是，有一名主力球员在规定的时间里却没有来，原因是堵车。当这名球员飞奔进训练场的时候，他已经迟到了30分钟。在美国人眼里，这是个很严重的过失。火箭队的主教练范甘迪把这名球员叫到自己的办公室，他说："我知道你为什么晚到，但一切过去了，从现在开始，我要你百分之百地去思考比赛，好吗？"

紧接着在最后的赛前会议上，范甘迪面对本队球员说："大家都知道，有位球员今天迟到了，所以他欠大家一场很好的比赛。"然后他转向这位迟到的球员，说："你明白吗？你要打出一场很好的比赛还给大家。"在队友们的注视下，这位球员的心中此时只有一个念头：在赛场上"拼"！

结局是这样的，这场比赛中这位迟到的球员共获得22分，抢到20个篮板，率领休斯敦火箭队主场以86：80战胜了底特律活塞队。正如主教练希望的那样，他把一场精彩的球赛奉献给了所有的人，换来了队友们对他的过失的谅解。这位球员，就是我们非常喜爱的篮球明星姚明。

范甘迪聪明在什么地方？我想，就聪明在他对姚明并没有进行指责，图自己痛快而一味发火。他在对姚明进行批评时，巧妙地运用了委婉的口气，从鼓励的角度出发，达到了预期的效果。可以设想一下，如果范甘迪只是强调严明的纪律，而无情地给姚明当头一棒，会出现什么效果？

6. 公平公正公开原则

如何使班组管理有效、高效，首先要做到公开，避免一些不必要的猜疑和麻烦。其次是公平和公正。公平公正不是指奖金人人有份，而是指在制度面前人人平等，做到奖罚合理，这样大家才会心服口服。

案例：

★ 分蛋糕的故事

甲乙两个人在分一块蛋糕，甲拿起刀刚要动手切，乙着急地叮嘱甲："一定要慢慢地切，不能切偏了，否则不公平"。甲听乙这样说，就生气了，把刀交给了乙，让乙切。当乙正要切的时候，甲重复乙刚才说过的话："一定要慢慢地切，不能切偏了，否则不公平"。这样一来，乙也不敢切了，于是两个人就到智者那里寻求帮助。智者听明白了他们的来意之后说："这好办，你俩先做一个约定，约定好一个人切，一个人选。切蛋糕的人不能选，选蛋糕的人不切，这样你们就不会觉得不公平了。"此法果然灵验，甲乙各自拿着切好的蛋糕高兴地告别了智者。

蛋糕最终能保证切得绝对公平吗？显然不会，但为什么最终两块蛋糕都被高兴地接受了，而且两个人都很满意呢？

7. 有利于实现效益提升的原则

效益是管理永恒的主题，追求效益最大化是企业生存的根本。同样，班组的生存与维系也是靠成本和效率决定的，效益是班组管理的最终目标。班组管理在追求利益最大化的同时，要树立生态环境效益观。同时，班组又是企业经营与成本核算的最小经济单位。所以，无论从班组的生存发展，还是从管理创新来讲，都要优先考虑增收和节支两大效益指标。同时要考虑社会效益，不能以损害社会效益和社会利益为代价，增加所谓的企业效益。例如为降低成本而污染环境；又如为了本班组效益，损害其他班组利益等。

对于现代管理者而言，树立效益观念是社会发展的客观要求。自然资源的匮乏决定了管理必须注重效益；国际竞争的加剧决定了管理必须以效益取胜；人类利益的趋同性决定了管理必须以效益为主导。注重管理效益是历史的要求和时代的使命，应当从人类的命运和社会进步的大环境中来理解提高效益问题的重要性。

案例：

★ 郑州客运段节支创效益

郑州铁路局郑州客运段以乘务班组为主，其成本消耗主要是列车卧具、清扫备品和服务用品，每件物品价值虽然不高，但如果不加强列车消耗品的管理，则浪费惊人。在加强列车消耗品管理方面，各乘务班组想办法降低支出，例如垃圾袋装满才能投放到站台；列车窗帘损坏便自己动手缝补；根据气候变化控制列车采暖温度，节约燃煤消耗；严控卫生纸、小香皂的使用量；清扫备品未到更换期限损坏或丢失由个人负责赔偿等。这一系列节支办法，使列车消耗用品量大幅降低，全段每年节约支出80余万元，创造了不小的经济效益。

第二节
班组管理制度建设的主要内容

古人云："不以规矩，不能成方圆。"在班组基础管理中，制度建设与落实是班组管理的关键。从以往和当前的现状看，在班组制度管理方面存在两个主要问题：一是班组基础建设还有很多不足，主要表现在制度空缺或制度操作性不强、效力差；二是执行制度不到位，有"弹性"、不规范等。

因此，在班组基础管理工作中，关键是如何不断完善制度，如何将企业制度和班组制度落实到班组生产和班组管理的具体工作中，使班组管理规范、工作高效，使制度成为每一名员工的自觉行为。

实践证明，只有用制度和标准来规范班组工作以及班组成员的行为，才能使班组工作流程最简化、工作质量最优化、工作效率最高化、工作效果最佳化、工作效益最大化。

一、案例导入

"五五四"班组管理模式

为全面加强班组建设，按照"规范管理、强基达标"的要求，郑州铁路局构建了"五五四"班组管理模式，即实施"五个规范化管理"，强化"五项管理机制"，做到"四个统一"。

1.实施"五个规范化管理"

（1）班组管理制度规范化。包括规范班组管理设置、规范班组组织管理、规范班组管理制度、规范班组信息管理。

（2）班组长管理规范化。包括明确班组长权责，提高班组长素质，完善后备班组长管理。

（3）班组生产现场管理规范化。包括环境整洁、纪律严明、设备完好、物流有序、均衡生产。

（4）班组党群工作规范化。包括完善党群工作制度，丰富党群工作内容，创新党群工作方法。

（5）自控型班组创建规范化。包括以下内容：

① 突出重点。要以"核心有力、管理规范、安全可控、质量优良、学习力强、业务过硬、遵纪守法"为自控型班组的创建目标，不断提高班组自我控制和自我管理能力，从而保障安全生产有序可控。

② 完善标准。按照逐级负责的原则，达标班组（岗位）的考核标准，由基层单位统一制定；自控型班组（岗位）的考核标准，由各业务系统统一制定；精品班组的考核标准，由路局统一制定。

③ 等级划分。班组等级分为不达标班组（岗位）、达标班组（岗位）、自控型班组（岗位）、精品班组。

2.强化"五项管理机制"

（1）强化自控型班组四级联创机制。

（2）强化班组长考核竞争机制。

（3）强化班组升级评价机制。

（4）强化生产作业控制机制。

（5）强化班组考核激励机制。

3.做到"四个统一"

（1）统一组织领导。

（2）统一考核载体。

（3）统一进行考核。

（4）统一运用结果。

二、案例分析与启示

（一）案例分析

郑州铁路局构建的"五五四"班组基础管理模式，以创建"自控型班组"为目标，以班组"自主管理、自我控制、自我完善、自我发展"为理念，强化各项管理机制，运用统一考核载体，从而夯实班组管理基础，实现铁路客货运输的全过程控制。

（二）案例启示

基础管理在任何时候对管理都是十分重要的。没有扎实有效的基础建设，管理就失去了依据和支柱。基础建设的核心是制度和机制建设。郑州铁路局"五五四"班组基础建设，值得我们借鉴和学习。

班组管理基础建设涉及班组管理的方方面面，包括班组管理制度建设、文化建设和日常学习交流平台建设等。

三、学习要点链接

（一）班组管理基本制度

1. 班组日常管理制度

（1）安全管理制度。

安全管理制度是班组安全生产的可靠保障和有效预防措施，是所有从业人员都必须认真执行和遵守的一项制度。

要定期组织班组成员学习有关劳动法和企业的各项安全生产管理制度；学习本岗位的生产工艺流程以及相关的安全知识；还要紧密结合生产实际和一些典型事故案例，对班组成员进行安全教育，提高安全意识，增强自我保护能力。

主要内容：安全生产责任制、安全教育制度、安全管理制度、事故处理程序、材料备品管理制度、事故分析制度等。

主要功能：安全教育、安全检查、安全责任制落实、安全奖惩、事故责任处理等。

（2）劳动管理制度。

劳动管理制度，是指由企业有关部门制定的，通过明确企业内部劳动用工管理、定额标准等，以明确企业和职工双方的劳动权利和义务规范的总称。

主要内容：考勤制度、劳动定额标准、班组达标标准、经营责任制考核制度等。

主要功能：

① 根据生产实际，完善劳动定额标准，充分利用劳动资源，降低产品消耗。

② 根据生产任务，合理配备和使用劳动力，组织好劳动过程中的分工与协作。

③ 加强劳动保护，严格劳动纪律，不断提高劳动效率。

④ 坚持"先培训、后上岗"制度，贯彻按劳分配的原则，将职工收入与劳动实绩挂钩，充分利用经济杠杆，发挥其积极效能。

（3）例会制度。

班组例会制度是班组定期要召开会议的制度。

主要内容：日例会、周例会或月例会制度等。

班组例会要求班组全体成员参加。

① 日例会（也叫班前会），一般定为每天上班前（或接班前）十五分钟或三十分钟召开。

② 周例会（也叫安全周会），一般每周一下班后（或接班前）召开，历时一个小时。

③ 月例会，一般安排在月底或月初。

主要功能：安排工作、安全教育、总结经验、讨论问题等。

（4）质量管理制度。

质量管理制度是以确保产品质量按规定要求和标准而采取必要的生产、技术措施，即对产品质量进行有效控制、检验、检查的制度。

主要内容：质量教育制度、质量验收标准、质量控制方法、质量责任（考核）制度等。

主要功能：

① 进行质量教育、控制群众性的质量攻关活动。

② 采用先进的管理手段，对工序质量、工作质量产品质量进行全方位、多层面的控制。

（5）设备管理制度。

各类设备，其性能、功能及工作原理都有特定程序和方法，操作绝不能走捷径，必须严格按照操作程序进行。

设备的维护保养须按"清洁、润滑、调整、扭紧、防腐"十字方针定期进行，使设备始终处于良好的工作状态。

主要内容：固定资产管理制度、设备包保制度、交接班制度、设备维修养护制度、设备操作规程、设备检修标准等。

主要功能：设备的管理、维修、保养、鉴定、隐患处理、记名式检修等。

设备管理应做到如下两点：一是做到"三好"（即管理好、使用好、养修好）；二是做到"四会"（即会使用、会养修、会检查、会排除故障）。

（6）技术管理制度。

班组技术管理就是依据科学技术工作规律，采取一定的方法和手段对班组技术活动进行的计划、协调、控制和激励等方面的管理工作。其目的是建立科学的工作程序，有计划地、合理地利用资源，提高班组人员学习技术的积极性，强化班组技术档案管理以及与之相关的技术台账的管理等。

主要内容：职工的业务学习制度、班组的技术资料管理制度、设备管理台账管理制度等。

主要功能：实现技术教育有专人，岗位练兵有活动，考核成绩有记录，技术资料分类登记，设备管理科学合理。

（7）成本管理制度。

班组在产品制造过程中有大量的物资、能源、劳动消耗和各种费用支出，这些都构成了产品的基础部分。所以，要建立班组的成本核算，就必须要针对班组成本的规范化进行相应的制度建设并落实到位。

主要内容：材料管理制度、成本核算制度、成本超支考核办法等。

主要功能：成本费用预测、计划、核算、控制、分析和考核等。

（8）民主管理制度。

班组民主管理制度，是班组全体职工依照法律规定，通过一定的组织形式，对班组权限范围内的事务，行使民主管理权力的活动的制度。

主要内容：民主管理制度、民管会台账等。

主要功能：组织和发动职工参与管理，行使当家做主的权利，提高班组的经营管理水平等。

（9）思想政治工作制度。

班组思想政治工作制度是加强班组员工思想教育、解决班组矛盾、营造和谐的工作氛围方面的制度。

主要内容：政治学习制度、思想状态分析制度等。

主要功能：

① 配备政治宣传员（党、工、团小组长），运用家访、谈心等方法，化解矛盾，凝聚人心，教育职工遵章守纪；

② 构建和谐氛围，从而确保各项管理制度在班组的贯彻落实，确保安全评估标准和车间各项安全措施在班组每个岗位上的落实和执行，确保总体目标的顺利实现。

2. 班组现场管理制度

现场管理制度就是运用科学的管理思想、方法和手段，对现场的各种生产要素，包括人（劳动者、管理者）、机（设备、工具）、料（劳动对象、原材料、零部件）、法（作业程序、操作方法、检测方法）、环（工作环境条件）、资（资金）、能（能源、动力）、信（各种信息、原始记录）等进行优化组合，合理配置，通过计划、组织、控制、协调和激励等一系列管理活动，保证现场能按企业预定的目标，实现安全、优质、低耗、高效运行。

主要内容：生产的准备制度，作业管理制度，总结、统计和计划制度等。

主要功能：现场管理要做到环境整洁、纪律严明、设备完好、物流有序、信息准确、生产均衡。具体内容如下：

① 环境整洁。各种设备、物品实行定置管理，做到"物各有位，各在其位"；站容清洁，站貌美观，线路两旁无杂物，路料定点堆码，各类标志设置齐全，标记清晰；作业场地区域划分定置，工具备件摆放整齐，道路畅通；生产工作场所地面整洁，墙壁无积尘，环保符合国家规定，创建和保持既符合作业要求，又满足人的生理、心理需求的文明整洁的卫生环境。

② 纪律严明。工艺（作业）规程、操作规程和安全规程齐全、合理，并得到严格执行；关键岗位、特殊工种实行持证上岗，劳保用品按规定配备齐全，使用得当；上岗人员按要求着装整齐，佩戴标志，树立自律精神，坚守岗位，认真履行职责，坚持标准化作业，遵章守纪，一丝不苟。

③ 设备完好。遵守设备操作、维护、检修规程；设备及附件齐全、完好、整洁；各类设备技术状态良好，运行正常，综合运用各种现代化管理方法，实现设备的"管、用、修"全面优化；行车设备和机械动力设备完好率达到规定要求，故障率（故障延时）低于规定指标。

④ 物流有序。首先，生产现场固定物（设备、机具等）实行定置管理；流动物（原材料、半成品、检修品等）实行定量化，摆放有序，便于存取；行车急用备品和设备检修备件做到"二定一有"，即定位置、定数量、有标志，取用方便。其次，严格按照运输计划，组织客、货流的输送和集散；严格执行运行图、列车编组计划和车站技术作业程序，均衡组织车流，及时编解列车，做好车流运行组织和接入交出，确保运输畅通。

⑤ 信息准确。各种原始记录、台账、报表，如运转日志、司机报单、技术作业表、列车预确报、班组生产记录、车机联控信息、设备状态测试记录、交接班本等，要如实填记，达到规范，工整准确，传递及时。

⑥ 生产均衡。各部门严格按月、旬、日班计划均衡组织生产，保质保量，在确保安全的基础上，努力提高工效。具体地讲，就是要岗位配置科学，班次设定合理；优化人员配置，人员流向合理；机关人员精干，生产一线人员充足；消除人浮于事、窝工待工现象；严格定岗定责，激励机制有效。

3. 班组学习及文化建设管理制度与内容

在班组，营造"快乐学习"的环境和氛围，使班组成员视野开阔，从学习中促进工作，从工作得到快乐，从快乐中创新发展，从发展中建设文化，从文化中获取满足，从满足中享受幸福。

班组要通过组织定期的文化、体育、娱乐等集体活动建设轻松、愉悦、团结、有创造力的班组文化氛围，通过建立谈心制度、开展文化建设，来提高凝聚力。

主要内容：技术业务学习制度、岗位练兵制度、师徒制度、班组文体活动制度、班组小教员制度、班组沟通制度，以及与文化建设有关的制度。

主要功能：

① 培养系统思考的团队——没有系统思考就有极大风险。

② 沟通修炼自我超越——不能自我超越就是自我虐待。

③ 共同改善心智模式——不能改善心智模式就是自我伤害。

④ 建立共同愿景——没有共同愿景就缺乏无限张力。

⑤ 建设团队学习文化——脱离了团队学习就等于选择了被淘汰。

⑥ 建设透明的信息反馈管理系统——没有回馈就会使思考受限。

⑦ 建设信息共享管理系统——没有共享就是浪费才智和资源。

⑧ 建设循环的过程反思管理系统——没有总结、反思就没有进步。

⑨ 健全班组知识管理系统——能够将隐性知识转化为显性能力。

　　真正的学习型班组，是会系统思考、自我超越、主动改善心智模式、建立共同愿景的团队。成功源于实践，重在善于总结提高，以实现班组学习的分享系统、反思系统和回馈系统的有机整合，搭建员工自我超越、改善心智模式的修炼"道场"。

案例：

★ 郑州北车站的擂台对抗赛

为打造一支高素质的职工队伍，强化现场安全控制、确保运输安全提供可靠素质支撑，郑州铁路局郑州北车站以加强实作为主，建立完善"天天学、月月练、季度打擂台、年度大比武"的培训机制。每季度在全站组织一次调车、行车、调度、货检四大工种擂台挑战赛，组织班组与班组之间的"擂台对抗赛"，并将比赛结果纳入班组评比考核。2013年全站组织各工种擂台挑战赛共19次，给予擂主人均5 000元重奖，共9.5万元。郑州北站还定期举办全站技能大赛，隆重表彰技术标兵、工种状元，全年用于练功比武奖励超过26万元，极大激发了职工练硬功、保安全的热情。

案例：

★ 恒昌班组的文化建设

恒昌小组是中国通用齐齐哈尔二机床（集团）有限责任公司的一个车工班组，自建国起曾获多项荣誉。在新的历史时期，小组将马恒昌老英雄常说的"喊破嗓子，不如干出样子"固化为小组组魂，提出了"六全修炼模式"，即全员有责、全员参与、全员提升、全员管理、全员创新、全员达标，在创新中发展，做到了"组魂不丢、红旗不倒、精神不垮"。

　　小组建立了"三组长""四大员"制度，根据班组三班倒特点，实行轮流管理，保证各项工作不留死角，形成了"人人都管事，事事有人管"的局面。坚持全员管理，制定并坚持了班组长工作的"日三抓、周五查、月四会"制度；坚持质量工作"三检三对一分析"，班前"三做好"、班中"四做到"、班后"六不走"；坚持关心组员"五必访""六知道"；实现思想工作"六坚持"等，使班组管理不断加强。多年来，班组始终保持着公司标杆式班组的荣誉。

【知识卡片】

班组文化建设的认识误区

　　1."空泛化"误区：把文化看成是无所不包的空泛概念，这就导致了对开展文化建设的困惑与迷惘。

　　2."表面化"误区：简单地认为，把宣传教育活动搞得丰富多彩、喜闻乐见就是在搞文化。

　　3."等同化"误区：把管理等同于文化建设，文化是管理的基础和背景，两者不可等同视之，更不能相互取代。

　　4."无关化"误区：认为建设不建设文化没有太大关系。

（二）班组制度建设的关键点

制度建设是否有效，其效力如何，关键点有三：一是要充分体现制度的可实施、可操作性，因为制度只有能够落实在管理的行为中，并产生管理效果，才是真正的有效；二是让员工充分认识到制度建设对自己和班组发展的意义和价值，员工才会自觉落实到自己的行为过程中；三是注重制度建设的公开和公正性，做到制度建设全员参与、充分讨论，使制度建设有群众基础。

案例：

★ 这就是制度的价值

一次，某企业的厂长带领该企业优秀的班组长、车间主任一行六人前往美国纽约的相关企业参观。当天恰巧遇到漫天大雪，无法前往该企业参观了。厂长只好改变了当天的行程，带领大家前往驻地附近的一个朋友家做客。他们刚走到门口就看到朋友在扫雪，于是厂长说："在国内时，也从没有见过你这么积极地扫雪呀，怎么跑到美国反而这么积极了？"朋友回答："因为这里的法律规定，如果下雪，你家门前必须扫三次雪，否则就要罚款。在我家门前摔倒的人，也要我去花钱给他们治疗。所以，我必须积极扫雪。"

（三）班组制度建设常出现的问题

班组制度建设是企业制度实施在班组中的细化的过程，在这一过程中，经常会出现以下问题：

（1）不够系统全面，重点不突出，针对性不够。

（2）细化不够，可操作性差，"挂在墙上好看不好用"。

（3）班组员工参与性不够，群众基础差。

The third section
第三节
班组管理基础建设能力训练

班组管理基础建设，是非常复杂而系统的，也是十分重要的。没有规矩不行，而制定出好的制度，又不是一件容易的事情，需要班组长加强这方面基本功的训练。

一、四种类型班组基础建设的做法

（一）某企业自控型班组基础建设的做法

推行自控型班组管理，就是要实现"管理全部环节、控制全部要素、明确纵横关系、建立安全网络"。这是企业加强自身管理、增强一线动力、构筑安全屏障的一项重要工作。

1. 明确管理原则

（1）目标原则。动员全体职工参与目标的制定、实施、控制和评价，不但要让职工知道自己的目标是什么、努力干什么，还应该明确自己的追求和使命。因为，它反映了一个班组和岗位之所以存在的理由和价值。同时要充分发挥职工群众的智慧，培育自强、自立、自觉、自信的坚定信念，明确自我追求的价值取向和必须实现的使命目标。

（2）卓越原则。追求卓越，争创一流，是造就个人和集体成功必须信奉的核心价值观。卓越，不只是一项成就，而且是自我竞争、超越自我的过程，是永不满足、永无止境的学习过程。创造过程、追求卓越是支撑职工个人、生产班组生命和灵魂的精神力量。

（3）民主协商原则。管理是一种群体活动。自主管理，就是首先承认职工的主体地位，对管理主体活动所做的各种决定提交职工讨论，广泛征求职工意见，特别是涉及职工个人利益时，更应采取认真慎重的态度，反复进行讨论协商，相信职工能够分辨是非，能够顾全大局、求同存异，从而达成一致性意见。只有一致同意的决定，才能获得一致支持。

（4）绩效原则。包括强调成果、重视成效、论功行赏、奖罚分明。不论是职工还是干部，都要有工作绩效的考核标准。把工作绩效表格化，有着潜移默化的作用。除物质奖励外，精神上的支持和肯定也是鼓励职工向上的强大驱动力。

（5）和谐包容原则。创造团结和谐、平等互助、包容、亲密无间的工作氛围，使职工在和谐快乐的环境中工作、生活，提升职工的归属感和亲密感。

（6）公平原则。古语讲"不患寡而患不均"，"不均"就是不公平、不公正、不公开。"争之不足，让之有余"是解决这一问题的钥匙。谦让，是一种美德。在工作中，提倡谦让、主持公平也是一种激励行为。它可以有效地解决客观上存在的"粥少僧多"这一难题。事实证明，总是采用一种奖励方式是不会获得好的效果的。因此，在管理上要善于发现处于萌芽状态的先进思想和良好行为，并加以倡导和激励，形成一种精神振奋、奋发向上的风气。只要方法得当，就能获得最佳的"公正"效应。

（7）操守原则。一个单位的风气好坏，关键在于领导者、管理者是否具备品德操守。因此，各级领导者、管理者必须品德高尚、严于律己，以自身的模范行为赢得职工的信赖。有操守的领导者，事事以身作则，处处率先垂范，言行一致，诚信待人，要求职工做到的，自己首先做到，并和职工经常进行沟通和交流，团结带领职工群众同心同德、共创佳绩。

（8）农耕法则。一分耕耘，一分收获。现代化大生产，同样必须效仿"育种、播种、耕耘、收获"这一农耕法则。一个企业或单位培育一种先进的方法，几个月即可；形成一种管理思维，几年即可；但要形成一种与时俱进的管理行为，则需要持之以恒的努力，需要多年的实践探索。实践证明，管理活动总是处在变化之中，决不会一成不变。因此，企业管理必须根据自身所处的内外部条件，随机应变，以达到应变创新的理论境界，要按照客观规律，效仿"农耕法则"，革故鼎新，辛勤耕耘，在继承中求创新，在创新中求发展。

2. 制定规范的考核办法

（1）确立明确的考核内容，并注重考核内容的可操作性。

① 班组管理体系建设与运行情况。建立以班组长为核心，由安全员、经济核算员、党工团组长参加的班组管理体系；班组长作用发挥良好，敢抓敢管，具备较高的班组管理水平和技术水平，特别是具备基本管理素质和应变能力。

② 班组学习制度与运行情况。结合本职工作，制定学习新知识、新技术、新工艺和新方法的相关制度；业务技术知识学习要贴近现场工作实际，提高职工业务素质和非正常情况下的处理能力；班组内工作信息畅通；建立起班组工作经验总结交流制度和激发职工提高学习力的机制。

③ 管理是否规范。班组组织健全，分工明确，责任落实，制度健全，执行认真，考核严格；班组人员熟悉班组管理制度并自觉执行，切实把各项管理制度落到实处；生产现场努力做到环境整洁、纪律严明、设备完好、物流有序、信息准确、生产均衡，实现文明生产。

④ 安全是否可控。教育职工牢固树立"安全第一、预防为主"的思想，抓好关键环节的控制，提高班组现场自控的能力；各岗位作业指导书、岗位作业标准

齐全，并认真贯彻落实，实现班组生产过程中的安全有序、稳定可控。

⑤ 有无遵纪现象。班组无违反国家政策法规和上级各项管理制度的情况，职工无打架斗殴和违法乱纪行为。

⑥ 业务是否过硬。班组职工业务娴熟，熟悉本岗位的各项管理制度和作业标准，全部取得上岗资格；班组成员具有相当的处理问题和特殊情况下的应急反应能力。员工技能与岗位相适应，综合素质优良。

⑦ 质量控制是否优良。做到生产有计划、作业有程序、考核有办法，增强质量意识，搞好工序质量控制，严格质量检查验收，保证设备质量优良。

（2）采取可行的考核方法。

经验证明，自控型班组可采取以下方式进行考核：

① 按照"统一领导、统一考核标准、统一进行考核、统一使用考核结果"的"四个统一"原则进行，减少重复检查，减轻班组负担。具体做法通常采取"班组自验、车间考核"的方式进行。

② 按照班组自控型岗位考核标准，给班组每个职工设计一张"班组职工创建自控型岗位考核表"，对每个职工的工作业绩进行量化日常考核。具体做法：一是科学合理确定每个项目的考核分数，每个项目由班组长如实填记，统一保管；二是每月底由班组长或经济核算员汇总考核表各项目得分，得出每名职工的月度工作量化分值，并以此为依据进行经济考核；三是每月由班组长组织班组有关人员，按照自控型班组考核标准对本班组工作情况进行自验，并根据班组自控型岗位考核标准对每个职工进行考核；四是建立并落实奖惩机制，每月的考核结果要与经济责任挂钩，奖惩要分明，同时要加强思想政治工作，注意职工的思想动态，防止因为考核评定激化矛盾，影响团结；五是考核结果要在班务公开栏中或利用其他形式公布，增加班组管理的透明度，增强班组凝聚力，保证班组各项工作任务的全面完成。

（3）借鉴考核分配的成功经验。

按照职工个人拿一部分、单位出一部分的方式，某铁路局直管站建立了该单位自控型班组奖励基金，每月按照人均100元标准进行考核。

2014年3月，该单位对照本单位制定的自控型班组考核标准，对通过班组自验、车间考核上报的自控型班组进行了考核认定，并以文件形式对达标的班组进行了通报表彰，同时按照人均100元进行奖励。

该单位某班组（共有5名职工）3月份取得了自控型班组资格，共获得奖金500元。该班组按照自控型岗位考核结果，对奖金进行了重新分配。月底汇总"班组职工创建自控型岗位考核表"，得出每名职工的考核分值（该月班组职工均没有触犯自控型岗位否决条件）。具体是：张三得98分，李四得95分，王五得90分，赵六得88分，黄七得90分。计算单位值奖金：500 /（98+95+90+88+89）=1.08（元/分）。计算每名职工奖金（取整数，结余奖金由班组统一结存）：张三得105元，李四得102元，王五得97元，赵六得95元，黄七得97元。按照考核结果，发放自控型班组奖金。

（二）某企业创新型班组基础建设三大做法

做法一：强化岗位技能的传承，提升整体的技能水平。

班组人员既是相对稳定，也是一个新老更替的团体。立足岗位实际的技能水平高低可直接反映出班组创新能力的基础如何，因此要把强化岗位技能摆在第一位置。

首先，突出做好新老交替中的技能传承，实现整体技能水平的提升。推行"师徒帮带"，让新人尽快进入岗位，鼓励老师傅们公开经验技术，实现班组技能共享。

其次，推行"师徒技能捆绑"，将人员进行分组，通过"结对子"，技能高的带技能低的，同时实行捆绑考核、捆绑绩效，让师傅肯教、徒弟主动学，从而实现技能的传承。

再者，要在班组整体层面上，实现对技能岗位技能知识和标准的总结，形成班组技能经验，使每一批大学生在较短的时间内实现岗位胜任。

只有做好班组的技能传承，才能为开展创新型活动提供人才的支撑，从而实现整体的平衡和全员的参与。

做法二：注重班组创新文化的培育，增强创新的主动性。

建设创新型班组，创新氛围是持续推进的基本支撑，因此要始终坚持把班组创新文化的培育作为建设创新型班组的核心内容。一是要注重员工发挥创造性。鼓励班组成员广开言路，拓展思路，凝聚智慧，用创造性的思维方式去立足本职岗位，开展创新活动。二是要注重创新平台的搭建。将创新工作从自发性转化为制度约束的直觉性，人人思考创新，人人钻研。同时给予创新活动、创新项目、创新员工一定的物质和精神支持，给他们搭建一个充分施展才能的平台。

做法三：统筹协调发挥团队作用，集体攻关配合完成创新难题。

个体的能力是有限的，个体的创新活动是局部的，要想从整体上实现创新，就需要发挥团队协同作用。一是按照创新内容组建团队。把创新方向相同的人分在一组，让他们用集体的力量去攻关同一个难题，实现力量的集中。二是培养团队文化和团队带头人。良好的团队文化有利于提高凝聚力和战斗力，要培养出讲合作、讲奉献，刻苦钻研，分工协作的团队文化。同时要突出抓好团队带头人的培养，团队带头人是团队的"火车头"，其素质和能力的高低会直接影响到团队的整体。三是"团队结对"，做好互补。不同的团队之间必然存在"长处"的差异，要根据团队需要，建立起团队结对互助机制，实现团队整体水平的提升，为更好地开展创新活动奠定更为扎实的基础。

（三）某企业效益型班组基础建设的总结

追求效益是企业永恒的目标。建设效益型班组的目的就是要提高班组生产效率，减少浪费，降低成本，把企业实现效益最大化的目标落到实处。某企业是这样做的：

（1）追求产、供、销成本最小化，实现企业利润最大化。他们在四个字上做文章，即精、准、细、严。精，就是做精，精益求精，追求最好，不仅把产品做好，也要把管理工作做到极致，挑战极限；准，即精确的信息数据、正确的工作方法；细，即工作细化、管理细化，特别是执行细化；严，即严格控制偏差，严格执行标准和制度。在精细化管理的过程中，要重细节、重过程、重基础、重具体、重落实、重质量、重效果，讲究专注地做好每一件事，在每一个细节上精益求精、力争最佳，创建效益型班组。

（2）培养员工"精细管理"理念，提升员工"精细惊喜"素质。对班组的每项生产任务和工作，实施"六精"过程管理，即精确计划、精心安排、精心执行、精确控制、精确考核、精心技改。要采取向上追逆、关口前移、过程控制、奖优罚劣等形式，针对工作质量进行分析、讲评、总结，找出问题，吸取教训，探讨规律，创新方法，推动班组管理工作上台阶。

（3）抓住质量、成本和管理过程三大重点。

① 建立质量保证制度。推行班组质量"零缺陷"管理。杜绝"马虎"和"差不多"的思想，要求员工"从开始就正确地进行工作"，"第一次就把事情做好"，消除废品，实现产品（工作）质量的零缺陷，使产品质量合格率达100%。

② 向成本要效益。第一，强化班组成本控制，制定控制指标，使班组成员树立成本意识，形成"人人讲成本，人人有指标，人人有责任，人人都算账，人人降成本"的管理方略。第二，根据班组岗位的实际，制定水、电、汽（气）及各种消耗指标和措施，并加以实施、检查、考核奖罚。第三，把本班管辖的设备使用好、保养好、维护好，实现长周期运行，零故障和零事故，从而减少维修费用。第四，修旧利废，充分利用废弃资源，把旧阀门、废弃设备、下脚料充分利用。第五，通过创新，提高管理和工作效率，应用新技术和新方法达到节能降耗的目的。

③ 严格过程管理。第一，班组要制定细致具体的岗位责任和管理办法，杜绝由于管理不善造成的丢失、损坏和各种跑、冒、滴、漏及长明灯、长流水、长开机现象等。第二，全员参与，勤俭节约，爱护公物，努力从一度电、一方水、一滴油做起，营造节约氛围。第三，建立和完善考核制度，强化对节约工作的日常管理，消除班组浪费现象。

④ 创建效益型班组应注意的重点：第一，要有正确的认识，许多班组长认为

"创效益、管成本是公司总经理的事，自己管不了那么多"，这种认识必须转变。第二，生产型班组应着重从产品质量、节能降耗、设备维护保养、修旧利废、降低材料消耗上入手进行创建，部室班组主要从提高工作质量和工作效率上作为切入点进行创建。第三，各班组应时时做到：节约方法时时想，降低成本事事做，跑、冒、滴、漏人人管，流程优化人人抓，绩效管理环环比，开源节流双进取，实现资源利用最大化。

（四）某企业的和谐型班组建设的做法

（1）用制度管人，以理服人。建设完善的管理制度，凡事有章可循，班组成员必须严格执行公司、本单位和本班组的各项制度，班组长必须用制度管人，用规则管理，以理服人，不能以权压人、高人一等，要用自己的影响力影响班组成员。

（2）班务公开，实行阳光操作。班组长要把班组考核、奖罚、分配、评先进等热点提出来进行讨论，讲清楚、说明白，征求班组成员的意见，维护员工的知情权、参与权、监督权，营造"稳定、心齐、透明、气顺"的宽松工作环境。

（3）公平公道，对事不对人。目前员工反映最多是有些班长分配工作任务、考核、奖罚不公平，见人下菜，照顾与自己关系好的，员工对此意见较大，这是造成班组不和谐的一个主要原因。我们必须高度重视，做各种事、处理各种问题要公平、公道，用一个标准做事，对事不对人，一碗水端平。

（4）经常开展谈心活动。要营造和谐班组，作为班组长必须经常与员工进行谈心。请大家记住这句话"管理就是沟通，沟通就是谈心"，班组长要经常和员工沟通，倾听意见，进行情感交流，及时解决他们的问题和困难。

（5）营造和谐的班组人际关系。第一要处理好班组长与班组成员的人际关系；第二要处理好班组成员之间的人际关系；第三要处理与相关班组的人际关系。在日常工作、生活中遇到问题时要相互商量解决，遇到困难时互相帮助克服，遇到挫折时相互鼓励，取得成绩时共同分享。比如员工结婚时要祝贺，生病时要探望，增进友谊和团结，增加班组的凝聚力和亲和力。

（6）班组长要提升自身素质，成为榜样和标杆。作为班组长，必须自身有较高的素质和过硬的专业技能，要有公平的意识、热情的态度、严谨的作风、无私奉献的精神，要起模范带头作用。只有这样，才能在班成员中有威信，使大家信服，才能促进班组的和谐。

（7）创建和谐班组应注意的问题：要正确理解和谐，讲和谐不是不要制度、不要原则；在制度规则下的和谐，是讲原则下的和谐，对本班组成员的"三违"及各种不良行为要敢管、善管，决不能讲情面，对这些人讲和谐就是对班组最大的不和谐。

二、能力训练指导

（一）经验分析

上面分别介绍了自控型班组、创新型班组、效益型班组、和谐型班组四种班组类型，它们是现代班组建设中较为典型的、具有代表性的班组。四个案例分别告诉我们，不同的班组类型，班组基础建设要素是不同的，但目标又是相同的，即提升班组管理水平，增强企业竞争能力。

（二）把握班组制度建设的三大要素

一是，无论什么样的班组类型，基础建设是最基本的，必须牢牢抓住；二是，基础建设的关键是队伍素质提升制度建设的规范性；三是，不同类型班组的基础建设要素和重点是不同的。

（三）班组管理基础建设最值得重视的问题

（1）班组基础建设目标要清晰。部分班组自身发展建设的决心、目标远大，但是具体落实的方式方法不明确，往往出现好高骛远的现象，没能逐步实现阶段性、明确的目标，班组建设基础不扎实。

（2）班组基础建设要有群众氛围。多数企业的班组建设采用自上而下、逐层推进、严格考核的方法，但是班组员工对于班组创建的目的意义没有深刻的理解，只停留在了形式上，存在积极性不高、方向不明确、参与程度相对较低、应付考核等现象，未形成"人人参与，人人争创"的氛围。班组活动必须充分发扬民主、采众人之长、纳大家之忧，这样才能在工作中减少疏漏，让职工有主人翁的优越感，才能使大家发挥出自己最大的能力，真正实现民主管理、科学管理、规范管理。应定期召开民主生活会，请全班职工甚至家属积极提出一些合理化建议，充分发挥民主监督作用。

（3）班组基础建设要提升现代化技术水平。有的班组在班组创建上花费了大量财力在硬件的配套上，为班组的创建工作提供了必要的硬件条件，而在如何进行科学性的推进策划、效果考核上，则缺乏系统性的思考与方法。班组是进行队伍建设、提高职工素质的基本场所。抓班组培训教育，也就是把握了职工素质提高的途径。在各班组成立教育培训小组，负责班组教培计划的制订和实施，使班组的思想政治、业务技能、文化知识等培训工作得以有效开展，将教培工作纳入班组的常态化管理，营造"我要学习、我爱学习"的良好氛围。

（4）班组基础建设要重视文化要素。很多班组只重视班组管理制度建设和考核机制，忽略了文化管理，对班组日常工作进行考核、监督、跟踪，对班组创建工作及各项制度的执行进行规范，及时发现问题，研究解决。但是，却忽略了如何利用文化进行管理，通过系统、环境的力量影响、同化员工的思维和行为方式，化被动为主动。

（5）班组基础建设要注意提升可操作性。

思考题与能力训练

1. 结合前面的内容，分析你的班组基础建设现状，列出不足之处，提出改进建议。

2. 上网搜集至少10个企业班组基础建设的经验做法，并写出学习体会。

3. 建立动态分析班组基础建设的制度，至少半年分析一次现有制度的可行性。

Extended reading
拓展阅读

郑铁班组基础建设的实践

郑州铁路局车辆部门紧紧围绕"安全受控、管理达标"目标，建精品、创一流，逐步建立了一套自我约束、自我控制、自我完善的机制，实现了班组管理水平、设备质量、人员素质的整体提升。

一、立标明责，健全班组创建机制

（1）成立领导组织。按照"系统抓、抓系统"的原则，郑州铁路局车辆处成立了以处长为组长的班组建设领导小组，下设办公室，负责创建工作的日常组织、协调、督导和检查落实，有效推进班组建设的发展。各车辆段也相应成立以段长、党委书记为组长的班组建设领导小组，对班组建设提出了具体安排和要求，明确了创建活动的目的、标准及方法。

（2）完善规章制度。郑州铁路局车辆处组织制定了《车辆部门创建班组三年规划》和《车辆部门班组（车间）鉴定考核标准》，并每年下发班组（车间）建设工作重点和推进计划，对班组创建活动进行全面系统部署和规划。为确保创建活动有序开展，车辆段积极开展班组调研，深入到各个班组掌握实情，修订《班组建设实施办法》《班组管理实施细则》《班组长管理办法》等基本制度，为班组建设奠定坚实的制度基础。

（3）加强检查督导。车辆部门严格落实"月检查、季评价、半年分析、年底表彰"制度，采取有力措施推动班组管理水平不断提升。要求生产车间每月对活动开展情况进行自我检查和整改，车辆段每季度深入车间班组，检查指导班组创建活动的开展情况，通报抽查结果，郑州铁路局车辆处每半年深入生产一线，组织全面检查，交流先进经验，通报存在问题，年底组织对各车辆段推荐上报的班组、精品班组进行考核、命名，不断促进班组管理水平的提高。

二、动态管理，加强班组长队伍建设

（1）规范班组长选拔。明确班组长选拔程序，按照1∶1比例建立后备班组长队伍，班组长必须从后备班组长中产生。对于班组长的任用，采取竞争上岗的方式进行，由个人写出书面申请，报车间和职教科审核，具备班组长上岗基本条件的，由职教科组织进行培训，经考试合格后获得《工班长培训合格证》方可上岗。

（2）强化班组长培训。编制班组长教育培训计划，采取脱产和在岗培训相结合的方式组织培训，提高班组长的政治和业务素质，要求在职班组长每两年进行一次轮训，轮训时间不少于30学时，新职班组长培训时间不少于50学时。培训内容主要以岗位安全生产规程、岗位作业指导书、标准化作业程序、非正常情况下应急处理、典型事故案例以及"四新"知识为重点。

（3）严格班组长考核。坚持实行班组长每半年述职制度，由班组长向职工通报任职期间的工作情况，由职工打分评定。同时车辆段组成班组长考核小组，通过无记名测评、车间综合评价等方式对班组长进行考核，评出优秀、合格、基本合格、不合格四个档次，对基本合格的给予半年的整改时间，由车间领导包保帮助整改，对整改期间表现良好的，本人提出申请，车间鉴定报车辆段，车辆段班组建设领导小组研究同意后销号；对整改期间表现不好的予以免职，对考核不合格的，直接给予免职。考核机制的实施，充分调动了班组长的工作积极性，有效提高了班组长的管理水平。

三、创新手段，探索班组管理方式

（1）优化班组设置。按照"作业流程合理、管理规模适度、专业分工合理"原则，对郑州客车车辆段制动室进行整合优化，实现制动阀、软管、闸调器、电子防滑器等制动配件的集中检修，同时对人员、设备、配件进行整合、调整，建成了标准化制动室，提高了制动配件检修质量，形成规模化检修制动配件的能力。

（2）强化素质培养。车辆部门紧密围绕安全生产需要，以行车主要工种、关键岗位人员培训为重点，聘请专家讲授客货车车辆新技术、新装备、新工艺、新标准，通过培训促进了职工队伍整体素质的提升，为车辆安全生产提供坚实可靠的人力保障。

（3）加强信息管理。为实现班组信息管理的微机化、网络化，切实为班组降压减负，确保班组长集中精力抓生产保安全，近年来，车辆部门积极推广使用5T系统、AEI车号识别系统、HMIS、KMIS、网络扣车管理信息系统等系统，并配备到各生产车间、生产工位，实现了安全信息动态监控、车辆扣修实时预警、检修工艺流程控制，原始数据自动采集、生产过程全面受控，报表数据实时共享，确保了生产过程受控、生产结果可追溯反查。以上管理信息系统的使用，为车辆部门记名式修车、电子化台账、精细化管理提供了可靠的装备保障。

（4）实施动车包车。在充分考虑现场生产实际的情况下，按照分工明确，提高劳效，利于现场作业控制的原则，对动车运用所各生产班组的职能进行调整优化，对随车机械师实施包车制的管理模式。

（5）开展人机分工。针对货车重载提速、列检安全保证区段延长的管理模式变化，车辆部门引入了货车故障轨边图像动态检测系统（TFDS），加强了直通货物列车的安全检查和到达列车的技检。目前郑州北车辆段嘉峰运用车间已经实行人机分工，TFDS设备能检查探测的范围现场列检不检查，探测不到的范围由现场列检人工补充检查，通过有效分工，互相补充，形成良好互控局面。

（作者：李娟）

第 **5** 单元
班组实务管理

　　班组实务管理，指按照相关制度规范对班组具体事务进行管理的过程。一般地讲，班组常见实务管理主要包括员工管理，任务的组织、分配与协调，日常事务管理等。班组实务管理的主要内容包括班组团队建设、班组激励与沟通、班组会议组织和班组常用公文写作等。班组实务管理是班组长岗位工作的重要职责，务必高度重视。

 学习目标

1. 熟知班组常见实务管理的主要内容。
2. 掌握班组常见实务管理工作的基本技巧。
3. 能够在工作中灵活运用班组实务管理技巧及方法。

 学习方法

1. 引导法。教师通过对书中案例的分析，引导学员既要学会独立思考，又要学会相互分享，获取精髓，共同归纳、总结。

2. 交流法。在班组长的集体学习中，班组长互相介绍自己在班组实务管理工作中的经验，取长补短，共同进步。

3. 自学法。班组长在学习本单元内容时，建议按照每节中三个一级标题逆向阅读，即阅读一级标题的顺序为：三 ➡ 二 ➡ 一。

第一节
班组实务管理中的主要制度

班组实务管理，关键是如何将企业制度、班组制度落实到班组生产和班组管理的具体工作中，使班组管理规范、工作高效。实践证明，只有用制度和标准规范班组的各项工作以及班组成员的行为，才能使班组工作流程最简化、工作质量最优化、工作效率最高化、工作效果最佳化、工作效益最大化。

一、案例导入

责任不到位的后果

某厂矿的维修班，在一次停产检修中负责修理车间的五台机器，班组长发现其中一台机器的闭式齿轮传动减速器需要加油。正在这时，车间通知各班组长召开临时会议。班组长找到组员小张，告诉他为该减速器加油，小张说："对不起班组长，我手里还有活，你叫其他人加油吧！"班长又去找小刘，小刘说："我正在检查机器液压系统油路压力，检查完再说吧！"没办法，班组长只好无奈地自己给减速器加了油，然后匆匆开会去了。

小张忙完手里的活，想起了班组长让他给减速器加油的事，于是，赶忙按照规定的油量为减速器加了油，又到其他地方工作去了。过了一会，小刘干完之前的活，也想起了班组长的交代，赶紧为减速器加了油。

二、案例分析和启示

（一）案例分析

分析此件事情的整个过程，就会发现该班组管理中最可怕的问题，即管理落实不到位，班组长的执行力差。原因可能有以下三个：一是类似问题的责任不清；二是班组文化建设不理想；三是班组长自身问题。例如，班组长自身遵守制度不严格或对班组成员制度执行的监管不到位、考核不严格等。

（二）案例启示

执行力是班组实务管理的关键，此案例虽然出现在班组现场管理的行为中，但也可反映出这个班组日常管理存在一定问题，特别是团队建设和责任意识，这也是造成执行力差的原因之一。

三、学习要点链接

（一）班组实务管理中常见的基本制度

1. 例会制度

班组例会要求班组全体成员参加。常见的例会有三种：

（1）班前（后）会。一般安排在每天上班前15分钟或30分钟（班后）召开。

（2）周例会（也叫安全周会）。一般安排在每周一下班后（或接班前）召开，历时一个小时。

（3）月例会。一般安排在月底或月初召开。

2. 安全管理制度

安全管理制度是班组安全生产的可靠保障和有效预防措施，是所有从业人员都必须认真执行和遵守的一项制度。

要定期组织班组成员学习有关劳动法和企业的各项安全生产管理制度；学习本岗位的生产工艺流程以及相关的安全知识；还要紧密结合生产实际和一些典型事故案例，对班组成员进行安全教育，提高安全意识，增强自我保护能力。

3. 质量管理制度

质量管理制度是以确保产品质量按规定要求和标准而采取必要的生产、技术措施，即对产品质量进行有效控制、检验、检查的制度。

4. 设备的操作、保养制度

各类设备，其性能、功能及工作原理都有特定程序和方法，操作决不能走捷径，必须严格按照操作程序进行。

设备的维护必须按"清洁、润滑、调整、扭紧、防腐"十字方针定期进行保养，使设备始终处于良好的工作状态。

5. 现场管理制度

现场管理制度包括生产的准备制度，作业管理制度，总结、统计和计划制度。

（1）生产的准备制度包括技术、人员、物料、设备、服务、动力等方面的准备制度。

（2）作业管理制度包括工序管理、控制、环境治理、均衡生产、合理分工、处理偏差等相关制度。

（3）总结和统计工作制度是为了确保有用信息和数据的形成，方便了解每个生产时段的整体情况，为下一阶段工作计划的形成提供基础资料。班组的各项工作在开展之前，都应该根据PDCA原则（即计划、实施、检查、行动）保证事前有计划，事中有控制，事后有检查、有总结、有反馈。

6. 创新管理制度

在班组要全面开展技术创新、设备创新和管理创新等各项创新活动。

7. 学习、文化建设制度

在班组，营造"快乐学习"的环境和氛围，使班组成员视野开阔，从学习中促进工作，从工作中得到快乐，从快乐中创新发展，从发展中建设文化，从文化中获取满足，从满足中享受幸福。

班组要通过组织定期的文化、体育、娱乐等集体活动，建设轻松、愉悦、团结、有创造力的班组文化。

8. 沟通制度

为了建设和谐的、能打硬仗的班组，沟通是非常重要的。必须通过建立多种沟通制度来加以保障。如谈心制度、网络交流制度、集体活动制度等。

9. 成本管理制度

班组在产品制造过程中有大量的物资、能源、劳动消耗和各种费用支出，这些都构成了产品的基础部分。所以，要建立班组的成本核算，就必须建立规范的班组成本制度。

（二）制度效力的关键节点

制度管理是否有效，其效力的大小如何，除制度内涵建设之外，更需要注重制度的执行与落实情况。制度只有落实在管理的行为中，并产生管理效果，才是真正的有效。因此，制度实施必须关注三大节点：一是让员工充分认识到制度对自己和班组发展的意义和价值；二是制度要公开和公正，做到制度面前人人平等；三是制度管理要用情、用义，使制度真正成为培养员工良好习惯的良药。

（三）班组实务管理的常见问题

管理是运用制度和感情，通过一定的组织形式，促使他人完成目标任务的过程。员工管理是管理中的重中之重。班组实务管理经常出现以下几个问题：

（1）只讲制度，只讲处罚，管理简单化。

（2）重生产、轻学习培训和员工素质提升，尤其不重视企业文化建设。

（3）班组长在班组实务管理中示范效应不到位。

第二节
班组实务管理四大主题

　　班组实务管理，既具体又复杂，可以说是事无巨细，缺一不可。因此，班组长在班组实务管理中，一定要不断地探讨班组管理规律，既学会抓住重点，又能够照顾到全面。因此，要提高管理效果，班组长必须把握班组实务管理的主题与技巧，这是班组实务管理的重要一课。班组实务管理主题主要包括班组团队管理、班组会议组织技巧、班组长常用应用文写作、汇报与讲话技巧四大主题。

主题一：班组团队管理

　　团队管理是班组实务的核心内容，是最为重要的，也是班组实务管理的基础和保障。俗话说"众人拾柴火焰高"，只有团队成员齐心协力，才能出色完成各项任务。因此，建设一支相互信任、互助合作、勇于创新的班组团队，对企业的发展是至关重要的。可以通过班组团队建设来弥补班组中个人能力的不足，从而增强班组的凝聚力和竞争力。

一、案例导入

　　某企业生产班组六班，由于生产质量出了小问题，被车间主任责令查找原因，提出整改措施。王班长对车间主任的批评不服气，并辩解说："这点小毛病也值得大惊小怪？"但面对企业实施的精细化管理新制度，王班长也只有接受了批评，并组织召开班委会查找问题。

这样管理团队可取吗？

　　王班长首先说："这点问题虽然算不上大问题，但车间主任要求必须找到原因，避免小问题引起大事故。请大家讨论分析一下，责任出在谁的身上。"王班长讲完了，许久，班组成员没有一个人发言。王班长说："我们班组员工的素质太低，不敢担当。"这时候班上一位非常受员工尊重且在其他班当过班组长的老李站起来说："王班长，这事我有责任，请不要再查了，建议下一步在质量制度建立、执行和审查上下点功夫。"李师傅讲完后，王班长说："李师傅，你是一个老同志，大家都很尊重你，以后多注意点儿。"但在这个时候，大家开始议论了。有人说："这次事故与老李有什么关系？"也有人说："难道班组长就没责任吗？"结果，会议不欢而散。

二、案例分析与启示

（一）案例分析

从班组长身上可以发现三大问题：一是对产品质量认识不到位；二是班组管理能力差；三是不敢担当。李师傅主动承担责任，不仅是为缓解会议气氛，更为了提升团队精神，但班组长并没意识到李师傅的用意。像王班长这种类型的人，可能只适合当员工，很难担当班组长。

（二）案例启示

敢于担当是团队管理的关键节点，也是班组长的基本素质要求。老班组长李师傅的团队精神值得班组员工借鉴学习。

【知识卡片】

团队的含义

团队是由两个或两个以上的人组成的，为了实现某一共同目标而相互协作的一种介于组织与个人之间的组织形态。团队的所有成员都希望并且要求相互之间提供帮助和支持。

因此，团队既不同于个人，也不同于组织。团队一词的意义，如果以人为对象，就是把许多人集合起来，发挥集体的力量，以实现一个共同的目标。

三、学习要点链接

（一）团队管理的六个重点

（1）清晰的管理目标。管理是解决问题的行为过程，作为班组长，通过什么方式管理，解决什么问题，目标一定要清晰。如上述案例中的王班长，就缺少这一点。

（2）要有诚信，以诚待人。相互信任是团队管理的必要条件，团队中的每个成员都要互相信任。

（3）相互合作，弥补不足。齐心协力、相互合作，才能出色完成任务。相互弥补才会形成合力，班组实务管理是每位员工的责任，责任就要担当，就要合作，就要弥补。

（4）及时沟通。管理重在沟通，通过沟通传递信息、交流经验、了解彼此的想法与建议，促进团队成员共同进步。

（5）出色的领导者。领导者的作用是至关重要的。出色的领导者能够指明团队的发展方向，带领团队成员不断创新，鼓舞团队成员的士气和信心，使团队具有凝聚力和竞争力。

（6）营造快乐的团队工作环境。作为团队的领导者，应尽最大努力为团队成员营造一个温馨、和谐、充满快乐的工作环境，充分发挥团队成员的积极性、创造力和潜力。

【小故事】

雁南飞的启示

每当秋季来临，天空中成群结队南飞的大雁是值得我们借鉴的，它们是一支完美的团队。雁群是由许多有着共同目标的大雁组成，在组织中，它们有明确的分工合作，当队伍中途飞累了停下休息时，它们中有负责觅食、照顾年幼或老龄的青壮派大雁；有负责雁群安全放哨的大雁；有安静休息、调整体力的领头雁。在进食时，巡视放哨的大雁一旦发现有敌人靠近，便会长鸣一声给出警示信号，群雁便整齐地冲向蓝天、列队远去。而那只放哨的大雁，在别的大雁都进食的时候自己却不吃不喝，具有一种为团队牺牲的精神。

据科学研究表明，组队飞要比单独飞的速度高22%，在飞行中的雁两翼可形成一个相对的真空状态，飞翔的头雁是没有谁给它真空的，漫长的迁徙过程中总有雁带头搏击，这同样是一种牺牲精神。而在飞行过程中，雁群大声嘶叫以相互激励，通过共同扇动翅膀来形成气流，为后面的队友提供了"向上之风"，而且V字队形可以增加雁群70%的飞行范围。在雁群中，如果有任何一只大雁受伤或生病而不能继续飞行，雁群中会有两只大雁自发留下来守护照看受伤或生病的大雁，直至其恢复或死亡，然后它们再加入到新的雁群，继续南飞直至目的地。

（二）影响团队管理的不利因素

团队管理包括有利因素和不利因素，在班组实务管理过程中，班组长要注意用好有利因素，使不利因素转化为有利因素。影响班组实务管理的不利因素有：

（1）团队意识淡薄。班组实务管理，首先是一种团队意识和责任，团队管理不是班组长的个人责任，团队中的每个人都要积极参与团队管理，共同承担班组工作和发展的责任。而在管理过程中，把班务管理当成班组长一个人的责任的现象比较常见。

（2）责任不清，责任不到位。管理就是一种责任对接和责任实施的过程。有一种现象要注意，就是制度只挂在墙上看，却没有贯彻在行为中。

（3）自私、互不信任，缺少自信和担当，是团队管理中极为可怕的因素。

（4）班组长自身示范作用不到位，无法凝聚团队成员。

主题二：班组会议的组织与技巧

班组会议是班组长管理能力的基本展示，是班组长做好各项工作、激励员工、协调关系的最佳场合。班组所要召开的会议种类有很多，在这里以班前会为例，介绍班组会议的组织技巧。

一、案例导入

综合维修班
班前会

班组长说："大家好，现在我们开会。下面我布置一下今天的工作。

"今天我们主要对1号、3号和5号煤气炉进行检查和维护。

"工作要点：首先，各摊长挂好自立项目牌；其次，做好联系确认工作，点动时确保通道内无人，全线呼叫。

"危险源：一是煤气泄漏；二是氨气泄漏；三是钢带高处坠落；四是地面湿滑、油污。

"注意事项：注意安全，加强防范，确保无事故发生。"

二、案例分析与启示

（一）案例分析

从整个班前会的过程看，会议流程内容不全，没有向班组每个成员交代工作内容。例如，具体检查什么？维护什么？虽然有危险源的提醒，但没有相应的预防措施和预案。虽然说了"注意事项"四个字，但没有具体说明注意什么，只是笼统敷衍了事。最后，没有责任人和工作人员的签字认可。

（二）案例启示

班组长要清楚为什么要召开班前会，它不仅仅是简单的工作布置，更是信息传递的途径，是强调安全最自然的时机，是激励员工主动、有创造性工作的最佳场合。班前会的结果是什么样的，整个一天班组成员的工作状态就应该是什么样的。在开班前会时，工作要点一定要突出，任务一定要明确到人且签字认可。

班组长召开的班组其他会议也不例外，必须要清楚说明如下内容：会议的主题、会议的目的、参会人员、会议时间、会议地点、任务的具体分工、任务的操作流程、最终要获得的结果等。

懒散的会议，带来的是懒散的工作场景，工作任务只能勉强完成；内容丰富、气氛轻松的会议，带来的一定是工作任务的出色完成。

三、学习要点链接

（一）班组会议的种类

班组会议一般分为例会和专题会。

1. 例会

例会包括班前（后）会、周例会和月例会，前面已经做了简单介绍，在此进行详细介绍。

（1）班前（后）会。

班前会是班组日常工作正常运作的重要方式，是班组长安排布置生产任务、凝聚人心的大好时机。在每天的班前会上，班组长应该进行安全教育，提醒班组成员注意安全生产，避免各类事故的发生。

班后会主要内容：问候及人员确认；总结当班问题点；5S检查小结；个人和班组生产情况通报；次日准备事项提示等。

（2）周例会和月例会。

班组周例会，每周召开一次，时间一般为30分钟～1小时；月例会，每月召开一次，时间一般在1小时左右。班组周例会和月例会，都要总结班组前期安全、生产和工作情况，部署班组下阶段安全、生产和工作任务，研究其他需要班组成员集体讨论或确定的事项与内容。

班组例会一般由班组长主持召开，也可指定班组成员轮流主持召开。班组例会要本着"精简、高效"的原则，可以简化的内容就简化，可以合并的内容尽可能合并；会议必须切实解决实际工作问题，会后要保证会议精神的贯彻落实。

2. 专题会

针对特定的内容和问题召开的会议一般称为专题会。例如，生产进度研讨会，产品质量分析会，提高设备使用率、降低班组成本研讨会等都属于专题会。专题会包括特定专业的专题会和特定问题的专题会。

（二）班前会的组织技巧

俗话说"一日之计在于晨"。班前会是一天工作的开始，这一天的工作效率、效果与班前会的质量有着紧密的联系。要想开好班前会必须清楚以下四点：

1. 班前会的目的

（1）营造轻松、活跃的气氛。如何让班组成员真正从睡梦中醒来，快速进入到工作状态，创造工作的佳绩，营造轻松、活跃的班组氛围，是班组长的首要任务。

（2）传递上级有关信息。真正让班组每一位成员都感受到企业的大家庭是由他们这些班组小家庭组成的。所以，他们必须要了解企业的状况，必须要参与到企业的发展之中。

（3）进行当日工作的安排。当日工作的安排是班前会的主题。通过介绍工作任务、目标、人员安排、注意事项等，让全班组成员都清楚各自的工作任务。

（4）通过实例，激励班组成员努力学习、勤奋工作。通过不同的方式，让班组成员自然地感受到积极向上的身边人、身边事。

2. 班前会的意义

（1）培养良好的班风。什么样的班风，就会产生什么样的班组。所以，培养良好的班风是至关重要的。

（2）培养良好的习惯。结果无论好与坏，都是平时习惯导致的。

（3）增强班组团队意识。通过提高班组成员的归属感和认同度，加强班组的凝聚力和核心竞争力。

（4）安排有序，提高工作效率。工作有计划、有组织、有领导、有控制，才能保证每天工作的顺利进行，才能保证工作的效率，获得满意的结果。

3. 班前会的组织

班前会效果的好坏，班组长的组织起着决定性的作用。因此，班组会议的议程安排、内容选择、节奏掌握、临场应变以及讲话方面的技巧，都对班组长的管理能力、组织能力、控制能力、思维能力乃至语言表达能力提出了较高的要求。这就需要班组长在会议召开前做大量的前期准备工作。

（1）班前会的组织的内容。

召开时间：每天上班前召开，一般时间控制在15分钟左右。

召开地点：室内或室外。

参加人员：班组全体成员。

班前会队列：常见的有横队、纵队、圆形队列、半圆形队列、椭圆形队列、半椭圆形队列、梯形队列和三角形队列等。

主持人：班组成员轮流主持。

主讲人：班组长。

（2）班前会组织的注意事项。

注意控制会议时间。会议组织者可以事先计划好每一部分内容所需时间，当会议超过预计时间时，班组长要及时调整，控制好会议的时间。

会议一定要紧扣主题。尽量避免在会议中"你一言我一语"，最终偏离本次会议的主题。

在会议中班组长的语言要简洁、清晰、通俗易懂，重要的话可以重复强调。

班组长要把握会议的气氛。对于会议中出现的一些不和谐气氛，班组长要及时发现，采取措施，进行划界，使会议始终在平和、和谐、正能量的氛围中进行。

在会议中班组长自始至终都要保持自信的态度，精神饱满，表情自然，切忌出现紧张或不自信的情绪。

在整个会议的进行中，班组长要保持良好的姿势，避免一些不良的习惯行为和动作以及一些"口头语"。

在会议的组织过程中，班组长可以适当地运用肢体语言，增强说话的效果。

4. 班前会的工作内容

班组的工作内容要依据每天的具体情况而定。一般包括：公司经营动态、生产信息、质量信息、现场管理信息、劳动纪律、班组风气、安全状况、特别提醒等。

1. 由主持人带领，齐唱班歌，高颂"八字"企业经营理念。

2. 由主持人安排一名班组成员，用2分钟时间介绍自己的工作经验。

3. 由班组长介绍公司的动态、相关信息，总结前一天的工作，安排当天的工作，提示安全注意事项等。

4. 由主持人带领大家共同高喊班训，结束班前会。

案例：

★ 某煤矿企业班组的班前会

主题三：班组常用公文写作形式与应用

班组应用文写作，是班组实务管理的重要组成部分，是通过不同的文体形式为载体实现管理的目的。因此，公文写作水平直接关系到管理水平的高低。

一、案例导入

一、指导思想

2014年，本班组在安全工作上，以科学发展观为指导，坚持"安全第一，预防为主"，认真落实国家、行业、厂安全生产工作的决策部署和工作措施，围绕车间、班组确定的安全工作目标，以预防事故为重点，以伤亡事故"零"为目标，积极参加各项安全生产宣传教育活动，强化安全生产的源头管理，协助车间和厂建立安全生产长效机制，推动本厂安全生产工作的全面落实。

二、工作目标

2014年，本班组将完成"一个目标"、突出"三个重点"、加强"三条建设"，推动本班组全面工作上一个新台阶。

一个目标：保证本班组全年安全事故为"零"。

三个重点：把安全学习、遵守各项安全生产制度、预防事故作为本班组全年安全

**2014年钳工班
班组工作计划**

工作的重点。

三条建设：一是加强班组安全思想建设，通过安全法规和规章制度的学习，从思想上增强班组成员的安全意识；二是重视安全制度建设，严格遵守各项规章制度和操作规程，从制度上保证安全生产；三是强化安全防范能力建设，进一步学习和掌握安全管理与防范知识，增强班组成员的安全防范意识和自卫防范能力，确保"三不伤害"。

三、工作措施

（一）加强安全知识学习

利用安全学习时间和业余时间，组织班组成员认真学习国家安全法规、行业、厂安全规章制度和本岗位安全操作规程，积极参加各项安全活动，丰富安全知识，强化安全理念。

（二）教育班组成员自觉遵守安全规定

要求班组成员在工作中，从小事做起，从我做起，时刻警钟长鸣，严格执行各项安全规定，坚持按操作规程办事，杜绝各种违章作业行为，做到"三不伤害"，即："不伤害他人，不伤害自己，不被他人伤害"。

（三）履行安全职责，强化安全责任

结合本班组成员每个岗位的安全工作职责，认真细化职责内容，明确安全管理责任，扎实细致的把安全管理工作落到实处。

（四）协助厂、车间搞好安全工作

以高度的主人翁责任感和集体主义思想，把安全工作当成是保护国家财产和人民生命财产的大事，与班组成员一起协助厂、车间共同搞好安全工作，确保本厂全年安全生产任务的全面完成。

（五）积极为安全工作献计献策

动员班组成员，从工作的每个细节抓起，随时思考安全问题，及时查找安全隐患，针对本岗位的安全工作实际，认真分析各个时期的安全形势和各个环节中存在的不安全因素，积极为本厂安全工作出主意、想办法，踊跃地提出有利于安全工作的合理化建议。

某厂钳工班

2013年11月30日

二、案例分析与启示

（一）案例分析

这是一份班组年度的工作计划。前言部分介绍了班组工作的指导思想，强调

"安全第一,预防为主",概括叙述了班组工作的依据。主体部分通过"一个目标""三个重点""三条建议",强调了班组工作的目标。结尾部分提出了保障全年工作任务顺利完成的工作措施。

在这份班组年度工作计划里,工作内容叙述得不够具体,有空泛的感觉,且主观、客观条件交代得不够清晰。

(二)案例启示

班组计划,是做好班组管理工作的前提和基础,只有做好班组需要的各项计划,才有可能完成好班组的各项任务。

三、学习要点链接

(一)公文

公文,即公务文书,是国家机关及其他社会组织在行使职权和实施管理的过程中形成的具有法定效力和规范体式的文书,是进行公务活动的重要工具。

(二)班组常用公文的类型

1. 计划类文书

计划类文书是机关团体为达到某一目标或完成某一任务,对目标任务完成前的特定时段工作的设计和安排。计划类文书包括规划、纲要、计划、安排等文种。在班组实务管理中,经常用到的是班组的生产计划及其工作安排。

计划类文书主要作用有三个方面:

(1)下情上达。下级机关通过上报工作计划,可以求得上级机关的指导和帮助,减少完成计划过程中的困难。

(2)上情下达。上级机关把自己的工作计划告诉下级机关,可以起宏观调控的作用,使下级机关能够根据全局的计划,安排好自己的工作。

(3)统一自身步调。机关单位通过对本单位工作计划的讨论和制定,可以使全体成员思想统一、步调一致,共同为完成计划贡献自己的力量。

2. 报告类文书

报告适用于向上级机关汇报工作、反映情况,回复上级机关的询问。

按内容涉及的范围,报告可分为综合报告和专题报告。综合报告多属定期的例行报告,如季度、年度报告,是工作情况的全面汇报;专题报告是就某件事或某个问题专门写的报告,根据实际情况而撰写。

按行文目的,报告可分为呈报性报告和呈转性报告。呈报性报告是将有关情况报告上级,一般汇报工作、反映情况、回复询问的报告多属此类;呈转性报告不仅汇报工作，还要求上级机关同意后将此报告批转或转发给有关单位执行，常以"以上报告如无不妥，请批转（或转发）有关单位执行"结尾。

3. 总结类文书

总结是在实施计划或完成任务后对已做工作进行概括及评估的文书。总结的种类很多，如年度总结、季度总结、月总结、工作总结、学习总结、活动总结等。

总结与计划相对应，有哪种计划，就应有哪种总结。

4. 请示类文书

请示属于下级对上级的行文类型。主要是工作中遇到了本职权范围内无权解决、无力解决或不知如何解决的困难和问题，需向上级机关或领导汇报请示，得到上级机关及其领导的支持或授权。例如，员工要求调离本班组，班组长无权决定，就必须向上一级单位报告请示。

（1）请示的应用范围和类型。

请示的应用范围：对上级机关下达的政策、法规、决定、指示等有不理解之处或不适应本单位情况需要变通处理时，应请示上级机关予以解释、指示与认可。一是请示上级单位审批或批转本单位制定的重要规章、重大决策等；二是请示上级单位批准人员编制、机构设置、干部任免、领导班子组成与调整、经费预算以及重要人员或事故的处理；三是请示上级单位协调与解决本单位无法解决的困难或问题；四是根据规定必须履行的审批手续。

请示的类型：请示批准类、请示指示类、请示帮助类、请示批转类。

（2）请示的写作要求：一是要遵守行文规则；二是理由要充分，要求要合理；三是格式要正确，语言要得体。

（3）请示的行文规则：一是请示应当一文一事；二是原则上主送一个上级单位，根据需要同时抄送相关上级单位和同级单位，不得抄送下级单位；三是党委、政府的部门向上级主管部门请示（报告）重大事项，应当经本级党委、政府同意或者授权，属于部门职权范围内的事项应当直接报送上级主管部门；四是不得在报告等非请示性公文中夹带请示事项；五是除上级单位负责人直接交办事项外，不得以本单位名义向上级单位负责人报送公文，不得以单位关负责人名义向上级单位报送公文；六是受双重领导的单位向一个上级单位行文，必要时抄送另一个上级单位；七是下级单位的请示事项，如需以本单位名义向上级单位请示，应当提出倾向性意见后上报，不得原文转报上级单位；八是应在附注处标明联系人姓名和联系电话。

（4）请示类文书写作时常出现的问题。

① 标题拟写错误，使用两个文种，将请示、报告并用，例如《×××关于召开第×届职代会的请示报告》。

② 词意重复，例如《××处关于申请购买××设备的请示》。

③ 错用文种，例如《××处关于上报捐赠物品的请示》。

5. 通知的写作。

（1）通知。

通知就是以文件的形式告知，用于发布、传达要求下级单位执行和有关单位周知或者执行的事项，批转、转发公文。通知是向特定受文对象告知或转达有关事项或文件，让其知晓或执行的公文，为下行文。通知的类型包括：

① 发布性通知。用于发布行政规章制度及党内规章制度。

② 批转性通知。用于批转请示、报告、意见。

③ 转发性通知。用于转发函、意见。

④ 指示性通知。用于上级单位指示下级单位如何开展工作，具有强制性和约束力。

⑤ 会议和活动通知。

（2）通知的写作要求。

通知适用面广，不同类型的通知因作用不同而写法有异，写作时要注意不同类型通知的不同特点。

① 通知标题的写法：一是标题要求三要素齐全，即发文机关、事由、文种，三者缺一不可。事由应准确简要地概括公文的主要内容，要尽量简短，用"关于……的"短语表达。"关于"不能放在发文单位名称之前。二是批转和转发性通知，标题中应标明"批转"和"转发"字样，并要列出原发单位和原文件名称。三是如果原文件是通知，则省略一个通知字样，不能写成"转发×××关于××的通知的通知"。四是标题中除法规、规章名称加书名号外，一般不使用标点符号。联合行文时，多个发文单位名称之间用空格分开。五是发文单位名称应与单位印章名称相符。

② 标题的位置和排列。标题位置在红色反线下空两行，分一行和多行居中排列。

标题排列、分行应合理、美观、醒目。转发和批转公文的通知标题一般较长。两行以上的标题，排列时可成梯形或菱形。一般不采取上下长度一样的长方形和上下长中间短的沙漏型。标题一般不超过4行。多行标题回行时要注意词意完整，结构紧密的词语不能拆开。

③ 通知正文的写法。通知的正文通常由前言、主体、结尾三部分组成。

前言（开头）。写制发通知的缘由（背景）、目的、依据等。常见的开头方式有：

A. 目的式。在写明具体事项之前，先写明发文的目的，以引起受文者的注意。此种开头方式，常用表示目的的介词"为""为了"等领起下文。

B. 根据式。在正文开头写明作为行文依据的方针、政策、法规、规定及上级指示精神或其他事项，以增强公文的权威性、严肃性和说服力。根据式开头，常用介词"根据""遵照""按照""依照"等领起下文。

C. 缘由式。缘由式也叫原因式，即通过情况的介绍、问题的提出或意义的明确，使受文者了解行文的缘由，从而引起受文者对文件内容有足够的重视。

上述几种开头方式只是比较常见的形式，在实际写作中根据实际需要可以兼用。无论采取哪种开头方式，都应符合开门见山、简明扼要的原则。

④ 主体。主体部分写明事项，即要求受文单位承办、执行、周知的事项。通知事项多要分条列项写出。不同类型的通知主体部分有不同的写法。

A. 发布性通知。正文比较简单，只写明发布什么规章，请贯彻执行就可以了。批转、转发类的通知正文也比较简单，只要写明批转、转发什么文件，请认真贯彻执行即可。多数情况下发文单位要对原文件给出评价、表态，然后提出执行要求。

B. 指示性通知。写法相对比较复杂。一般要写明工作来由、工作内容、工作要求三个方面。

C. 会议和活动通知。正文要写清楚需要下级单位周知或执行的事项。主体结构一般采用条文式，分条把事项、部署写清楚，便于受文单位贯彻执行。

⑤ 结尾。通知的结尾一般有三种写法：

A. 事项结束，全文自然结尾，意尽言止。

B. 用惯用语"特此通知"收尾。前言和主体部分若以"特作如下通知"为过渡语，结尾则不再写"特此通知"。

C. 用简要的文字明确主题或进行必要的说明，以引起收文单位对该通知的重视。

主题四：班组长汇报与讲话技巧

一、案例导入

刘班长在2月份班组总结会上的讲话

兄弟姐妹们，大家好！又到月末了，我们开个总结会，说一说以下几个方面的事情：第一，传达公司二届一次职代会和二届一次工会代表会的一些会议精神；第二，强调我们班组这段时间应重点抓好的几项工作；第三，欢迎全班组成员对下一步工作提出改进意见。

现在我传达公司二届一次职代会和二届一次工会代表会的一些会议精神……

我来咱们班组5个多月了，虽然在咱们水电暖班组做班组长的时间不长，但是对咱们水电暖班组并不陌生，以前工作中也经常打交道。我们上个月的工作取得了一些成绩，也得到了公司的肯定。我在这里感谢大家，这都是我们全体班组成员共同努力工作的结果。正是有了你们的辛勤劳动，才使得水电暖班组的各项生产任务指标、各项管理目标得以完成和实现。在以后的工作中，我仍然需要大家的支持，来共同把我们水电暖服务工作搞好，使工作再上一个新台阶。

下面，我讲一下咱们工区下一阶段应注意抓好的几个方面的工作。

第一，紧紧围绕水电暖的各项任务，全力以赴抓好安全生产工作，要通过反复宣传，不断提高组员的安全防范意识和自我保护意识。

首先，要严格各项规章制度的执行。没有制度和纪律，班组工作将会是一盘散沙。相信大家会一如既往地严格遵守公司的各项制度，相信大家会做得更好。

下一步我们班组将从制度抓起，对工作中的每一个环节、每一项工作都要进行评估，采取相应措施，从而降低各类事故的发生，促使班组管理水平向标准化、规范化、程序化目标迈进。

其次，认真搞好节能降耗工作。公司正在实行全面预算管理，最大的节约在基层，一滴水、一度电、一公斤蒸汽，虽然不起眼，但积少成多，就是一个相当可观的数字。今后，随着全面预算管理的开展，我们还要把各项指标分解到岗位，真正把节能降耗落实到我们每个人头上。

最后，就是完成各项工作任务的问题。

这是一个我对大家工作的最基本要求。无论是哪个员工，都要完成自己工作范围内的所有工作任务。从岗位环境卫生、点检制度、定制化管理等方面都要严格落实，严格交接班制度，并做好记录。

锅炉房岗位要……

化验室岗位要……

污水处理岗位要……

…………

变电和配电岗位尤其要注意……

第二，各摊长在日常工作中要做到赏罚分明。

对员工的优点、好的表现要及时表扬。对在生产中解决关键问题的人和事要积极向工区建议给予奖励，对那些不良风气、各种违纪行为要敢于批评，对个别员工要耐心交流教育，极特别的员工交工区进行教育。

摊长在日常工作中要积极疏导、理顺员工情绪。在一起工作，互相之间难免因工作问题、生活习惯、思想差异而产生各种矛盾，班组长要有敏锐的洞察力，积极主动，将各种矛盾消灭在萌芽状态。同时由于任务分派、奖金分配问题，员工往往会有一些怨气，班组长要晓以大义，及时疏导。即使自己对工区领导的做法有意见，也要注意不发牢骚，按正规渠道反映意见，不能人云亦云，影响和助长班组消极情绪的产生。

第三，抓好员工的思想工作。

对待各项工作、任务一定要认识到位，没有一个健康、积极向上的氛围，没有一个团结的集体，完成各项任务只是一种空想。因此，摊长做好思想工作是自己义不容辞的职责，是搞好班组各项工作不可缺少的工作。

首先，在日常工作中，要树立正确的劳动态度……

其次，在日常工作中，要注意互相关心……

第四，抓好班组的基础工作和文化建设。

首先……

其次……

最后……

总之，我们的工作平凡而忙碌，人员构成、思想、习惯，都不一样，大家一定要团结好、组织好，顺利完成各项任务。你们每人的任务完成了，我们班的任务就完成了，也就是我的任务完成了，在这里，我向大家先表示感谢，谢谢了！

二、案例分析与启示

（一）案例分析

（1）该讲话层次清楚，要求明确、内容全面。

（2）该讲话简明扼要、重点突出。

在这篇讲话中，语言自然亲切，没有啰唆的话语，对于安全工作这个重点，对每个岗位都提出了具体的要求。

（二）案例启示

班组长讲话的主题要明确突出，内容针对性强，语言通俗生动，讲话中要注意表述的口语性与情感性。班组长讲话切忌空洞和不着边际地空谈。

三、学习要点链接

（一）班组长在班组会议上讲话的要求

班组长讲话的具体要求如下：

（1）班组长要具有一定的语言表达能力。

（2）班组长在讲话的过程中，要利用目光交流、手势、恰当的站立姿势、语速和音量的控制等，来增强语言的艺术效果。切忌表情呆板、语言绵软、没有节奏、缺乏感染力。发音、姿势、内容、结构是讲话的四个要素。

（3）讲话前要准备充分。内容是讲话的最重要的要素。班前班后会，要给班组成员讲当天的生产进度、产品质量、劳动纪律、处理各类问题的情况；每月的工作会议，要把班组当月的生产任务、完成情况、存在的问题、下月的生产计划和措施等讲给班组成员，并提高班组成员的认识，发扬敬业精神，坚定决心。

（4）讲话时注意禁忌。要努力控制无意姿势，如抓耳朵、挠头皮，摸弄纽扣、扯衣角，摇腿、晃脚等。

（二）班组长口头汇报技巧

口头汇报是通过语言表述向上级领导汇报工作、反映情况，提出意见或建议。汇报者要注意以下几点：

（1）面对上级的口头汇报，语气要谦虚谨慎、自然大方、不卑不亢；语调要亲切、自然、诚恳；用词要简洁、精炼、准确，使领导有兴趣听。

（2）汇报的内容要实事求是、重点突出、观点明确、思路清晰、层次清楚、数据准确。汇报时不夸大成绩，不弱化缺点，对领导不了解或关注的问题要详尽地解说。

（3）对领导在汇报中的插话、提问、结论等，应当认真记录。对重大问题的汇报请示，事先要和相关部门沟通，取得有关部门的理解和支持。

（4）重要事项的汇报应当附有书面材料，在口头汇报前呈送领导和有关部门。

（5）汇报时要注意时间的分配，先将重点、难点汇报给领导，如果时间充足，则可逐步展开讨论。

 案例：

★ 小李的检修工作口头汇报

小李："王主任你好，你这会儿方便吗？"

王主任："方便，说吧！"

小李："我把今天的检修工作情况向你汇报一下：

我们班组负责的通讯电缆的检查和更换工作，于16日下午4:00开始进行，经过两天的工作，已经按照规定的时间，在今天下午4:00前已完成，经过验收部门检查测试，线路通畅，各项指标均达到标准。

另外，我们班组派出去三班支援的三名成员目前还没有回来，经电话询问，三班的检修工作明天中午才能结束，所以，他们明天下午才能返回班组。

由于我在制定安全措施方面考虑欠周到，我们班组的小陈在铺设电缆的过程中，不小心被硬物砸伤了脚，我们已经送他到厂医务室进行了检查，医生说筋骨没有受伤，只是普通的外伤，休息几天就会好的。

王主任，你有什么指示？"

王主任："你回去把检修中L段处理的情况信息给我写出来，尤其是你们克服困难，在高温高压的情况下，是如何快速、准确地完成电缆穿越的，好好写一下，总结一下，明天交给我。"

小李："好的！我明天把写好的文件交给你。"

王主任："你去工作吧。"

小李："好的。再见。"

第三节
班组实务管理的关键能力

班组实务管理，是班组管理的重要工作内容，更是班组长的重要工作职责。因此，提升班组实务管理的关键能力，是提升班组管理工作的重中之重。从国内外班组实务管理的经验看，班组长的沟通能力、激励能力和带队能力，是提升班组管理水平的三大关键能力。

一、案例导入

这样管理怎么会不出问题呢？

某企业为发挥班组长在奖金分配中的自主权，将奖金分配与班组业绩挂钩，把奖金数额分配到班组，让班组自己制定分配方案，并要求必须做到多劳多得，起到激励先进的作用。某维修班整体工作不错，在企业整个班组中，奖金偏中上水平。王班长第一次处理奖金分配问题，对奖金分配的认识有点简单化，认为就是平均分配。于是他和副班长商量了一个方案，按照在班组工作的年限划分了三个档次，也没征求班组成员意见就分配了。结果，在后来的班组工作任务分配时，有的员工提出按年龄分配任务的建议，给班组长出了难题。王班长不分青红皂白狠狠地批评了提意见的人员，结果大家不欢而散。

本来是一次激励，结果反而影响了班组正能量的发扬。不过这个王班长还是一个学习型的班长，他请教了企业人事部的同事，采取了一些措施，很快扭转了班组因奖金分配带来的负面影响。

二、案例分析与启示

（一）案例分析

员工激励分为精神和物质两大方面，激励得当可以产生正能量。王班长把奖金分配简单化，说明王班长这方面能力不足。再加上出现问题后，没有很好地沟通，致使奖金分配的负面效应延伸化。

（二）案例启示

上述案例至少有三点启示：一是班组实务管理对班组长来说是一项系统工程，

要求班组长必须具备综合能力；二是沟通能力和激励能力是班组实务管理的关键能力；三是做好日常的班组实务管理，带好队伍，弘扬班组正能量，也是非常重要的。王班长请教同事的做法，值得欣赏。

三、学习要点链接

（一）沟通

1. 沟通的基本内涵

沟通是人们之间的交流行为，将自己的想法、问题等，通过交流的方式告诉对方，以达到信息交流、相互告知和理解的目的。沟通可以通过面对面的交流实施，也可以通过网络、电话和信函的方式实施。其中，在条件具备时，面对面交流的效果最佳。

班组长在班务管理中，主要沟通对象有三大类型：一是与自己的主管上级沟通；二是与自己的下级员工沟通；三是与不同部门间的同事沟通。不同的沟通对象、沟通内容要选择不同的沟通方式。

2. 沟通的基本作用

班组长在班组实务管理中会遇到各种各样的问题，有些问题需要向领导汇报，有些问题需要告知员工，还有些问题需要协调其他部门，这些问题都需要通过沟通来解决。沟通的基本功能是通过信息传递，相互了解和理解，达成共识，共同面对问题和解决问题。缺乏沟通或不具备沟通能力，将会大大影响管理效果。

3. 班组沟通的基本技法

沟通的效果与沟通的能力、技巧密切相关。良好的沟通必须掌控几个节点：一是要清楚沟通的对象，是上级还是下属，是面对几个人，还是一对一沟通；二是明白沟通的问题，要把沟通的内容、内容的细节理清楚；三是要选择好沟通时间、方法，比如找领导沟通，要预约好时间，又如解决员工的问题，要选择合适的地点，创造和谐的环境等；四是用好尊重、倾听、理解和包容这沟通的四大法宝。

　　小贾是销售公司销售班组的成员，为人比较随和，不喜欢与人争执，和同事相处得也比较好。但是，前一段时间，不知道为什么，同班组的小李总是处处和他过不去，有时候还故意在别人面前指桑骂槐。在与他一起工作时，也总是有意让小贾多做事，而工作业绩却更多地记到了自己的头上。

案例：

★ 不会沟通的同事成了冤家

　　起初，小贾觉得都是同事，没什么大不了的，忍一忍就过去了。但是，看到小李如此嚣张，小贾一气之下把小李告到了班组长那里。班组长不分青红皂白立刻把小李叫了过来，狠狠地批评了一通。从此，小贾和小李就成了工作的冤家。

4. 常用的沟通渠道

班组长对信息的上传和下达，一般有正式渠道和非正式渠道两种。

（1）正式渠道。

正式渠道，就是通过组织明文规定的渠道进行信息传递和交流，如组织规定的汇报制度、会议制度、上级的指示按组织系统逐级表达，下级的情况逐级上报等。其包括自上而下的沟通、自下而上的沟通和平行沟通等形式。

自上而下的沟通是由班组长将组织目标、规章制度、工作程序传递给组员，沟通方式有各种会议、报告、通告、公司手册、公司刊物等。这种沟通的作用：为有关工作下达指示；为了解工作任务与其他任务的关系，给组员提供有关资料；对组员阐明组织目标，增强任务感和责任心。这种沟通方式的缺点：易于形成命令支配型的文化氛围，影响士气，对于组员是一种负担；逐级传递信息存在有被曲解、误解的问题。

自下而上的沟通是指组员的意见、信息向上级反映。其信息传递方式包括建议制度、员工接待制度、员工信函等。这种沟通是领导者从下级员工中得到信息的一条重要途径。

平行沟通是指组织结构中处于同一层次上的个人或群体之间的沟通，比如不同工作性质的班组、班组长之间的沟通。

（2）非正式沟通。

非正式沟通是正式沟通渠道之外进行的信息传递与交流。例如，班组里组员在私下交换意见、议论某人某事等。实际上，在一个组织中非正式沟通占了很大的比重。非正式渠道的信息中虽然有许多不确切的成分，但也不乏有价值的东西，有些甚至比正式渠道传递的信息更实际、更有效。因为它往往靠的是较为直接的传递，没有经过过滤和曲解，有时也是班组长了解组员的较好渠道。这种沟通方式可以作为正式沟通方式的补充，需认真对待，充分利用。

5. 常用的沟通方式

目前，常用的沟通方式有书面沟通、口头沟通和网络沟通。

在书面沟通中较常用的是报告书、墙报、公司手册、内部刊物。这种沟通方式的优点是便于反复阅读、仔细推敲，有利于长期保存和查询，并能够保持传递信息的准确性。缺点是需要一定的制作成本，不易随着客观环境的变化而随时修改。文字表达能力较差的信息发布者，可能使接收者难以理解，需要通过口头沟通的方式加以补充。

口头沟通就是人与人之间的谈话。其优点是传递速度快、效率高、效果好。形式有会议、面对面交谈、电话洽谈等。其中以面对面交谈最为有效，沟通双方可以直接向对方传递信息，遇有不同意见可以协商，对一方理解不透之处可以仔细切磋。更为重要的是，可以用调动情感、身体语言来正确传递所要传递的信息，同时还可以了解对方的态度和反应。

信息技术与电脑网络技术的发展，为班组成员之间的沟通创造了一种新的形式。网络的特点就在于时间的灵活性、穿越地域性。通过互联网，可以在任何时间、任何地点把需要沟通的双方联系起来，传递信息速度之快、方法之便利是以往任何工具所不能及的。

6. 不同沟通主体的沟通技巧

（1）对上级的沟通。

要先整理好所谈的内容，按轻重缓急分类记入笔记；要有数据观念，不可乱讲，好好听取上级的暗示并记笔记；不发牢骚，不要只提出问题，而不提出解决问题的方案；与上级意见不一致时，应选对时机提出建议；在工作中，应适时进行报告，让上级了解进度。

由于生产线调整等原因，造成某车间班组任务分配不合理，影响了班组效益，使班组人员情绪低落，工作积极性降低。为及时改变这一状况，班组长通过摸底调查，整理了相关数据后，向主管说明了具体情况，并提交了书面材料，提出了合理建议。主管核对了有关材料后，在之后的任务分配中进行了调整，班组成员的情绪得到了缓解，生产效率也提高了。

 案例：
★ 效率提高缘于顺畅的沟通

（2）与同级的沟通。

应尊重对方，建立良好的人际关系；不可自傲自满，不可凡事都自认为有一套；不可自吹自擂；多沟通、多协调、多合作；主动关怀别人、帮助别人；尽量公平地与对方相处；多从对方的角度考虑事情；控制好自己的情绪；相处与交往时要讲究因人而异。

某班组在工作中感到操作卡与具体操作不相符，为提高效率而改变了工序，但遭到工艺员的质疑。班组长广泛征求组员的意见，确认了问题所在。班组长首先肯定了工艺员的职责所在，并向工艺员进行了耐心详细的说明，建议一同到现场进行实际操作，最终说服了工艺员，对操作工艺进行了调整。

 案例：
★ 相信群众的智慧

（3）对下级的沟通。

遇事应冷静、理智，心平气和地采用下属能够接受的方式进行沟通；放下"官架"，尊重组员，才能真正走入组员的心中；站在组员的立场上，设身处地为对方着想，找到沟通的结合点；把握批评的分寸，多表扬，少批评。

案例：

★ 小杨的改变

小杨是某班新晋班组长，在组里年纪最小，也没其他员工的工龄长。因此，刚开始，小杨遭到了一些班组成员的排挤。

一天，小杨让一名组员去车间办公室领劳保用品，连续说了三遍，该组员都没有行动。讲到第四遍时，小杨非常气愤，以生硬的语气质问道："你是拿还是不拿啊？"虽然后来组员把东西拿来了，但第二天就提出了辞职。

这件事对小杨的感触很大。小杨心想，如果自己被比自己资历浅的人叫去干活，心里肯定也不高兴，看来以后和自己的组员沟通一定要注意语气和方法。从此，小杨尽可能站在组员的角度去考虑问题，经常和组成员沟通，遇到事情也和组员倾诉，让大家一起去想解决的办法。不久，该班组的日常工作就不再需要小杨每天去强调，而是组员主动去做了。

7. 沟通的常见问题

（1）要注意把握沟通的时机。说话要选择恰当的时间、场合，把握好说话的分寸，掌握切入正题的时机。

（2）要善于与周围各级人员建立良好的人际关系。沟通合作是双向的事情，有了良好的人际关系作为基础，双方就会有合作的意愿。

（3）要学会控制自己的情绪。在沟通中如遇到不合自己意愿的事情，要稳定情绪，才有可能达到自己的目的。

（4）要有换位思考的意识。这是一个有效达成共识的方法，多从别人的立场考虑事情，会让人觉得你通情达理，从而乐于接受你。

沟通，可以使人与人之间相互了解；可以使不同的见解达到统一；可以化解矛盾，理顺关系；可以使友谊长存。所以，人人都需要沟通，都应重视沟通，作为"兵头将尾"的班组长更要深谙此道。

（二）班组激励与基本技法

激励是通过外部因素刺激并影响人们产生内在动力的行为，也是增强人们活力的一种手段，是班组实务管理不可或缺的方法之一。

1. 激励的主要形式

激励一般包括精神激励和物质激励两大类，具体包括口头表扬、授予"先进工作者"称号、发放奖金等。不同的奖励形式和奖励层次等级，是根据被奖励人或群体的贡献及其影响力来选择的，一般情况下同时包括精神奖励和物质奖励，既表扬又发奖。企业发放奖金，是激励员工最常用的一种方式。

案例：

★ 某班组的奖金
分配做法

2013年，在某发电厂员工的奖金分配制度上，打破了以往论资排辈、干多干少一个样的奖金分配制度，把劳动成果与奖金分配对应，把员工的工作业绩分解为三大部分来衡量：基础奖励、绩效奖励、创新奖励。并且把奖金分配的权力下放到了班组，每月由班组长负责给班组成员打分，而班组长则由车间领导打分。真正地体现以实效为基础、多劳多得的奖励机制，突出了奖金分配的激励作用，使厂矿员工的工作热情高涨，干劲十足。

2. 激励的基本原则

激励原则一般有以下几种：

（1）尽量公平合理原则。

人们的工作动机和积极性，不仅受到其所得到的绝对报酬的影响，而且还受到相对报酬的影响。当一个人把他的报酬与贡献比率同其他人的比率做比较时，如果比率相等，就会认为公平合理而感到满意；反之，就会感到不公平、不合理而影响工作情绪。这种比较过程还包括同本人的历史做比较。

应该看到，在现行体制中确实还存在着能力相同、贡献相同而待遇不同的现象。只要班组长从思想上认识到公平合理原则的重要意义，杜绝不正之风，公道正派行事，就一定能够得到班组员工的理解与支持，调动大家的积极性。

（2）适时适度适当原则。

班组长在激励操作过程中，要想做到掌握分寸，恰到好处，必须善于捕捉时机。在社会进程中普遍存在着某种"时机"。古人曰："机不可失，时不再来。"激励也是如此。尤其是物质激励要适度适当，既不能过高，也不宜过低。过低，起不到激励的作用；过高，又会产生"金钱万能"的思想，从而削弱物质激励的作用。因此，班组长应根据激励对象的贡献大小，根据不同时期、不同内容、不同目的确定适当的奖励标准，保证奖励"恰如其分"；同时，对做出特别贡献的可适当进行重奖。只有觉得自己对社会的贡献与社会给予的奖励一致时，才会产生激励作用，激发工作干劲，这应成为评价奖励适度与否的一个尺度。

（3）体现最大效果原则。

激励的根本目的是追求最大的正效应，充分调动人们的积极性，广泛约束人们的不良行为，把潜在的生产力转化为现实的生产力，使群体充满生机和活力，形成向心力、凝聚力。激励的有效性就是看激励的最终目的能否达到，这就要求从几方面进行考察：一是激励的条件或标准的确定。如果条件或标准定得过高过严或过低过松，都会影响激励效果。过高过严，会产生心理需要未满足的失望情绪；过低过松，会产生廉价满足需要的情况降低激励效果。二是激励类型的选定。班组长要从客观实际出发，采取灵活措施，把握人的现实需要及满足程度，运用多种激励方式，不可机械地搞一种模式。三是激励范围的划定。要达到激励的正效应，就需要剔除激励中的平均主义"大锅饭"，防止激励贬值。四是对激励对象的宣扬。没有一定的形式和声势，就不能对整个群体产生应有的正效应；如果搞形式主义，夸大其词，会产生抵消激励的负效应，同样达不到预期目的。

（4）科学严肃认真原则。

激励方法运用得适当与否，不仅影响班组长个人形象，而且会影响班组整体的形象。因此，从一定意义上讲，激励的效果高低完全取决于班组长运用激励的严肃性。要发扬民主的作风，听取群众意见，选准激励对象，使大家真正口服心服，达到激励效果的长久性、科学性和合理性。

激励是班组离不开的加油站。很好地把握激励原则，并运用于班组的管理中，是展现班组长领导才能的主要途径之一。例如，正面的褒奖、反向的贬低、利益的驱使、公平的竞争、知己者的理解、悦己者的赞美、望梅止渴的诱惑力、破釜沉舟的生存欲，都可以叫激励。但需要注意的是，班组长要充分了解组员的心意、情绪，掌握尺度，把握时机，做到因人而异、因事而异、因时而异。只有这样，才不会失去激励的意义。

（三）具备培训师职业能力

员工素质是提升班组班务管理水平与质量的关键，因此，班组实务管理要从员工素质提升做起，核心是班组长要当培训师，做好教练工作。

1. 班组长具备培训师职业能力的意义和作用

班组长具备培训师职业能力的意义具体有以下三点：一是使班组培训工作更加专业化和科学化；二是使班组长成为合格的班组培训组织管理者；三是使班组长达到合格班组培训师的岗位要求。

班组长具备培训师职业能力后可以发挥以下作用：一是可以结合班组实际情况，制定出针对性强的培训计划，增加培训的有效性；二是能够发挥班组培训教练的作用，有效地将新技术、新知识、新工艺传授给班组成员。

2. 班组长具备培训师职业能力的基本要求

班组长要成为培训师，不但要增强技术能力，更要重视自身综合素质的提升，不断提升自身的培训能力。主要包括几个方面：

（1）不断学习。一是钻研业务，使自己成为班组的业务尖子，为提升培训能力打好基础；二是学习培训方面的知识、技法，逐步积累培训方法；三是充分利用交流机会，从各方面学习培训的新方法。

（2）不断思考。一是善于发现班组生产中的问题，思考解决问题的方法；二是回顾培训所运用的方法，总结经验，弥补不足。

（3）不断探索实践。一是将新方法运用于实践中，不断改进完善；二是结合工作实际和学习成果，探索适合本班组的培训方法，在实践中逐步完善。

（4）不断积累。一是对所学知识和技能的积累；二是对工作实践的积累。在积累的基础上，加强分析，逐步形成适合本班组培训个性化发展的有效方法。

The fourth section
第四节
班组实务管理能力训练

　　前面已经讲过，实务管理是班组管理的重要内容，也是班组长的重要的岗位职责任务。鉴于班组在企业管理体系中的特殊位置，企业对班组长的个人能力提出了较高的要求。如何通过有效的训练，提高班组长班组实务管理的关键能力，成为本节的主题所在。

一、团队建设游戏训练

（一）具体做法

1. 游戏要求

（1）参与人数：共30人左右。5个人自由组成一个团队，个别团队可超过5人。

（2）时间：整个创作时间为30分钟。

（3）场地：具备多媒体环境的教室。

（4）道具：投影设备，或者若干（由团队数量决定）较大的手电筒。

2. 游戏内容

本游戏名称为"手影"，团队成员利用双手进行创作，需要完成2个作品。将每个作品创作完成之后，透过投影仪或手电筒投影到墙壁上，形成最终的展示作品，作品内容和风格不限。

3. 作品展示要求

在作品展示过程中，介绍每个作品的设计理念和立意，时间不超过5分钟。

4. 游戏作用

（1）建立团队成员之间的信任。

（2）加深团队成员之间的了解与合作。

（3）增加团队成员之间的默契度和凝聚力。

（4）开拓创新思维。

（5）运用创造力。

（6）体会团队之间的竞争力。

（二）活动训练指导

1. 活动引导与实施

本游戏通过团队成员的自由结合，达到如下目标：

第一，建立彼此信任的基础。

第二，让团队成员清楚，只有大家相互合作、齐心协力，才有可能完成任务。

第三，若要出色完成任务，必须要提升团队总体创造力。让团队成员处于一种放松心情和具备想象空间的环境，才有可能创造出优秀的作品。

第四，增进团队成员之间的默契和了解，增加团队的凝聚力。

第五，通过作品展示，体会团队之间的竞争。

人体的手，虽然外观并不复杂，但由于非常灵活以及有多名成员一起组合，因此可以实现的投影作品实际上是相当丰富的。

2. 活动目标分析

第一，通过游戏，可以体会到团队成员之间要相互信任，很多团队就因为怀疑和猜忌而不能很好地完成任务。所以，务必保持信任，不要让猜疑毁掉团队。

第二，一个优秀的团队必须有一个共同的目标，每个成员对团队内其他成员的品行和能力都要确信无疑，并且能够遵守承诺。

第三，作为团队的领导者，必须训练团队成员拥有快速思考的能力，而且还要培养他们的创新性思维方式。

第四，一滴水只有放进大海里才永远不会干涸，一个人只有把自己融入团队之中才能最有力量。

3. 活动成果分享

（1）自由组合，团队成员相互选择的原因是什么？

（2）在获得实际任务之后，团队成员内部进行了哪些讨论？如何将个人思想融合到团队整体思想中？

（3）团队成员主要从哪些方面来选择作品内容和立意？如果有团队都倾向于某一类作品，这说明了什么问题？

（4）由于作品是投影到墙面上的平面图形，因此团队成员需要对立体的组合进行哪些修改才能保证投影需求？这说明了什么问题？

二、事故分析报告写作训练

（一）报告写作样例

某厂天车吊钩钢丝绳断裂安全事故分析报告如下：

1. 事故概况与经过

2011年2月13日9时10分，某厂结构钳工班发生了天车吊钩钢丝绳断裂事故，造成1人死亡，直接经济损失12万元。

2011年2月13日8时20分，某重型机械厂结构钳工班李某（男，32岁，钳工，工龄10年）按照班组长朱某班前会工作安排，带领刘某等四人到该厂6 000吨装配现场从事铁水车工件（工件长5.78米、宽5.3米、重约16吨）焊缝检查作业。因焊缝检查作业需用天车对工件进行翻转，8时40分，班组长朱某到起重班找起重工董某配合此项工作。董某到达现场，与李某等人用一根直径21.5毫米钢丝绳与工件捆绑后挂在天车副钩上，用另一根直径21.5毫米钢丝绳经卡环与工件吊耳拴挂后，挂在天车主钩上。9时10分，董某指挥天车将工件吊至空中进行翻转时，钳工李某突然进入吊装区工件下方取废旧木箱，现场一同工作的刘某、关某呼叫李某赶快出来，此时挂在小钩上的钢丝绳出现异常声响，钢丝绳突然断裂，吊装工件坠落至地面，将李某头部砸伤。现场工作人员立即将李某送往医院进行抢救，李某因颅脑损伤过重，经医院抢救无效于10时死亡。

2. 事故原因分析

（1）起重工董某违反了《起重工岗位技术操作规程》中"起吊单根或多根工件较长时，必须采用两个吊点、双绳套；如工件有棱角，应采用抱角或木板垫好，防止将钢丝绳打滑卡断"的规定，且选择钢丝绳不符合规定，是造成此次事故的直接原因和主要原因。

（2）钳工李某安全意识淡薄，违反了《某厂员工安全守则》中"严禁在危险场所或要害部位停留或随意通过"的规定，在工件已吊起的情况下，贸然进入危险区域是事故的直接原因。

（3）由于安全管理不到位，互保联保工作未落实，对现场存在的安全隐患未进行排查整改，没有认真吸取以前有过的事故案例教训，导致员工贯彻规章制度不严格。同时在员工有违章行为时没能及时发现和制止。可见，该班组对特种作业管理不到位，教育培训、日常检查工作不细致，没有认真组织制定防范措施。

3. 事故的处理

（1）起重工董某违反了《起重工岗位技术操作规程》，对此次事故负有直接和主要责任，决定与董某解除合同，并扣除当月绩效工资。

（2）班组长朱某管理不到位，互保联保工作未落实，导致员工贯彻规章制度不严格，对事故负有主要管理责任，扣除四个月效益工资，解聘班组长职务。

（3）安全员何某对上级指示精神传达落实不力，未认真组织制定防范措施，对现场的隐患和违章行为没能及时发现并整改，对事故负有管理责任，扣除何某三个月绩效工资。

（4）法定负责人按照安全条例规定罚款3万元并给予行政处分。

4．防范措施

（1）每一次事故的发生都不是偶然的，是平时班组安全管理漏洞积蓄的必然结果。只有平时认真贯彻执行各项安全规程，从工作现场的实际出发，从工作中的点滴做起，从每名员工切身利益着想，防患于未然，才能从根本上杜绝违章行为。

（2）加大对违章操作人员的安全处罚力度，在平时工作中，只要有违章，都要严厉处罚，让当事人和其他人都有强烈的触动，并牢牢记住这次教训，遵守且执行安全操作规程。

××班组

××××年××月××日

（二）能力训练指导

写事故分析报告或质量、安全问题报告的基本要点主要有四个：一是说明什么时间、什么地点、发生了什么事情、结果是怎样的；二是详细叙述事情的经过和原因；三是说明处理结果；四是明确整改措施。

三、班组经验总结训练

（一）某车间四高炉炉前甲班工作经验总结

我们四高炉炉前甲班有11名员工，平均年龄33岁，主要负责维护高炉炉门、放渣、出铁等工作。

多年以来，四高炉的生铁产量、焦比、高炉利用系数保持世界领先地位，被公司授予"功勋高炉"的荣誉称号。我们炉前甲班的主要技术经济指标一直名列第一名，荣获"双文明先进标杆班组"的称号。这是领导重视管理、全体班组成员共同努力的结果。我们在工作中努力做到：

1．知人、爱人、善于用人

我们之所以能够打好一个又一个硬仗，是因为注重建设一支有战斗力的队伍。班组队伍的成长，是知人、爱人、量才用人的过程。正因如此，才能做到人尽其才，充分调动每一名班组成员的积极性和创造性。

去年，班组里分来一名技校毕业生——小闻。小伙子刚从学校毕业，有文化，有知识，就是身体稍弱，没有干活经验。经过一段时间的观察，班组决定将他放在放渣岗位上进行锻炼。这是提高产量、出好铁的关键岗位，天天和水火打交道，工作条件非常艰苦。初到放渣岗位，小闻有些怵头，但在班组长和员工的鼓励下，小闻暗下决心："别人能在这个岗位上干，自己为什么不能？干就干出个样子来！"他如饥似渴地学习操作规程、技术要领和易发事故的处理方法，努力把课堂上学到的理论知识在实践中加以运用。大家都为小闽的进步感到高兴。班组长特意指定专人对小闽进行传、帮、带。班组的关怀更激发了小闽的积极性和创造性，他与其他放渣工一起摸索出一套放渣办法：勤抬、勤堵、勤放，既保证了上渣及时排净，又把上渣率由计划的65%提高到71%。今年，小闽在全市技术比赛中获得了"技术能手"的光荣称号。

在任何一个班组里，班组成员的性格肯定都是各不相同的。就好比五个手指长短不齐，只有发挥各自的作用，握成拳头，才能形成强大的力量。多数炉前工性格粗犷，但也有性格内向、工作细腻的人。我们的班组就推选小关担任了材料保管员。小关果然不负众望，精心管理材料就像善于持家的家庭主妇，一根旧钎子、两把旧铁锹，他都敝帚自珍。从此，我们班的材料费月月有节余。

2. 发扬民主，人人当班组的主人

班组工作是团队的工作，工作好坏与班组全体成员都是分不开的。作为一班之长，不仅要起到穿针引线的作用，更要保护好班组成员的民主权利，在班组内营造一个既有组织纪律，又轻松愉悦的良好环境。

去年11月份，四炉抢修9号风口，出了重大事故。安全会上，班组长发动大家查找班组更换风口时存在的问题，大家却对班组长纷纷"开炮"："班组长的职责是指挥、协调全班工作，你却去帮新工人干活，你觉得这是负责，其实是大撒手。""换风口是团队成员配合的活儿，一个环节出问题就可能是大问题。"听了班组成员的一席话，班组长不认为这是丢面子，而是觉得大家找出了班组管理中的问题，帮他认识到指挥与操作、全局与局部的辩证关系。班组长在以后的组织生产时，提高了指挥意识，同时注意指导班组成员掌握各岗位的操作规程和技术素质。至今，这个班不仅确保了安全生产，同时，换风口的时间也接连缩短。

班组的各项事情，都由班组成员共同讨论、解决。确保班组每一名成员都有充分发表意见的机会。这种做法不仅解决了生产上的问题，更增进了班组成员主人翁意识，既有利于班组团结，又提高了班组的战斗力。

3. 作风锻炼，常抓不懈

我们班组不断创出新的佳绩，这些成绩的取得是全组成员不断开拓、勇于创新的结果。我们把作风锻炼结合到日常的每一项工作中，常抓不懈。我们平时非常注重培养班组成员的自觉习惯和进取精神。

我们所工作的四炉是单一铁口的高炉，只有一个渣铁分离的小坑，隔一段时间就要清除沉渣捣制一次，以保证渣、铁分离。捣小坑所用的时间的长短又直接关系到高炉能否准时出铁。

捣小坑又苦又累，跳进温度近百摄氏度的"火坑"内捣碎残铁，清除废渣，不是硬汉子绝对干不了。在班组长的带动下，班组成员干起活来总是争先恐后。来实习的兄弟单位的同志感慨地说："看你们捣小坑的壮观场面，真让人赞叹和佩服，你们的工作作风确实过硬！"凭着这种顽强的作风，炉前甲班为公司多出铁做出了自己的贡献。

由于严谨的工作作风，班组还多次避免了重大安全事故的发生。

××班组

××××年××月××日

（二）能力训练指导

总结是常用的文体之一，包括工作总结、经验总结、单位总结或个人总结等。本样例是经验总结。无论是什么类型的总结，都有一个共同的规律，即对以往做过的事情进行归纳。主要内容包括以下几个方面：

（1）做过什么，如年度总结，要把一年的主要工作简要概述清楚。

（2）工作中的主要体会是什么，主要问题是什么，如哪些因素促使你进步了，哪些因素导致你存在不足。

（3）说明今后的努力方向和措施等，要具体可行。

四、班组常用应用文模板介绍

模板一：

××班组关于更换电工工具柜的请示

××车间：

我班组现在使用的电工工具柜是1990年购买的，已使用24年，现已严重破损，无法继续使用。为此，希望车间为我班组购买一个新的工具柜，以满足日常工具保管之需。经过对市场上三种可用型号电工工具柜的调研，我们倾向于购买西门子公司的电工工具柜（购买工具柜的三种方案见附件），请审批。

附件：××班组购买电工工具柜方案

××班组

××××年××月××日

附件：××班组购买电工工具柜方案

经过市场调研，结合我们的实际需要，我们将购买电工工具柜的三个方案列出如下：

	单价（元）	厂家	型号	说明
方案一	1800.00	岳阳电器厂	YX-300	××××××××
方案二	2100.00	正大开电器公司	XZ-60	××××××××
方案三	2300.00	西门子公司	XMZ-621	××××××××

××××年××月××日

模板二：

××作业区关于召开季度安全工作会议的通知

所属各班组：

为了进一步落实××公司和我厂安全工作精神，推进安全百日无事故活动的深入进行，总结交流经验，研究分析存在的问题，做好今年安全生产工作，经研究决定召开作业区安全工作会议。现将有关事项通知如下：

一、会议内容：……

二、参加人员：……

三、会议时间、地点：……

四、要求：……

××作业区

××××年××月××日

模板三：

关于节假日车辆使用规定的通知

司机班全体成员：

2014年9月7日至2014年9月11日期间，执行我公司节假日车辆使用规定，具体要求如下：

1. 无总经理批示，10座以上车辆不得使用。

2. 放假期间原则上不派车。如特殊情况确需用车，由办公室主任批准，司机班班长出具派车单方可用车，并需在事后向总经理说明事由。

3. 任何人不得违反规定擅自用车，否则一律按违反规程处理，扣除当月全部奖金并纳入年终考核。

××司机班

××××年××月××日

模板四：

关于假期车辆使用情况的反馈

××办公室：

今年中秋前夕，我们班组组织全体司机认真学习了我公司节假日用车规定，并下发了相应通知。下面将中秋期间用车情况反馈如下：

1. 9月7日至9月10日没有发生用车情况。

2. 9月11日办公室刘主任电话通知用车，填写派车单一份。由我班刘长力司机将一车间发高烧的员工孙××送到铁道医院急诊。所用车辆车牌号是"京A P6635"，行驶里程87公里。

××班组

××××年××月×日

思考题与能力训练

1. 请谈谈你有何办法能使班组成员自觉执行班组的各项规章制度？
2. 如何打造"无敌"的班组团队？
3. 作为一班组之长，你如何能成为一名班组成员信赖的人？
4. 请撰写一份学习经验总结报告。

Extended reading
拓展阅读

浅析如何将现代企业班组实务管理落地

在企业快速发展中，企业班组的管理面临着如何能科学管理、如何能将班组实务管理落地的问题，也就是面临着如何把企业这座高楼建设中的每一个细节做好的问题，这是企业班组实务管理中无法回避的具体问题。那么如何保证企业班组实务管理能真正落地？作为执行者的企业班组长是关键。

一、班组长是班组制度执行的第一人

要完成班组的各项任务，执行制度是关键。同时，作为一班之长，一定是严格执行制度的第一人。

作为班组长，要将企业制度、班组制度落实到班组生产和班组管理的具体工作中，要严格执行各项制度、规定等。古人云："不以规矩，不能成方圆"，就如同我们的军队"令行禁止、军令如山"，只有这样，才能获得班组工作的流程最简、质量最优、效率最高、效果最佳、效益最大的满意结果。

班组长在班组管理时，切记：法管人、礼服人、情动人。

二、班组长是班组团队建设的核心人

何谓团队？团队是由两个或两个以上的人组成的，为了实现某一共同目标而相互协作的一种介于组织与个人之间的组织形态。团队的所有成员都希望并且要求相互之间提供帮助和支持。

由此，团队既不同于个人，也不同于组织。"团队"一词的意义，如果以人为对象，就是把许多人集合起来，发挥集体的力量，以实现一个共同的目标。而在班组这个团队中有一个核心人——班组长。所以，作为班组的核心人，班组长必须要协同班组成员一起，建设一支相互信任、互助合作、勇于创新的班组团队。俗话说："众人拾柴火焰高"，只有班组成员齐心协力，通过班组团队建设来弥补班组中个人能力的不足，从而增强班组的凝聚力和竞争力，才能出色完成班组的

各项任务。

三、班组长是班组有效沟通与激励的实施人

班组长在班组管理工作中，会遇到与上下级和同级之间的各种各样问题，这些问题解决的主要手段就是有效沟通。作为起着桥梁、平台作用的班组长，如何利用有效沟通解决班组里出现的问题，如何更好地发挥人格魅力，如何做到"向上开花，向下扎根"，是至关重要的。

尊重、倾听、理解和包容他人，是班组长在实施有效沟通时的基本要求。通过有效沟通，没有解决不了的班组管理问题。

班组长掌握有效沟通的技巧固然重要，但同时更要学会用激励的手段管理班组。

激励是班组管理离不开的加油站。激励，是班组长为满足组员的需求，尽力发挥组员的潜力，多方激发组员的向上精神，把组员凝聚在自己的周围，为班组工作献计、出力的一种管理手段。激励可以通过正面的褒奖、反向的贬低、利益的驱使、公平的竞争、知己者的理解、悦己者的赞美、望梅止渴的诱惑力、破釜沉舟的生存欲等各种形式来保证班组工作任务的完成。班组长作为激励手段的实施者，要特别注意充分了解组员的心意、情绪，掌握尺度，把握时机，做到因人而异，因事而异，因时而异。只有这样，才不会失去激励的意义，才能充分调动组员的积极性、主动性和创造性，挖掘组员潜力，最大限度地为班组服务。

四、班组长是班组中的第一笔杆子

以往企业的班组长基本上都能做到会做、会说。至于会写，对绝大多数班组长来说有着相当大的难度。但对于现代企业的班组长，不但要求会做、会说，更要会写，要成为班组的第一笔杆子。

班组长要能把工作的计划制定出来，让班组成员都清楚班组的工作、自己的工作，让相关的人监督；要能把工作中的经验总结出来，让相关的人分享；要能把工作中发生的事故分析出来，让相关的人吸取；要能把自己的意图表达清楚，让相关的人执行。这就是一个现代企业的班组长所应具备的最基本的写作能力。

在科技领先的时代，企业竞争的基础是基层管理的竞争，企业必须要加快基层管理人才的培养步伐。班组长作为一名企业基层管理者，企业发展的基石，必须要将班组实务管理落地，必须要成为班组落实企业各项制度的第一人、班组团队建设的核心人、班组有效沟通与激励的实施人。未来企业的竞争是残酷而激烈的，只有做好充分准备的企业班组长，只有会做、会说、会写的班组长，才能在企业发展中彰显出"兵头将尾"的风范，才能使每一棵树的根基稳固，才能使企业成为蓬蓬勃勃发展的茂密森林。

（作者：王颖莉）

第 **6** 单元
班组现场管理

现场管理是指用科学的标准和方法对人、机、料、法、环、信息进行合理的配置，通过计划、组织、控制、协调、激励等管理职能，使各生产要素达到良好的受控状态，其根本目的是保证现场按照预定的目标实现优质、高效、低耗、均衡、安全、文明的生产。现场管理是生产第一线的综合管理，包括人员士气管理、作业计划管理、现场环境管理、生产质量管理、现场安全管理、现场设备管理、现场成本管理、现场材料管理、现场货期管理等，通常由车间主任、工段长、班组长组织实施。班组员工是现场管理的主体，班组现场管理是企业各项管理的落脚点，班组所有员工都应该积极参与到现场管理中来。

学习目标

1. 熟知班组现场管理的主要特征、内容和目标。
2. 熟知班组作业计划管理、班组现场环境管理、班组现场质量管理、班组现场安全管理的责任和内容，并掌握基本方法。
3. 掌握班组现场管理标准化的意义和推行方法。

学习方法

1. 结合案例和相关学习资料，掌握本单元中涉及的班组现场管理的知识、方法。
2. 注重理论联系实际，在班组现场管理中进行实践。

第一节
班组现场管理概述

　　曾经问生产一线的班组长，班组现场管理都要管什么？不少班组长说不清楚，也有的班组长滔滔不绝，但也仅仅涉及现场设备的维护、设备运转情况监测、有无跑冒滴漏、卫生状况是否良好等方面。对现场管理缺少全面的了解和掌握，也缺少灵活实用的方法手段，在很大程度上影响了现场管理水平。

一、案例导入

"五小"活动赢
"五大"管理

　　原化工部大芳烃车间运行乙班是一个有着36名成员的年轻团队，班长辛华坚持"以环境改变人、以文化塑造人"的理念，通过开展有声有色的"五小"活动，推进"五大"现场管理任务的落地。

1. 抓培训"小课堂"，赢人才培养"大舞台"

　　乙班根据装置操作环节多、数据多、控制难点多的实际，采取形式多样的"小课堂"培训活动，经常开展互帮互助共享式练兵、一岗一师拜师结对子练兵、干啥学啥点对点练兵、一日一题人人当讲师答疑解惑练兵等形式的活动，为班组自主学习活动提供了平台。

　　近年来，班组先后向车间输送技术员、设备员、安全员、班组长共计7人，其中有3名职工获得高级技师资格，2人获得技师资格。总结提炼公司级优秀操作法1项、作业部级5项，这些凝结着一线员工智慧的成果在车间内部很快形成辐射效应，各班争相采用。

2. 抓安全"小活动"，赢安全生产"大责任"

　　在班组安全管理中，乙班通过推行"六个一"安全管理模式，即一个学习（传达文件快速消化吸收）、一个警示（敲响上岗警钟，防患于未然）、一个故事（讲述亲身经历的安全故事）、一个传授（现场答疑释惑）、一个观察（用"HSE观察卡"筑牢安全防线）、一个演练（安全共建强化技能），构筑班组安全"小环境"，来实现班组安全生产"大责任"。一年来，乙班先后发现并处理了重整再生法兰泄漏着火、吸附塔注水泵故障、异构化压缩机油压控制阀故障等大小事故隐患82项，保证了装置安全平稳运行。

3. 抓班组"小制度"，赢民主管理"大智慧"

　　一直以来，乙班坚持严格管理、民主管理。乙班通过民主生活会完善了"班组五项纪律考核制度""班组创效奖励分配制度""班组设备包机制度""班组卫生管理制度"

等，使班组各项管理有章可循。在乙班，由于"干"与"不干"不一样，付出了才会被认可、受尊重，大家也愿意主动参与班组的管理，形成班组建设人人管的良性循环。

4. 抓竞赛"小指标"，赢节能创效"大源泉"

众所周知，加热炉是装置耗能的大户，在整个装置中，75%的能源都消耗在炉子上，在车间开展"双学在岗位、建功争一流'五比五创'"劳动竞赛活动中，乙班开展了"科学司炉"的节能竞赛，提出"不怕效益小，就怕你不找"的竞赛口号，鼓励大家从点滴做起，从身边的小事做起。通过开展"科学司炉"活动，乙班在车间"小指标"竞赛中F-401、四合一加热炉热效率、圆筒炉平稳率三项小指标均名列前茅。

5. 抓班组"小家庭"，赢团队建设"大合力"

为促进班组和谐，乙班定期组织踏青春游、打篮球、踢足球、打台球、唱卡拉OK等各种活动，使班组充满了欢乐和活力。每到妇女节，班组给女职工准备蛋糕、鲜花和水果，让她们感受到节日的关爱。班组还推选出健康员，定期用血压仪了解组员的身体健康情况。班组小家活动常常会邀家属一同参加，让家属感受大家庭氛围的同时，成为支持班组各项工作的坚强后盾。

二、案例分析与启示

（一）案例分析

案例中的班组通过各种特色班组管理活动，使班组技能训练、班组安全管理、班组民主管理、班组节能创效、班组团队建设等班组现场管理各项内容落地、开花、结果。他们的"五小"活动，促进了班组大发展。

（二）案例启示

班组虽然是企业大平台的一个小小的部分，但却是不可或缺的一部分。班组现场管理的效果是以小见大，也就是说，班组任何一个不起眼的小问题，都可能是影响企业整体效果的大事项。所以，班组现场管理一定要从小事抓起，并且确保全员参与。

三、学习要点链接

（一）现场管理的内涵

现场管理是指用科学的标准和方法，对人、机、料、法、环、信息进行合理的配置，通过计划、组织、控制、协调、激励等管理职能，使各生产要素达到良好的受控状态，其根本目的是保证现场按照预定的目标实现优质、高效、低耗、均衡、安全、文明的生产。

（二）现场管理的特点

班组现场管理是一种综合性管理。其主要特点是：

班组现场管理是企业各项管理的落脚点，要严格执行企业各项规范、制度和要求。企业质量管理、技术管理、设备管理、安全管理、人力资源管理等都集中在班组现场管理中，其落实情况直接影响到企业的经济效益，也部分反映出企业的管理真实水平。

班组员工是班组现场管理的主体。现场管理涉及每个岗位，仅仅依靠班组长和各级管理者是远远不够的，班组所有员工都是现场管理的一员。

现场管理是生产第一线的综合管理，通常由车间主任、工段长、班组长组织实施。

（三）现场管理的目标制定

1．生产目标计划

在规定时间内，保质保量完成生产任务是班组现场管理的首要目标。无论何种原因导致不能完成生产计划的，都会最终影响企业整体经营计划，甚至影响企业的效益和生存。

2．产品质量保证措施

顾客对企业的要求首先是产品与服务的质量，而不是价格，质量是企业的生命，是企业生存的前提和发展的保障。班组生产现场管理的责任不仅是生产出符合标准的产品，还要在不增加成本的前提下不断地提高产品质量。

3．安全事故预防

班组有责任做好消防、安全、环保和职业卫生管理，预防安全环保事故和职业伤害发生。维护好消防器械及安全防护设施，定期检查现场设备安全运行情况，提醒和监督员工按操作规程和工艺纪律作业，都是班组现场管理不可忽视的重要工作。

4．生产成本降低措施

班组生产现场管理有控制和降低生产成本的责任和义务，一方面要维持标准成本；另一方面要节约成本和费用。

5．生产设备维护

现场设备管理的好坏直接关系着产品质量、安全和经济效益。合理、正确地使用现场设备，定期对设备进行点检、维护和保养工作，是班组现场管理的常规内容之一。生产班组要能及时发现、报告设备异常，确保设备得到及时维修，不影响生产正常进行。

6．员工素质提升

班组生产现场不仅是生产产品的地方，也是为企业培养人才的场所。班组现场管理不仅要尊重人、用好人，也要从培养人、发展人的角度出发，为企业培养会技术、懂管理的高技能型人才。

（四）班组现场管理的内容

班组现场管理的内容包括人员士气管理、作业计划管理、现场环境管理、生产质量管理、现场安全管理、现场设备管理、现场成本管理、现场材料管理、现场货期管理等。因行业性质不同，生产过程和方式不同，企业班组现场管理的侧重点有所不同，可以归纳为人、机、料、法、环、信息等生产要素。随着企业和技术的发展，各项生产要素的地位可能会变化，但"人"永远都是第一位的要素，因为其他要素都要通过"人"来产生作用。

第二节
班组作业计划管理

计划是一种管理手段。计划管理不仅使员工做到心中有数，而且使工作任务目标清晰化。任务是什么，什么时间完成，质量、安全指标要求是什么等，在计划中都能一目了然。

一、案例导入

应用"三书"管理
提高班组管理水平

炼油部联合一车间班组现场工作推行"三书"管理，即班组工作依照《班组管理指导书》《日常工作指导书》《事故处理指导书》来进行。每天班组人员对照"三书"核对工作，逐一检查，保证日常工作有标准、不落项。

1.《班组管理指导书》：谁管我——自己管理自己

《班组管理指导书》在现场管理的目录下细分内容：机泵卫生划分如下：寇荣泰负责泵4/2；井文喜负责泵3/1；鲁国斌负责烟机润滑油站……区域地面卫生划分如下：张明实负责气压机厂房楼上地面；姚恩裕负责外操室地面；畅怀勇负责增压机厂房地面……《班组管理指导书》中还对工作的标准和完成的时间以及考核奖惩的数额也都作出了明确的规定。

《班组管理指导书》共包括基础管理、民主管理、成本管理、现场管理4个大项（含15个子项），涵盖了班组管理的方方面面，可谓细致入微。制定《班组管理指导书》的目的就是将炼油部和车间的各项规章制度细化，落实到每个职工身上，真正发挥规章制度的作用，由班长管理逐步过渡到制度管理，班长更多地起到监督、协调的作用。

2.《日常工作指导书》：干什么——种好自己的"责任田"

《日常工作指导书》就是将每个岗位、每个班组员工的日常工作都一一列出，使人一目了然，清清楚楚。就拿班长岗位来说，每天班长都要对照《日常工作指导书》上所列出的消防器材检查、安全隐患检查、空气呼吸器检查、固定报警仪检查、油浆线检查、岗位巡检、交接班日记的填写、办理施工作业票等14项工作进行核对，完成后逐一消项。一个班下来，拿着《日常工作指导书》检查自己的工作时，觉得特有成就感。

对于临时出现的工作，由班长进行再分配。事后，班组会对这项工作进行分析，如果是今后还会出现的工作，将其列入《日常工作指导书》。

通过一段时间的应用，员工普遍感到在没有推行《日常工作指导书》管理之前，每个人一上班就开始忙，可到最后仍然有没做的工作和做得不到位的工作，经常被车间考核处罚。现在每位员工也是忙，但是忙得有条不紊，忙得轻松从容，因为每个人都知道该干什么，都知道首先要种好自己的"责任田"。

3.《事故处理指导书》：怎么干——才能保安全

《事故处理指导书》将员工在事故状态下的反应和操作具体化程序化，侧重的是班组员工对各种事故预案的学习、掌握和演练。在事故状态下，只有具备高超的事故处理能力，才能避免事故的进一步扩大，才能够做到保安全。

《事故处理指导书》分为一般事故处理、机泵故障紧急处理和综合事故处理三个部分，对每部分的内容，例如涉及的工艺流程、阀门的开关以及注意事项等都进行了详细的说明，同时根据岗位情况对每位员工需要学习和掌握的内容也进行了明确的要求。在如何学习方面，也有具体的要求，将所有事故预案按照岗位分配给个人学习，个人在规定的时间内要达到熟练掌握的要求，然后按照岗位相邻的原则，个人之间再互相学习、互相传授，最后达到人人掌握全部事故预案的目的。

二、案例分析与启示

（一）案例分析

案例中的班组通过《班组管理指导书》《日常工作指导书》《事故处理指导书》的"三书"管理，对班组常规任务进行了具体全面的计划和要求，从日常巡检操作、设备现场卫生到事故应急处理，都明确了责任人、操作内容、工作流程及操作标准，让员工自己都清楚干什么、谁负责、怎么干、如何考核。《日常工作指导书》清清楚楚地列出每位员工（包括班长）当日所有的工作内容，成为每个岗位的日工作计划书、工作督导书，员工每完成一项工作，要逐一消项，员工拿着《日常工作指导书》检查自己的工作，不用班组长提醒，自己就清楚自己还有哪些工作没有完成。

（二）案例启示

"三书"管理法的应用，让一线班组长从生产现场"唠叨的婆婆"和"救火队员"转变成规范和标准的制定者和维护者，通过建立作业标准和操作规范提高现场管理水平，确保现场管理目标的实现。

三、学习要点链接

现场管理的宗旨就是要使现场的一切生产要素达到受控状态，现场作业计划管理就是要求班组长对班组在一定时期内的各项任务和操作进行统筹计划、过程控制和结果评估。

（一）现场作业计划制定的方法

现场作业计划是指在计划期内班组应完成的工作总量，是为了把企业和车间的生产及现场管理任务，落实到每个人、每个岗位单位时间内应制定完成的具体工作方案。

（1）从全局出发，统筹安排。编制班组作业计划时，必须在车间的指导下进行。有时候，在班组看来是可行的计划，但从全局看来却是不可行的。

（2）科学确定指标，合理调配资源。科学合理的作业计划应该是让大部分职工经过努力后都可以达到的，是合理可行的。因此，班组在编制作业方案时，要充分考虑现场人员、设备、材料等各种资源条件。

（3）全面考虑问题，做好应急预案。生产现场有时会遇到人员短缺、设备故障、停水停电、材料断供、安全事故等意外情况。为了预防突发紧急事件，在制定作业计划时要考虑到可能发生的一些不利情况和应对策略。

（4）职工参与，落实到人。编制班组作业计划要发动全体职工参与，使每个职工都了解车间、班组及本人的工作任务，明确自己的责任，并集思广益，共同制定落实计划的措施。这样计划能够得到职工的理解，有坚实的群众基础，有利于贯彻落实。

（5）严格执行，定期修订。班组长要维护计划的严肃性，计划一经确定，就是企业的"法令"，执行中要不折不扣，不得随意变动。如果出现特殊情况，计划不能完成，要分析原因，写出书面报告，并报上级领导审核。由于企业所处的内外部环境是在变化的，因此，要定期对计划进行审核，对不符合客观情况的内容要进行修订。

（二）现场作业计划执行控制

现场作业计划执行的核心是将作业计划当作"法令"，不折不扣地执行。

（1）班组要把作业计划当作最高"指示"，不受任何人口头指示的干扰。对不遵守标准、不按作业计划执行的行为，一旦发现，立刻纠正，并且在当日的例会上通报给全体班组成员。

（2）将作业计划张贴在显著的地方。

（3）员工发现作业计划有问题时，不能擅自改变，而是要报告班长，并提出自己的建议，然后由具有修改权限人员或部门来修改。

（三）现场作业计划实施情况的评估

班组作业计划实施评估，就是对作业计划执行情况进行的评断、反思和总结。其主要内容包括班组岗位责任制落实情况，作业安全、质量管理规程的执行情况等。

（1）严格按照作业计划规定的标准执行。在评估时不能有主观意志，也不能提出作业计划以外的新的标准和要求。作业计划本身的不足和漏洞，不是作业计划执行的问题，两者不能混为一谈。

（2）班组员工共同参与。在执行过程中，员工最清楚执行的情况，也最了解问题的所在。只有员工都参与评估，才可以提高评估的效度和质量。员工共同参与，是保证评估质量的有效原则和措施。

（3）跟进生产过程的监督评估。要注意对班组作业过程的跟踪评估，并做好记录。生产过程评估，可以将问题消灭在萌芽状态，不要等出了问题再进行评估解决。

（4）保存好评估的原始资料，作为班组和员工日后的评估依据。

（四）作业计划制定的技法

1. 编制作业计划的"5W1H"

编制现场作业计划时的"5W1H"是指必须要明确做什么（What）、为什么要做（Why）、何时做（When）、何地做（Where）、何人做（Who）和如何做（How）。

（1）做什么（What）。明确计划的目标、具体任务指标和要求，明确中心任务和工作重点。例如，本月本班组都要生产哪些产品，生产多少，哪些优先生产等。

（2）为什么要做（Why）。让班组成员了解为什么如此制定作业计划，在理解的基础上，员工才能充分发挥其主动性和创造性去执行计划。

（3）何时做（When）。按照企业生产计划或某些合同要求，规定班组计划中各项工作的开始和完成时间，利用进度表、甘特图（生产进度指示图）、计划评审技术等工具对生产进度进行有效控制。

（4）何地做（Where）。规定计划的实施地点或场所，通过分析生产现场的资源以及条件限制，把生产计划任务分解到每个工位，合理安排计划实施的空间。

（5）何人做（Who）。把生产计划任务分解给每位员工，明确主要责任人，细分操作人、检验人、审核人，明确出现异常情况向何人报告、特殊情况何人有权处理等。

（6）如何做（How）。制定实施计划的措施、相应的政策和规则。主要包括企业的材料消耗定额、工时定额、操作流程、操作规范、现场工作制度、应急预案等。

2. 制定作业计划表单

编制完成的作业计划，应该用表格的方式简明扼要地展示出来，尽可能浓缩到一张纸上，张贴在现场醒目的位置，使员工一目了然，便于执行和控制。计划表格的内容、形式应根据班组的实际情况设计，示例见表6-1。

表6-1　班组月度生产计划表

本月份预定工作数：＿＿＿＿＿日

生产批号	产品名称	数量	原料	金额	制造单位	制造日程		预出日期	需要工时
						起	止		
1									
2									
3									
4									
5									
配合单位工时			预计生产目标						
准备组			产值						
质检组			总工时						
包装组			每工时产值						

3. 编制作业指导书

作业指导书（也称工作说明书、操作标准书、作业基准书）是指规定某项工作的具体操作程序的文件，用于具体指导作业人员进行现场操作或管理，在生产现场广泛使用，是现场作业计划的一种常见形式。

编制作业指导书时，应注意以下几点：

（1）符合规范，突出重点。

（2）一目了然，浅显易懂。

（3）最好用图片、表格的形式来表现。

（4）按"5W1H"描述作业要点。

（5）随技术改进和管理改善持续完善。

4. 开好班前班后会

班前班后会是班组长实施班组管理的重要手段，高效的班前班后会能保证班组生产作业顺利进行。开好班前会，做好作业计划实施的动员工作，使员工保持旺盛的精力和高度的责任感并投入到岗位工作中，认真执行作业计划。开好班后会，有利于总结经验、发现问题，不断提高工作水平。班前班后会的主要内容示例见表6-2。

表6-2　班前班后会的主要内容

会议形式	会议内容
班前会	①确定到岗人员情况，是否有迟到、缺勤情况。 ②各岗位人员汇报交接班及班前检查情况。 ③班组长布置当日任务和重点事宜，传达上级要求，提出安全生产要求。 ④车间管理人员提出相关要求
班后会	①各岗位总结当天生产情况，特别是生产中出现的问题和应对措施。 ②班组长表扬优秀员工，向存在的问题的员工提出改进和处理意见

The third section
第三节
班组现场环境管理

工作环境好与差，是体现班组管理水平的重要标志。优美舒适的工作环境，不仅可以提升员工的精气神，有利于身体健康，而且还是质量、安全保障的重要条件。因此，班组现场生产、工作环境管理，是班组管理必须重视的内容。

一、案例导入

定置摆放是形式主义吗？

班组长小王，工作起来是个拼命三郎式的人物，技术过硬，班组工作十分出色，大家都很敬佩他。但是他有个坏习惯——邋遢。他的邋遢主要体现在操作室环境上，按他的想法，目视化管理、定置摆放都是形式主义、花架子，随手用的东西摆在随手可取地方就可以。每当到他们班组上班时，就看到乱糟糟的桌面和横七竖八地摆放着的电话、钢笔、水杯、记录本，工具柜里的工具放得杂乱无章。

班组长不讲究，组员也跟着邋遢，习惯了乱丢乱放，不时因缺少工具工作捉襟见肘，交接班找不着记录本也是常事，为此没少挨车间领导批评，小王却认为领导是小题大做。领导真的是小题大做吗？

让鲜花说话

车间内鲜花盛开，生产厂区地板一尘不染，连锅炉工也穿着干净的白大褂……来到位于革命老区沂蒙山的双星集团鲁中公司，大多数人都不会相信，这就是中国人自己开的制鞋工厂。

该公司员工大多来自于西部落后地区，98%是当地的农民，给管理带来一定难度。双星集团汪海总裁说："只有没管好的企业，没有管不好的企业。"他采用国际化管理的方式，引入中国传统的"军事化、家庭化"的管理方式，带领全员向企业管理的最高境界攀登。他们制定严格的"车间管理无死角，材料管理无浪费，面上管理无灰尘"的现场管理标准，使车间真正实现了地沟见底、轴见亮光、设备见本色。

为给员工营造一个良好的环境，促进现场管理水平，向国际水平管理标准进军，车间、锅炉房内均摆上了鲜花，将鲜花生长状态和整洁情况，作为衡量车间、锅炉房整洁"无尘"的标准。每天进行检测，只要发现花叶上灰尘多，则证明车间内不干净，便对有关值班班长进行严肃处理。用"让鲜花说话"的方法来管质量、做产品，大大提高了双星集团鲁中公司的整体管理水平。

二、案例分析与启示

（一）案例分析

"人造环境，环境育人。"小王班组杂乱无章的环境，不仅影响了正常的生产运行，也导致班组员工低标准、老毛病、坏习惯的养成。双星集团鲁中公司正是从抓环境建设入手，来提升员工的质量意识、规范意识，提高企业现场管理水平。

（二）案例启示

作业现场环境管理的目的就是为现场的"人"和"物"创造一个适宜的工作环境，保证产品质量和生产效率的实现，确保安全生产。实践证明，人们的心情与工作环境密切相关，而人们的心情与工作质量、安全系数密切相关。

三、学习要点链接

（一）班组作业现场定置管理

定置管理是通过科学分析和研究生产现场中的人、物、场所三者之间的关系，做到"人定岗、物定位、危险工作定等级，危险物品定存量，成品、半成品、材料定区域"，使人、物、场所达到最佳结合状态的一种科学管理方法。现场定置包括：工作场所的定置；工序、岗位、机台的定置；工具箱的定置；仓库的定置；标示物和看板的定置。推行现场定置管理包括现场调查、系统设计、定置实施和考核等工作。定置管理必须要做到有图必有物、有物必有区、有区必有牌、有牌必分类；按图摆放，按图定置，按类存放，账物一致。

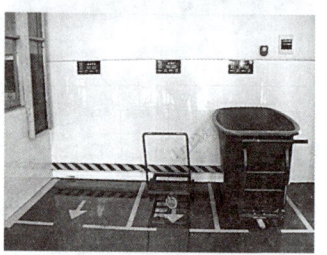

（二）班组作业现场目视管理

现场目视管理是利用形象直观而又色彩适宜的各种视觉感知信息来组织现场生产活动，以提高现场信息传递效率的手段，是一种利用视觉来进行管理的科学方法，被广泛应用在生产现场管理中，是现场环境管理的主要内容之一。目视管理具有以下特点：

（1）以视觉信号显示为基本手段，使大家都能看得见。

（2）以公开化、透明化为基本原则，尽可能地将管理者的要求、意图让大家看得见，借以推动员工自主管理。

（3）现场作业人员可以通过目视管理平台将自己的建议、感想展示出来，与领导、同事交流。

（4）目视管理的对象可以是生产现场的人、机、料、法、环、信息等所有要素，贯穿于生产现场管理目标、计划、控制、评价全过程。

班长可以根据班组管理的侧重点不同、资源条件不同，在目视管理的内容和形式上有所不同，应以适用、实用为原则。班组作业现场目视管理的内容包括规章制度公布、生产指标和作业计划公布、劳动竞赛情况公布、生产安全警示看板展示、物品定置图标示、员工健康状态看板展示、操作规范看板展示等。

（三）班组作业现场清洁管理

现场清洁管理是指生产现场要做到"一平、二净、三见、四无、五不缺"，即地面平整；门窗玻璃净、四周墙壁净；沟见底、轴见光、设备见本色；无垃圾、无杂物、无废件、无闲散器材；保温油漆不缺、螺栓手轮不缺、门窗玻璃不缺、灯泡灯罩不缺、地面盖板不缺。

由于企业所属行业特点不同，现场清洁管理的内容也有所不同，除了上述内容之外，还涉及废弃物管理、个人卫生管理等。

（四）班组现场管理技法

1. 5S管理

5S管理，是通过实施整理、整顿、清扫、清洁、修养五个项目，规范现场、现物，营造一目了然、井然有序的工作环境，其最终目的是提升员工的品质，养成良好的工作习惯。5S管理起源于日本，是在现场环境管理广泛应用的方法。

（1）整理。

①将现场的所有物品分为必要物品和不必要物品。

②必要的物品留下来，不必要的物品从工作现场彻底清除。

（2）整顿。

①将留在现场的必要物品分门别类放置，摆放整齐。

②明确数量，加上标识。

③将物品放置在作业时方便使用的地方（定置摆放）。

（3）清扫。

①将工作场所打扫干净。

②作业岗位保持无垃圾、无灰尘、干净整洁的状态。

③谁使用，谁负责清扫。

（4）清洁（保持）。

① 将整理、整顿、清扫进行到底，形成制度化、规范化。

② 管理透明化。

（5）修养。

培育员工养成按规矩做事的工作习惯。

班组开展5S管理，可以在企业推行的前提下实施，也可在班组内自行实施。因为5S管理不涉及平衡生产的问题，只是现场管理的一种科学有效的方法。

2. 班组5S管理实施步骤

（1）5S管理立项。如果企业统一推行，则按照企业的统一要求做；如果企业没有推行，班组自己推行时，则要向上级递交推行5S管理的申请，待上级批准后再执行，以获得上级的支持。

（2）宣传动员。班组在推行前，必须认真宣传5S管理的具体内容要求和推广的意义，让班组成员认识5S管理，了解5S管理的作用和意义。

（3）建立以班组长为主要负责人推行5S管理的责任制度，并制定实施计划。5S管理与岗位责任制、评比考核制度有机结合，才能确保有效推行。

（4）5S管理业务培训。让大家熟悉5S管理的方法和技巧，学会制定和使用相关工具，深入了解5S管理对班组管理的意义，使员工有积极主动参与的热情。

（5）考核评比，改善实施。5S管理要每日进行考核，定期进行评比，不断改善固化，经过持续的努力，把5S管理变成班组管理的一项基础工作，成为员工的行为习惯。

The fourth section

第四节
班组现场质量管理

如果安全管理是班组现场管理的第一要素，那么质量管理则是第二要素。在企业的现实管理过程中，有的企业把质量与安全并列。实际上二者互为因果，即没有安全，质量不可能存在；没有质量，安全也难以保障。

一、案例导入

快下班了，班长突然发现已经送往下道工序的产品出现了质量问题，但质检员和下道工序的人员并没有发现，是否要追回来返工，大家七嘴八舌地议论起来。

下班前的讨论

小王："'萝卜快了还不洗泥'呢，工期催得这么紧，别跟自己过不去了。"

小赵："小毛病，差不多就可以了，就别吭声了。"

小丁："设备太陈旧了，厂里也舍不得花钱更新设备，这活太难干了，不是咱的责任。"

…………

班长："今后大家都注意点，这次就这样了，大家以后都精心点，下不为例。"

二、案例分析与启示

（一）案例分析

"问题产品"往往源于生产过程中的"小问题"，生产过程是产品质量形成的主要过程，生产过程的质量管理是质量管理的重点。现场是问题的发生地，作为基层班组的管理者，班组长要善于发现和杜绝生产现场中的"小问题"，做到不制造缺陷、不传递缺陷、不接受缺陷、不隐瞒缺陷，将质量问题消灭在萌芽状态。

（二）案例启示

细节决定成败，所有质量问题都是由小到大造成的。因此，严把质量关，必须关注并注意细节。

三、学习要点链接

现场质量管理又称生产过程质量管理，是从原材料投入到产品形成的整个生产现场全过程的管理，是全面质量管理的重要内容，是通过建立有效的、严格的现场监督、检验、评价以及信息反馈制度，形成现场质量保证体系，使整个生产过程各工序质量处在严格的控制状态下，以确保生产现场能够稳定生产出合格品和优质品。

（一）实施班组现场质量管理的具体措施

（1）贯彻落实管理标准、技术质量标准、作业标准。

（2）落实班组岗位质量责任制，明确各岗位的质量责任和考核标准。

（3）密切观察生产情况，落实自检、互检和专检，及时发现、反馈、解决质量问题。

（4）对员工进行质量管理意识和技能培训。

（5）开展班组现场改善活动。

（二）班组长应建立三个意识

（1）问题意识。班组长必须养成善于在生产现场发现问题的意识，只有如此才能将质量问题消灭在萌芽状态。

（2）客观意识。哪里出现了问题，造成了哪些影响，责任人是谁，问题的原因在哪里，班组长应该以事实为依据进行现场管理，出了问题不能凭主观想象来处理。

（3）时间意识。及时、及早、即刻发现并解决问题。

及时：及时发现问题，迅速作出反应。建立问题快速反馈机制，明确出现异常情况向谁汇报，在多长时间内必须汇报，汇报必须包括的内容等。

及早：第一时间发现问题，防患于未然。

即刻：对出现的问题要迅速、正确地处理，不能拖延。

（三）开展全员改善活动

现场改善的内容，是以人、机、料、法、环、信息等生产要素为中心，展开提升品质、降低成本、节省时间、确保安全、提升客户满意度等方面的管理改善活动，以提升班组管理水平。班组长除了维持正常的生产秩序外，更重要的工作就是推动现场改善活动。

（四）现场解决问题七步法

问题解决七步法是开展现场改善的基本方法，具有广泛的适用性。将通常进行改善的PDCD过程，细分为七个关键的步骤，如下图所示。

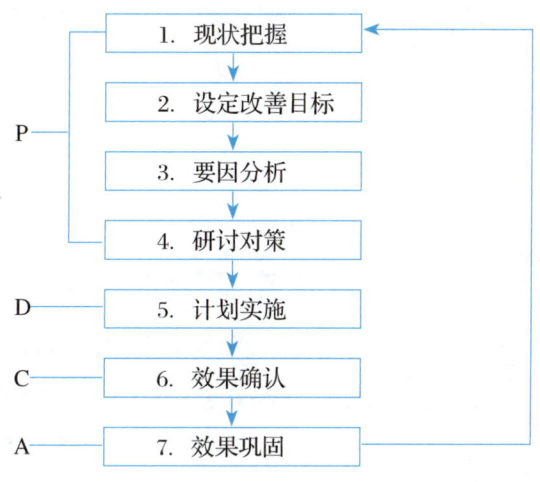

PDCA改善循环

以上是整个改善过程的PDCA大循环。在实际过程中，因为对策实施的效果往往会存在局部的不足，通常还需进行局部的PDCA小循环，如下图所示。

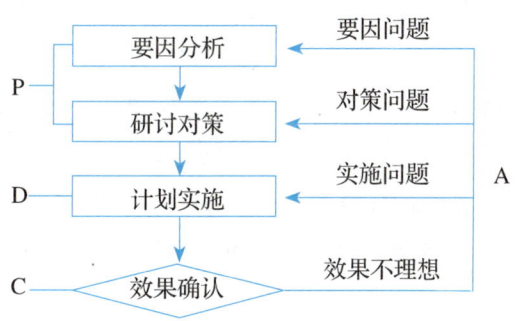

PDCA局部循环

第五节
班组现场安全管理

对任何企业或班组来说，安全永远是第一位的，特别是某些行业、企业，如煤矿行业、化工行业、交通行业等，安全问题显得尤为重要，安全就是最大的效益。安全管理是现场管理的重中之重。无论什么类型的企业，安全永远是第一位的。

一、案例导入

**一起未遂事故
引发的争论**　　鞍山钢铁集团公司某长成品库包装班正在进行安全活动，大家针对刚刚发生的一起未遂事故展开了激烈的争论。

就在前一天，3号桥式吊车中修结束，检修人员将吊车交给运转班组。由于生产急需使用吊车，吊车司机没有按规程认真检查验收，就匆忙作业。在作业中，从吊车上落下一根约一米长的钢管，掉到车间过道上。幸好当时过道没人，才没有造成严重的后果。此钢管是检修时割下的多余护管，因生产急需用吊车，检修人员没有按安全操作规程认真清理作业现场。

因为此事没有造成严重后果，大家并没有当回事，打算不了了之。可是安全员老唐却当作大事抓住不放，督促举办这次班组安全活动。讨论并没有得到大家的支持，甚至还有人跟老唐顶牛。

小王首先发言："吊车不是我们修的，也不是我们开的，此事与我们无关，我们班已经十多年没出事故了。"

老唐回应："十多年没出事故不等于一定不会出事故。昨天这起事故如果不查清原因并处理责任人，落实预防措施，让大家受到教育，下次一定还会发生同样的事故，到那时是否伤着人就很难说了。"

老王说："这有点小题大做了，毕竟没有出事嘛！"

小刘也赞同："没有伤着人，没有损坏设备，就不能算是事故。"

老唐毫不妥协："不对，虽然没造成伤害，但它仍然是一起事故，只是事故的后果不同，而事故后果的严重程度具有随机性，我们应该从未造成伤害的事故中吸取教训，采取对策预防安全事故，而不是等到发生了伤亡事故再去查找原因，采取对策。这次事故已经暴露了我们安全意识的薄弱，对此，不能视而不见。"

老王点点头："听老唐这么一说，还真有道理，我们还真不能轻易放过这次事故。"

大家一起响应："对，好好分析一下这次事故的原因，预防以后的坠物砸伤事故。"

大家的思想认识和态度发生了转变，一起对这起事故进行分析，气氛活跃起来了。

老王："吊车检修后，没有按规定清理现场，将管头留在吊车上，构成了隐患。我看这是造成这次事故的主要原因。无论怎样忙，按照规程工作不能含糊。"

大岳："如果吊车司机接车时按照规定认真检查验收，就会发现这个管头并将它取下，也不会发生后来的事故。我觉得这也是一个重要原因。"

小张："吊车上部的周边护栏如果设置100mm高的踢脚板，即使吊车上有管头之类的杂物，也不易滚落。按规定高处设备周边护栏下都应该设踢脚板，可有不少地方没设。平时没有出事，大家都不在意。"

老刘补充道："要以此事故为契机，对全厂职工进行一次预防高处坠物伤人事故的安全教育。"

经过大家认真分析，问题找到了，并制定了整改措施。

二、案例分析与启示

（一）案例分析

包装班组虽然发生了事故，幸而并未造成实质性的伤害。安全员老唐仍然抓住不放、坚持原则，提出针对事故结合班组情况，组织开展安全大讨论，非常有借鉴价值。安全要警钟长鸣，防患于未然，是班组安全管理的核心思想。现场管理应该多几个老唐这样的安全员，安全大于一切。

（二）案例启示

案例给我们三点启示：一是安全不能等出了问题再去处理，要以预防为主；二是坚持安全重于泰山的原则，要有敢于坚持原则，又懂业务的安全员；三是安全问题人人有责，全员参与。

三、学习要点链接

班组安全管理应该以预防与消除对员工人身安全、职业健康构成的潜在威胁为主，对班组员工作业环境和作业行为进行分析、引导，控制、指导员工安全作业行为，不断增强员工自保和互保意识，确保班组安全生产正常运行。

（一）班组安全管理的基本原则

1. 预防为主

安全生产重在预防。班组安全管理要紧紧围绕对可能导致事故的危险、有害因素的辨识，并采取综合措施对其进行消除和控制。

2. 全员参与

安全生产人人有责，班组员工既是班组安全管理的对象，也是班组安全管理的责任人。

3. 全方位原则

充分运用管理手段，实现人、机、环境有机结合，达到全方位监控。

（1）确保人的安全状态。重点提高班组成员的安全意识、工作责任心和岗位技能水平，避免人为失误和违章操作。

（2）确保机器的安全状态。加强设备、工具的使用管理和安全检查，防止带"病"作业。

（3）确保作业环境的安全状态。改善作业条件和作业环境，消除现场不安全因素和有害因素。

（二）班组安全管理的重点环节

班组安全管理应贯穿班组生产过程，有以下几个重点环节：

（1）班前做好安全交底，班组长向员工告知作业场所和工作岗位存在的危险因素、防范措施以及事故应急措施。

（2）作业前要做好安全确认，对作业环境、装置设备、工具、材料的安全状态确认后再进行作业。

（3）作业中做好安全互保，互相提醒危险因素和安全要点。

（4）生产过程安排专人进行现场安全监管，确保安全措施的落实和操作规程的遵守。

（5）发现事故征兆、安全隐患时，组织班组员工分析原因，采取有效措施，及时控制可能发生的事故。

（6）组织安全教育和培训，提升班组员工的安全意识和安全生产技能。

（7）做好员工职业卫生管理。

（三）班组安全管理制度建设

建立健全班组安全生产责任制、安全责任考核和追究制度、安全生产操作规程、班组安全检查制度、员工安全教育和员工职业健康保障制度等相关制度，避免班组安全管理的随意性。

无论在什么情况下，安全生产都是第一重要的事情，班组安全管理要做到责任明确、标准清楚、考核到位，确保班组各项安全管理工作落到实处。

（四）班组职业卫生管理

班组长应全面掌握本班组工作中所存在的职业病危害因素及可能导致的职业病，清楚应该采取和已经采取的防护措施，并督促班组员工佩带好个人防护用品。重视员工职业卫生常识教育，督促员工积极参加企业组织的定期职业健康检查，及时将患有职业病的员工调离接触职业病危害因素的岗位。

（五）班组安全事故防范措施

1. 防范能力提升训练

班组安全活动是对员工进行安全意识教育和安全技能培训的主要阵地，由班组长或班组安全员组织，班组全体成员参加。

（1）班组安全活动内容要结合实际，有的放矢。每次活动分别选择不同的内容展开训练。例如，安全生产法律法规；岗位安全操作规程；生产设备、安全装置、劳动防护用具的正确使用；作业场所和岗位存在的危险因素、防范措施、事故应急措施、事故案例等。

（2）班组安全活动形式应该采用员工喜闻乐见的形式。班前安全碰头会、班后安全总结会、事故分析会、讲安全故事、一分钟安全讲话、班前会安全喊话、安全生产知识竞赛、安全生产危险预测活动、事故应急预案演练、参观安全文化展览、观看安全事故视频等，都是基层员工喜闻乐见、行之有效的安全活动形式。

2. 事故防范排查检查

安全检查是指对生产系统中潜在的危险、有害因素进行调查，对安全设施和措施的有效性进行核查，以达到预防为主的目的。安全检查是班组安全管理的重要手段。

（1）班组安全检查的内容包括：

① 安全操作规程执行情况。

② 安全防护设施设备是否完备。

③ 设备安全运行情况。

④ 个人劳动防护用品是否齐备及正确使用。

⑤ 作业环境是否有潜在危险及有害因素。

⑥ 安全作业条件是否具备。

⑦ 员工身体健康状况和情绪状况。

（2）班组安全检查的方式。

班组安全检查应贯穿于生产活动全过程，重点在以下场合：

① 班前（作业前）安全检查。班组员工在上岗前，根据自己的安全责任和工作任务，对作业场所和工作岗位存在的危险因素进行检查确认。

② 班中（作业中）安全检查。班组长、班组安全员随时检查本班组安全作业情况和作业环境、设备、设施安全运行情况，发现问题及时处理。

③ 定时安全检查。班组定时对本班组的人、机、料、法、环，特别是危险性大的设备和危险源控制措施进行认真全面检查，发现隐患及时上报。

④ 季节性安全检查。在季节变化时，突出重点进行检查。

⑤ 节假日前后安全检查。在重大节日前后对易发生事故的场所，特别是易燃、易爆、易中毒等重大危险源处所，应急救援器材、设施、通信和运输设备及安全值班等进行检查。

⑥ 专项安全检查。针对某个专项工作、专项问题，进行的单项安全检查。

 案例：

★ 安全卫士的午夜风波

1月19日00:30，大芳烃装置区灯火通明，现场只有设备运转的隆隆声。

大芳烃外操室里乙班重整单元班长张浩看了看表，心想："到点了，该巡检了。"

张浩拿起巡检牌向装置区走去。他按照巡检路线依次巡查，走在熟悉的巡检路上，张浩想："再有两天就是除夕了，得好好检查一下装置，也让装置过个安稳的春节。"

00:45，当他来到重整氢增压压缩机K-202A/B/C二级台阶时，隆隆的机组运转声音响彻耳边，他按照巡检要求对压缩机组进行认真检查，发现机组运转正常。

"你们这些大家伙可是装置的'心脏'啊，给你们刚刚'体检'过了，没问题。"张浩一边想一边舒心地笑了。

可是，张浩在机组运转的隆隆声中隐约听见一点嘶嘶声。张浩想："哪来的嘶嘶声，可别是压缩机组或其他附件有泄漏点吧！以前也发生过类似的情况，这种声音的确是有泄漏点的征兆。"

想到这，张浩急忙戴好防毒口罩，仔细地检查平台上的三台增压机，由于平台机组运转噪声很大，很难发现气若游丝的嘶嘶声从何而来。

漏点一时没有找到，张浩立即趴在框架上逐个法兰进行检查。功夫不负有心人，终于在一级二号缸出口和出口缓冲罐连接短节的法兰焊口处发现了一个砂眼……

张浩立刻向控制室报告了现场情况，值班长到现场确认后，配合张浩迅速接好蒸汽软管，对泄漏部位进行蒸汽保护。接到通知的设备员小刘从家里赶来，发现砂眼有逐步增大的趋势，于是立刻组织班组人员将K-202B切换至A台运转，之后对K-202B台进行氮气置换，并通知保运站检修人员加装盲板，将K-202B从系统中隔离出来。

回到外操室的张浩一脸疲惫，一身尘土，可是想到装置隐患消除了，就开心地笑了。

"张浩，够厉害，那么隐蔽的地方都被你找到了。我觉得你就是隐患的克星啊！"值班长拍了拍张浩的肩膀。

外操室里大家笑成一团。

The sixth section
第六节
班组现场管理能力训练

一、案例导入

"铃……铃……铃……"晚上6：35，天津石化热电部电气 **五分钟先生**
车间主控室响起急促的电话铃声。

"您好，我是电气车间主控室。"

电话对方："我是值长，7号炉给粉机故障已处理完毕，现在具备启动条件，请送电！"

电气主控室："好，我们马上进行操作。"

"我们马上给7号炉给粉机送电。"放下电话后，班长程志勇在第一时间下达了送电操作指令。

时间就是效益，正在吃饭的主值李敏哲和副值纪巍放下饭盒，迅速戴好安全帽，拿着低压摇把、电笔、钥匙、手电筒等现场所需操作工具，火速赶往现场。从接到值长命令到人员到达操作现场还不到五分钟时间。

在班组管理标准化过程中，电气车间丁班班长程志勇结合专业特点，为了提高班组工作效率，制定了具体的工作标准，要求班员在接到操作任务后（电厂低压操作）五分钟内到达操作现场。工作标准实施以来，班员被机炉专业员工誉为"五分钟先生"。

天津石化热电部联合二车间运行乙班在班组管理中，立足 **每日三个一**
岗位实际，强化现场安全管理工作，实施班组安全培训"每日
三个一"标准化管理。"每日三个一"即每日一练、每日一课、
每日一题。

（1）每日一练。班组在每天接班前进行一次反事故演练，班组长提出事故预想，各岗位人员汇报应急处理措施，最后班组长进行点评和总结。目的是提高班组成员在装置异常情况下的反事故能力。

（2）每日一课。利用班内工作间隙，由班组长及各岗位主值轮流讲解设备原理、系统流程、安全操作技能等专业知识。目的是提高班组成员的安全操作水平和实战专业技能。

（3）每日一题。班组要求班员每日解答一道安全题，内容包含天津石化安全生产禁令、中央企业安全生产禁令、车间安全生产规定等。目的是固化安全条例，恪守安全规程，增强安全意识，使班组成员做到在岗"七想七不干"。

二、能力训练指导

（一）认识现场管理意义，抓住现场管理重点

班组现场管理是班组管理的核心节点。班组所有的效益都源于现场，以现场为基本平台，现场管理的水平决定班组管理水平，也体现了企业管理水平。而现场管理的重点，从内容上看，是员工的工作热情调动、岗位责任和适岗工作能力提升，确保质量品质、生产安全和生产效益的实现；从管理程序和管理方法上看，是管理的制度化和规范化，其管理的标准化又是确保质量品级及安全生产的重要节点。

（二）抓住班组现场标准化管理

标准化是为适应经济、技术、科学及管理等社会实践的需要，对重复性事物和概念通过制定、发布和实施标准达到统一，以获得最佳秩序和社会效益的过程。班组现场管理标准化是对班组各项工作的一个整合优化的过程，是班组实现工作程序化、流程化、规范化的基础。

班组现场管理标准化内容包括：

（1）生产操作标准化。对生产过程中的操作内容、操作程序、操作标准所作的规定标准化。

（2）管理工作标准化。对班组内重复出现的管理工作、工作责任、工作程序、工作方法，用制度固定下来，作为行动准则。

（3）员工日常行为标准化。在工作现场这一特定的工作区域对员工的日常行为做出具体的管理规定。

（三）开展班组现场管理标准化应注意的问题

班组现场管理标准化工作的开展是一项系统工程，从标准的建立、培训到现场指导、检查评比，任何一个环节都十分重要，必不可少。不仅要有一个部门牵头负责，也需要各车间将其作为加强现场管理的重要抓手，以此为依据，加强对班组现场管理的督导。

推行班组现场管理标准化应注意以下事项：

（1）推行班组现场管理标准化要结合企业行业特点，对班组核心工作内容进行归纳梳理，突出重点，切勿大而全。

（2）班组现场管理标准化内容要具体、量化，贴近实际可操作性，避免概念上的模糊和口号化。

（3）要由具体职责部门统一组织管理（一般情况由工会负责），避免谁都管、谁都不管的情况发生。

（4）要重在落实，工会要做好阶段推动和总结工作，车间要做好定期检查考核工作。

（5）班组标准化管理要建立奖惩机制，按照相关制度做到有奖有罚。

（四）"7+S"班组现场管理标准化的实践与启示

天津石化热电部为强化企业"三基"工作，结合行业特点，在一线班组中有针对性地实施了"7+S"班组现场管理标准化工作，有效促进了现场管理水平的提升。

作为班组管理的牵头管理部门，热电部工会通过完善制度、优化流程、设定标准，对涉及班组现场管理的内容进行了程序化、模块化设计。"7+S"中的"7"是班组现场管理的定量，即规定动作，涉及班组安全生产、成本核算、定点摆放、民主管理、文明创建等，明确了具体要求，量化了工作标准；"S"是变量，即自选动作，主要体现专业特点，车间可以结合管理实际对某一方面工作进行重点细化和强化。

在推进措施上，工会一是选某一个车间作为试点，在实践探索中不断改善管理手段，形成较为完善的实战管理方法；二是在试点车间召开现场推动会，让全部一线班组启动此项工作；三是工会管理人员定期到专业车间、班组进行具体指导，解决在实际运作过程中出现的问题；四是工会做好工作总结和典型经验介绍工作，以成果发布会的形式推动此项工作的开展。在过程控制上，车间依据《"7+S"班组现场管理标准化实施方案》对班组日常工作进行检查和考核，成绩量化，结果上报工会。工会每季度对班组现场管理标准化工作进行一次达标检查，在车间考核基础上核算分数，成绩进行公示，对各车间成绩优异班组给予奖励。

"7+S"班组现场管理标准化工作的实施，使班组各项工作更加系统化、规范化、条理化，有力促进了企业基础管理工作和班组自主化管理水平。一位一线班组长评价说："以前工作感觉天天有做不完的事，不但"累"，而且还存在工作的纰漏和落项。现在好了，有了"7+S"，虽然工作比以前更加严谨、精细，但因工作有了具体的标准、要求，工作起来很有序、顺畅，每名员工都清楚自己的工作内容和标准，大家在班组自主化管理中体会到了工作的快乐。"

（五）天津石化热电部班组交接班标准化管理规定借鉴

1. 目的

为进一步加强热电部运行管理，保证安全生产以及各套装置连续、平稳、优化运行，在执行《热电部交接班管理制度》的基础上，制定本制度，热电部各一线生产班组必须认真贯彻执行。

2. 适用范围

热电部各一线生产班组。

3. 职责

（1）热电部各车间班组成员严格按照规定执行。

（2）热电部各车间班组长作为第一负责人，认真组织班组做好交接班工作。

（3）热电部各车间管理负责进行检查、评比、奖惩。

4. 内容

（1）交班准备工作。

交班工作由当班班组长负责，组织全班人员于交班前30分钟完成各项交班准备工作，检查应交代的有关事项，整理各种台账、记录、工器具是否齐全，组织本班人员完成控制室、外操室清洁工作，填写各岗位运行日志。

（2）接班准备工作。

接班人员应提前15~20分钟到达控制室（穿工作服），由班组长（或副班组长）带领各岗位主值查阅运行日志，向交班人员了解有关运行工作事项，并安排其余人员进行班前巡检。

（3）班前会。

① 接班班组长（或副班组长）组织本班人员于交接班正点前10分钟站队进行班前会。

② 各岗位人员依次汇报接班前检查情况：

A. 清点人员出勤情况，记录考勤。

B. 设备运行方式、参数、设备缺陷及工作票情况。

C. 工器具、钥匙、对讲机检查情况。

D. 控制室、外操室的卫生情况及台账、记录定点摆放情况。

E. 班长安排工作任务，传达上级精神。

F. 组织每日一练。结合运行方式，进行全员反事故演练，班长提出事故预想，各岗位人员汇报应急处理措施，最后班长进行点评和总结。

G. 班长组织本班组员于正点进行接班。

（4）交接班手续。

为明确责任，交接班时，双方必须履行交接签字手续，在按规定的项目逐项交接清楚后，交班人员先在各岗位运行日志上签名，然后接班人依次签名，从此时起，全部运行工作正式转由接班人员负责，交班机炉长才能带领全班人员离开岗位。交接班的内容一律以各岗位运行日志和各种记录清楚为准，凡遗漏应交代的事项，由交班者负责；凡未接清楚听明白的事项，由接班者负责。

（5）班后会。

① 接班人员到岗后，交班人员站队进行班前会。

② 各岗位汇报交班情况。

③ 班长总结当班工作，批评违纪违章，表扬好人好事，交代注意事项和改进意见。

④ 交班班组下班。

5. 检查考核

（1）车间依照《热电部交接班管理制度》，结合实际情况制定本车间班组交接班管理规定和考核细则。

（2）车间管理人员参加班组早班、中班交接班仪式，对不严格执行交接班管理制度的班组给予考核。

（3）车间在每月班长会上通报各班组交接班执行情况，总结经验，查摆不足。

（4）车间将每月检查情况纳入班组达标竞赛（综合劳动竞赛）。

（5）部班组建设领导小组定期进行检查，对不严格执行交接班管理制度的班组扣去5分，并在热电部网站定期进行公布。

思考题与能力训练

1. 班组现场管理的目标是什么？班组现场管理的特点体现在哪些方面？

2. 结合本企业特点，说出班组现场管理的主要内容。

3. 班组现场安全管理的主要责任是什么？主要内容有哪些？

4. 结合本班组实际情况，提出一个现场标准化管理目标，制定实施计划。

Extended reading
拓展阅读

"五化"提升班组现场管理的水平

"五化"是指作业行为程序化、现场管理过程控制化、质量管理标准化、班组考核严细化、隐患控制封闭化。它是企业在实践中创造性地提出的，是提升班组现场管理水平的有效途径。

一、作业行为程序化

现场管理的核心是用科学的标准和方法对人、机、料、法、环、信息进行合理配置，保证现场按照预定的目标实现优质、高效、低耗、均衡、安全、文明的生产。班组作业紧密围绕岗位，需要由个人单独或组员之间相互配合完成，甚至有些需要班组之间的密切协作，无论哪个环节出现问题，都会影响其他岗位工作，影响整个生产作业链条的平稳运行。

作业行为实施程序化管理，可以采取横向细化法和纵向细化法。横向细化，就是将员工本岗位工作内容，从横的方面按照合理的逻辑结构，划分成若干部分；纵向细分，就是按照工作进程或时间顺序，划分成若干单元。作业行为的细分要一直分到不能再分为止。

实施作业行为程序化管理，需要清楚以下问题：

（1）要从系统论的角度看问题。按照系统思考的方法，观察、分析、控制、协调某一个事务，不能只见树木，不见森林。

（2）程序化管理存在于一切活动中。

（3）科学地制定程序，提高效率。在工作程序中，应明确规定该项工作的具体任务、职责权限、方法及工作程序，并尽量使程序标准化。因此，要考虑到程序的可操作性和前瞻性。

作业行为程序化，可以有利于明晰工作职责，减少扯皮现象，规范各类人员的行为；有利于理顺工作内容，岗位人员采用流程化的工作方法和程序，能减少由于工作方法不当造成的损失。

二、现场管理过程控制化

现场管理的宗旨就是要使现场的一切生产要素达到受控状态，搞好班组生产现场管理，班组要采取有效手段，规范班组现场管理中人的行为、设备的状态、原材料的使用等，使班组管理进入有序状态。控制是班组管理的一项重要职能，只有通过班组控制，才能将职能部门的专业控制落实为员工个体的自我控制。

现场作业计划管理就是要求班组长要对班组一定时期内的各项任务和操作进行统筹计划、过程控制和结果评估。

三、质量管理标准化

现场质量管理又称生产过程质量管理，是从原材料投入到产品形成整个生产现场所进行的质量管理，是全面质量管理的重要内容。

员工积极参与是成功实施现场质量管理的关键。对生产现场影响产品质量的关键因素的标准化，并制作成直观的、方便使用的图表、卡片或辅助用具，可以使作业分析更直观，问题寻找更准确。

四、班组考核严细化

考核目的是为了提高绩效。一般情况下，影响岗位人员绩效的因素有：

（1）工作者的因素。包括工作态度、工作技能和知识、人际关系等。

（2）工作本身。包括工作的目标、标准、信息资料、工作程序、时间等。

（3）工作方法。包括工具、工作协调、工作组织等。

（4）工作环境。包括信息、场地、考核人员等。

（5）管理机制。包括激励、检查、监督等。

由此可见，影响绩效评价的因素很多，一般来自于工作者本身主客观因素、考核人员的主观因素、工作过程中的客观因素等。因此，考核的标准及内容要合理严细，尽量实现量化考核。

五、隐患控制封闭化

当现场发现问题时，班组能处理的要及时处理，不得不作为；班组及值班人员无法处理的，及时上报相关职能组；职能组对班组反馈的问题要积极处理，不得推诿；职能组也无法处理的，要及时上报车间；车间处理完后予以反馈，实现问题的闭环管理。

传统的管理手段紧密结合了以信息化管理技术提升管理水平的"问题管理系统"，加速了问题解决，使问题管理坐上了"动车组"。问题的发现可以来自许多方面，如公司、厂、车间和班组的定期岗检，日常的专业检查等。通过问题管理系统，与相关责任人点击确认，并要求在规定时间及时处理。如果信息得不到反馈，问题管理系统将不断提醒相关责任人，不解决者将负相关责任。

第 **7** 单元

班组效能管理

效能管理与效率管理有很大的不同。效率管理强调的生产或工作效率，是工作量与工作结果的百分比，是指生产、工作节奏的快慢。效能管理则强调的是管理中产生的有效作用、正能量，是提升效率的基础，而非效率本身。在实际生产工作过程中，有些管理指标很难用效率来衡量。班组效能管理是利用班组综合管理手段，提升班组管理的质量和效果。通过班组效能管理，还可以提升班组管理综合素质和能力。另外，提倡班组效能管理，是推进班组管理方式转变的重要举措，也是推进现代班组建设的重要内容。

学习目标

1. 熟知效能管理与效率管理的区别。
2. 培养效能管理的理念。
3. 掌握效能管理的基本原则和方法。

学习方法

1. 专家讲座与班组长讨论相结合，理清效能管理思路，并由班组长自己制定效能管理方案。
2. 开展效能管理班组长交流会、座谈会。

第一节
先进的管理理念

　　理念是行动的先导，没有先进的理念，不可能产生科学的行为。效能管理是否有效，首先取决于管理理念的更新，要打破传统的重物轻人的陈旧管理理念。

一、案例导入

用数字管理的艺术　　　查尔斯·施瓦斯是美国著名企业家，他的一个子公司的员工总是完不成定额。该公司经理几乎用尽了一切办法，都无济于事。于是施瓦斯决定亲自到该公司处理这件事。

　　施瓦斯在公司经理的陪同下到该公司巡视。这时，正好是白班工人要下班、夜班工人要接班的时候。施瓦斯问一位工人："你们今天炼了几炉钢？"

　　"5炉。"工人回答说。

　　施瓦斯听了工人的回答后，一句话也没说，拿起笔在公司的布告栏上写了一个"5"字，然后就离开了。

　　待夜班工人上班时，看到布告栏上的"5"字，感到很奇怪，不知道是什么意思，就去问门卫。门卫将施瓦斯来公司视察并写下"5"字的经过详细地讲述了一遍。

　　次日早晨，当白班工人看到布告栏上的"6"字后，心里很不服气：夜班工人并不比我们强，明明知道我们炼了5炉钢，还故意比我们多炼1炉，这不是明摆着给我们难堪，让我们下不了台吗？于是，大家劲儿往一处使，到晚上交班时，白班工人在布告栏上写下了"8"字。

　　智慧过人的施瓦斯用他无言的鼓励，激起了公司员工之间的竞争，最高的日产量竟然达到了16炉，是过去日产量的3.2倍。结果，这个产品产量曾落后的公司很快超过了其他公司的产量。

二、案例分析与启示

（一）案例分析

　　上述案例中，经理用了很多管理办法，仍无法提高班组的工作效率。施瓦斯只用了几个数字，便改变了管理现状，提高了生产效率，管理效果截然不同。可见，管理方法不同，管理效能和结果是不同的，而且差异性很大。

（二）案例启示

施瓦斯只用了一个数字，就改变了管理现状，看起来很简单，但背后包含着深刻的管理思想和管理艺术。一是用了管理心理学艺术，抓住了员工上进的心理；二是用了市场管理的手段——竞争，激发了员工的干劲；三是用了"激励"法。施瓦斯就是利用了综合管理策略，提升了管理效果，是典型的效能管理案例。

三、学习要点链接

在班组推行效能管理，首先应树立效能管理理念，打破粗放型传统管理的思想和方式，通过利用综合管理的手段，提升管理效能。

1. 树立以人为本的诚信理念，把员工作为效能管理的基石

班组管理水平高低，不仅仅取决于班组长个人的能力，员工参与班组管理的能力是绝对不能小视的。如何提高员工参与班组管理的积极性，深化员工参与班组管理的程度，是班组实现效能管理的基础。

效能管理的实践证明：以人为本是实现效能管理最为核心的要素和基础，而以人为本的管理，不仅需要理念，还要抓住这一理念落地的关键要素。

（1）把关心员工作为实现以人为本管理的基本准则。

以人为本，首先要站在员工的立场上去考虑问题，做到设身处地地为员工着想。以人为本的核心是关心员工的个人成长，为员工的成长创造环境、提供条件，还要关心员工生活和工作中的相关问题。只有相互关心，以人为本管理的文化才会逐渐培养拓展，班组凝聚力才会形成。

（2）以信任和尊重为桥梁实现有效沟通，把有效沟通作为实现效能管理的手段。

沟通既是管理的重要技术手段，也是实现以人为本管理的重要手段。实践证明，有了好的制度，也需要与员工沟通，让员工充分理解和认可，制度的效力才会更好。因此，有效沟通就成为管理学研究、实践的重点。而有效沟通的关键，是在互相尊重的基础上建立诚信。尊重员工，可以提高班组长的个人威信，增强班组凝聚力。现代管理心理学的实验表明：借助于经济措施只能调动员工积极性的60%，而40%的积极性则主要靠领导的威信去调动。同样，在班组中，班组长威信高，班组成员就有凝聚力、向心力。因此，在尊重和互信的基础上，建立有效沟通机制，也就成为效能管理的重要内容。

全国优秀班组长白国周坚持以人为本，亲善求和，以人性化管理和亲情感召凝聚员工思想，努力形成安全生产的整体合力。白国周常说："把每个员工都当成亲兄弟，这个班就一定能

 案例：

★ 把员工当成"亲兄弟"

搞好。""把大家的方法凑到一块儿，就是最好的方法。"他坚持公正透明的工资分配办法，激励工友的劳动热情，坚持亲情管理，维护班组的和谐团结。每月大家倒休班的时候，白国周都要组织班里的员工一起聚会，谈工作、聊家庭，气氛十分融洽。通过聊天，白国周对班里每一位员工的家庭住址、家庭成员等情况都进行了详细了解，甚至连员工家人的生日他都记住。逢年过节，他组织班里员工聚会，经常给员工及其家人过生日。班里谁家有人生病，大家都主动去探望。哪位员工有怨气，白国周就主动找他谈心，晓之以理，动之以情。长期的交往，使全班十几个小家庭形成了一个和谐温暖的"大家庭"。多年来，白国周班组的员工们像亲兄弟一样抱成团，心往一处想，劲往一处使，生活上互相关心，工作上互相帮助，不仅每月都圆满完成了生产任务，而且还结下了深厚的友谊，队里调动人员时，大伙都不愿离开这个班。

2. 以关心企业发展为宗旨的服务理念

效能管理宗旨，就是提升管理的有效性，管理效果具体体现在，全体班组成员都自觉主动关心企业发展，为企业发展尽职尽责，关注工作效率和效果。

 案例：
★ 白班长的示范效应

全国优秀班组长白国周20多年始终如一，持之以恒，尽职尽责，在岗位上书写奉献，在平凡中创造不平凡的业绩。白国周对煤矿因了解而热爱，因热爱而执着，因执着而尽责，这是他20多年来始终如一、不懈追求的动力源泉。开拓四队党支部书记石峰说："白国周并没有因为是农民工就不把自己当主人看，而是深深地爱着自己的岗位，像爱护自己的家一样守护着矿山的安全。"做一件事并不难，难的是20多年持之以恒。白国周坚持"三勤"跑现场，"三细"保质量，"三到位"抓落实，"三不少"查隐患，"三必谈"聚亲情，"三提高"塑团队，持之以恒地学技术、提技能，把枯燥、单调的事情，做得有声有色，在平凡的工作中创造了煤矿班组安全管理不平凡的业绩。

三勤：勤动脑，勤汇报，勤沟通。

三细：心细，安排工作细，抓工程质量细。

三到位：布置工作到位，检查工作到位，隐患处理到位。

三不少：班前检查不能少，班中排查不能少，班后复查不能少。

三必谈：发现情绪不正常的人必谈，对受到批评的人必谈，每月必须召开一次谈心会。

三提高：提高安全意识，提高岗位技能，提高团队凝聚力和战斗力。

3. 突出技能管理理念

班组是企业最为基层的组织单位，其主要特点是注重执行和具体操作。因此，技能提升成为班组管理工作的突出重点，也是班组效能管理主题之一。如何通过员工技能的提高来提升班组工作业绩和班组工作能力，则成为班组长效能管理的重点。

全国优秀班组长白国周刻苦学习，钻研技术，言传身教，带领员工努力成为开拓掘进的行家里手和技术能手。白国周非常注重自身的学习和素质的提高。他从一个仅有初中文化的农民工起步，通过自学和实践锻炼，系统地掌握了绞车、电车、耙斗机等10多个工种的工作原理和操作要领，一个人拿到了5个特殊工种的上岗证，成为知识型、安全型、技能型、创新型的新时期产业工人优秀代表，先后多次获得中平能化集团"技术状元""首席技工"等称号，2009年4月获得了全国"五一"劳动奖章。同时，他还带领班组成员共同学习进步，通过言传身教、签订特殊师徒合同等多种办法，帮助员工学习本领、提高技能，把许多员工培养成了技术骨干。白国周班组现在共有15名矿工，个个都是一把好手。几年来，在七星公司组织的技术比武中，该班有7人次夺得前三名。班组的开拓进取、安全质量、成本效益等多项指标始终处于公司前列。白国周班组多次被公司评为"和谐班组"和"先进班组"。

案例：

★ 白国周是效能管理的高手

4. 质量安全第一理念

抓住生产或工作质量、安全，才能抓住效能管理的核心。因为效能管理水平的高低，最终考核的是管理效果和效率，而非过程和程序。企业生产中的安全和质量，是企业生存和发展的生命线，效能管理必须紧紧抓住这一发展主题，采取多种管理手段和策略，确保安全和质量。美国波音公司董事长威尔森说过："从长远看，无论在哪个市场上，唯一经久的价值标准是质量本身。"

质量和安全是企业的第一生命线，是企业生存与发展的根本。所以质量管理就成了企业管理的中心环节。班组无论在任何时候都应把产品质量、生产安全放在首位，并动员每位员工都投身到质量管理中去，调动广大员工的积极性，保证产品质量和生产安全。

全国优秀班组长白国周，他在带领团队施工过程中，始终坚持追求最优的质量等级。20多年来，他所在班组掘进、维修井下巷道近万米，工程质量全部达到了优良品，不仅保证了安全，而且提高了效益，增加了员工的收入，班组凝聚力不断增强。他的具体做法是盯住细节和勤于检查。每天开完班前会、到达井下现场后，从风门、绞车、轨道、耙斗机到掌子面，他都依次认真检查一遍，不放过任何一个细节。有一次，他发现绞车一边的滚筒处两根螺丝松动，就把问题写在一旁较为醒目的位置，要求绞车司机到位后及时与小班机电工联系，问题不处理坚决不能开动绞车。一个班结束后，他还要详

案例：

★ 质量安全标杆：白国周班组长

细地复查，能处理的及时处理，不能处理的就做到口传口、手交手，进行严格的交接班。多年来，在白国周科学严谨的管理下，许多隐患都被消灭在萌芽状态，安全生产的各项规章制度得到了很好的贯彻落实，管理效果十分突出。

白国周秉持安全第一理念，执守安全管理制度，在任何情况下都把安全生产放在第一位，坚决做到不安全绝不生产。对于安全第一，白国周可不是嘴上说说而已，在实践中他确实就是这么做的。他上班的第一天就给自己立下了一个誓言："我这一辈子绝不违章。"20多年的工作实践中，他不仅自己没有一次违章，而且还主动帮助员工增强安全意识。无论质量管理，还是安全控制，白国周从不走过场，坚持管理出效果。有一次，他的一位员工上午在老家收完麦，下午就急匆匆地赶回了矿上，要上下午4点的班。因为这名员工这个月差一个班就可以拿到保勤奖了，否则不但拿不着奖金，还要扣去总收入的20%，里外一算相差五六百元。所以，他连住处都没有回，就直接赶到了矿上。开班前会时，白国周发现他连打呵欠，精神疲倦。一问，才知道他刚从老家赶回来，白国周当时就让他马上回家休息，这个班绝不允许他上。在安全管理上，更是执行标准不走样。一次班后复查时，白国周发现一根锚杆打得不合格，如果返工，需要到附近的三分队去借工具，来回需要半个多小时。员工劝他，一根锚杆也坏不了多大事，喷进去后谁也看不到，就别再费事了。白国周说："正是因为看不到，安全隐患才更可怕。"于是员工借了工具重新打锚杆，直到达到要求才升井。

5. 竞争和危机理念

竞争是社会发展所产生的社会经济技术进步的一种社会形态，是社会和任何组织、个人不可规避的管理要素内含因素之一。科学合理的竞争意识和行为，是增强班组活力和正能量的内生动力源。效能管理的目标，就是要利用各种管理手段和策略，提升班组成员的竞争意识和能力，避免竞争和各种不可测因素带来的管理风险。所谓"生于忧患，死于安乐"，即要有危机意识。一个企业如果没有危机意识，迟早会垮掉；一个人如果没有危机意识，必将被社会所淘汰。

牢固树立危机意识，做到常备不懈，对危机源要有针对性解决预案。班组长在面对工作、组织生产的过程中，对哪里存在什么隐患，哪个环节可能出现什么样的问题，一定要心中有数，提前做好预案。在预防危机时，留心大家容易忽视或易于出事的细微地方，将是非常有益的。危机的影响是多方面的，忽略任何一个细节都将付出惨痛的代价，特别是安全和产品质量方面。

危机意识的另外一层含义是指只有不断提高个人素质，才能做到处事不慌不乱，从容应对。伊索寓言里有一则这样的故事：有一只野猪对着树干磨它的獠牙，一只狐狸看见了，问它为什么不躺下来休息享乐，更何况现在没有看到猎人！野猪回答说："等到猎人和猎狗出现时，再磨牙就来不及了！"

许多突发事件是无法预料的，在紧急情况下如何迅速做出反应，从容应对，带领大家解决问题。另外也应在心理上做好随时接受、应付突发事件的准备。心理准备充足，遇紧急情况时便不会慌了手脚。这就要求班组长要有较高的个人素质，并注重自身的学习。

案例：

★ 安德鲁飓风过后

在1992年安德鲁飓风过后，电话公司员工发现，他们在南加利福尼亚州短缺的不是电线杆、电线和开关，而是日间托儿中心。许多电话公司的野外工作人员都有孩子，需要日间托儿服务，当飓风将托儿中心摧毁之后，必须有人在家照看孩子，这就导致在最需要的时候，工作人员反而减少了。公司最终通过招募一些退休人员，开办了临时托儿中心，从而将父母们解脱出来，投入到电话网络的恢复工作中去。

第二节
明确的管理原则

如果说管理理念是指管理的文化范畴和价值观念的话，那么管理理念主要讲的是管理思想和意识。管理原则则不同，管理原则讲的是行为准则，也就是依据什么原则实施效能管理，才能取得预期的管理效果，才能使管理更加有效。

一、案例导入

让班组每位员工都成为班组的管理者

某企业生产班第五班组，是企业的所谓问题班组，经常是大事不出，小事不断，员工也不乐意在这个班组上班。刘班长工作很努力，吃苦在先，享受在后，总是第一个上班，最后一个下班。对于员工的问题，他从不留情面，只要发现就大批一顿，自认为是关心员工的进步。有个老同志曾提醒他，他却认为老同志原则性不强，不坚持原则。后来他主动辞去班组长职务，调到另外一个班组当了业务骨干。

刘班长走后，副班长王乐在大家的推举下当了班组长。王乐当选班组长后，首先给自己定了一条原则，班组的任何事情都要和大家协商，让班组的每位员工都参与班组的管理工作，特别强调了生产安全和生产质量问题。王班长当班组长后开的第一个会议的主题是"班组有问题，我的责任在哪里"，并第一个发言找自己的问题。在班组长的带动下，有几位老同志先后发言。第一次班务会开了个好头，成为班组自主管理、自我管理的良好开端。王班长在日常管理和现场管理中，还定了一条原则，即每位员工每天都必须对照企业和班组的管理规定，检查自己的不足，每周的班务会，让每位员工说出另外一位员工的一项优点。另外，在管理过程中，班里还开展了技术一帮一、老少一帮一结对子活动。在短时间内，班组管理情况有了很大改善。

后来王班长成为企业优秀班组长，在别人问他当班组长的体会时，他说："其实老班组长是一个好同志，是难得的技术骨干，在他的身上学到了不少书本上学不到的东西。班组每位成员也都是好朋友，各有长处。我当班组长就是服务和承担责任，这个责任首先是为自己负责。因为这个企业和班组是我生存和发展的平台，我要爱护它。"

二、案例分析与启示

（一）案例分析

王班长和刘班长都实施了管理，但管理的效果截然不同。在日常管理中，也经常发现管的不少、制度不少、费劲不少，但效果不好的现象。究其原因，就像案例中的刘班长一样，管理方法单一，只想到了做正确的事，没想到正确地做事。例如，他批评人，坚持了管理原则，也想让班组成员向好的方向发展，但他却忽视了重要因素，没有采用科学的方法，没有考虑管理效果。效能管理的一个重要规则就是正确地做事，也就是选用好的办法，利用各种资源去管理，王班长做到了这一点。

（二）案例启示

王班长采取多种措施实施班组管理，取得了较好的管理效果，与刘班长的管理形成了鲜明的对比。两种管理给我们的启示：管理是有原则、方法的，人们不仅要有好的愿望，做正确的事，要把事情做好，更要正确地做事，用科学的方法，遵循一定的准则和做事的规律，把事做得正确。

三、学习要点链接

班组效能管理的主要原则如下：

（一）企业和员工共同发展原则

员工的成长与企业成长密切相关，每一个组织都必须有共同的目标、价值观，让员工在企业的成长中看到发展的希望，这样员工才会产生关心企业发展、关心班组发展的内生动力。任何员工都不希望自己的前途看不到希望，企业只有提供了这种希望，员工才会产生工作的热情和动力，这也是以人为本在企业管理过程中的实践。只有企业和员工互相依存，共同发展，发展的凝聚力才能形成。员工与企业间形成的这种共同成长的心理契约，也就是这种无形的内在约定，让企业更具凝聚力和发展力。同时，也正是这种约定，让员工更主动地参与到企业的发展与建设中。所以，建立和谐的心理契约是增强员工成长，促进企业稳步发展之根本。效能管理的根本原则是强化员工的内生动力、自我管理和自我发展的主动性。

热工班班组长李建，聪明，健谈，也很"滑头"。当班组长三年了，工作不好也不坏。"我真认为当班组长没什么意思，多

案例：

★ 下岗的李班长

吃苦多受累不说，就说班组管理吧：管严了，得罪人，遭骂；管松了，又会出娄子，领导不满意。再说了，芝麻大的官，没权也没钱，凑合着混呗。"的确，李建的精力能有一半用在工作上就不错了。不过说实话，要真让李建辞职不干，丢掉国有企业的班组长工作，他还真舍不得。他明白，私人小厂底儿薄、抗风险能力低，说倒闭就倒闭。他的观点是当班组长要学会拿多少钱干多少事，干好了只是给领导添彩，为他人拼命，犯傻！有精力还不如自己干点什么，多赚钱才是真格的。结果是这个班组长下岗了，由班组长成了多余的不受欢迎的员工。

（二）精细化管理原则

精细化管理，是管理由粗放型向精细化管理转化的举措，是时代发展的需要。实践证明，精细化管理是实现效能管理的有效管理模式。精细化管理强调管理中的细枝末节，强调精益求精。细节化管理，就是在管理过程的细节中发现问题，求得管理效果的最大化。

 案例：

★ **自我管理也要关注细节**

王晓云现为天津塘沽开发区某企业的办公室经理，月薪8 000元，是令人羡慕的白领女士。

几年前，从未进过大城市的山东农村姑娘王晓云跟随几个老乡来天津打工。虽然持有高中毕业证，但由于见识少，又没有任何工作经验，找一个合适的工作很不容易。生活费眼看就花光了，她只得应聘当某企业的卫生勤杂工。公司要求她每天负责办公楼一至六楼楼道、楼梯、卫生间的卫生保洁，月薪800元。

王晓云十分珍惜这份救命的工作，每天手脚不得闲，将地面、楼梯扶手擦得一尘不染，六个卫生间在她的整理下重新光亮起来。老板还逐渐发现，王晓云不仅能干，人缘还格外好，楼上楼下各部门的人都喜欢她。

于是，老板找到王晓云谈话，让她兼做各部门报纸分发和开水供应的工作，月薪涨到1 500元。

走进办公室，看到神秘的电脑、复印机，农村姑娘王晓云很是兴奋、好奇。按捺不住探究的冲动，业余时间王晓云自费报名参加了现代办公设备应用能力培训班。

机会来了。这天，因某项紧急业务，老板急需一份材料，可办公室秘书小李因病请假，王晓云自告奋勇为老板解了燃眉之急。没几天，她被调到经理办公室，负责日常管理工作。

几年时间，王晓云凭着认真负责的敬业精神和勤奋好学的进取心，从一名保洁勤杂工成为了办公室经理。

（三）公平原则

公平原则，是效能管理的重要法宝。因为在生活工作中，人们都想得到一个公平的待遇，出现不团结、不和谐的因素，多是因为管理中的不公平引起的。公平原则是管理中的一把尺子，直接衡量管理有效性的程度和水平。如何创造公平的生活和工作环境，是效能管理的重要原则和目标。

坚持公平原则首先要做到公开。班组在开展工作时，应尽可能公开管理事务，这样能避免一些不必要的猜疑。人心深不可测，有些人认为不公开的事就是见不得人的事，尽管有时跟自己的切身利益毫无关系，但对某些道听途说的事情也会议论纷纷，瞎猜疑一番，这样无疑会给开展工作带来一些麻烦。只要公开了，这些麻烦完全可以避免，只要不涉及个人隐私和国家单位明确保密的事情，没有不可以公开的。让员工知道应该知道的事情，员工不仅可以参与管理，心里还会很满足，认为自己也得到了应有的权利，工作起来不仅顺心，还增强了员工的主人翁意识。

公开只是公正的基本要求，没有公开，很难做到公正。公开是将所有问题放在明处，也可以称作阳光管理。公正，要求管理出于公心，按照规章制度不偏不倚处理问题。例如奖金分配、选优评先时，都必须按照一定的原则、标准和程序进行，尽可能让员工都参与。只要公开、公正处理问题，以公心管理，大家就会感到公平，这样的管理才会更加有效。

（四）效益优先原则

效能管理再好，如果企业或班组总是完不成任务或亏损，这种效能管理只能说是纸上谈兵，是没有落地的效能管理。因此，效益是管理的永恒主题，追求效益最大化是企业生存的根本。同样，班组的生存与维系也是靠成本和效率决定的。效益是班组管理的最终目标，班组管理在追求效益最大化的同时，要树立生态环境效益观。同时，班组又是企业经营与成本核算的最小经济单位。所以，无论从班组的生存发展来看，还是从管理创新来看，都要优先考虑增收和节支两大效益指标。同时要考虑社会效益，不能以损害社会效益为代价，增加所谓的企业效益，如为降低成本而污染环境；又如为了本班组效益，损害其他班组利益等。无论从国家、企业的角度看，还是从班组的角度看，效能管理都必须坚持效益优先原则。效益既是推行效能管理的出发点，又是效能管理的落脚点。

培养班组员工的效益优先理念可从以下五个方面着手：

（1）建立以效益为导向的班组文化。

（2）培养员工的节约意识。

（3）掌握班组开源节流增效益的七大方法。

（4）建立现场产效益型班组的管理规则。

（5）树立效益型班组标杆，并进行传播推广。

【知识卡片】

班组开源节流增效益的七大方法

1. 向管理要效益：激活潜能，提升员工价值。
2. 向成本要效益：规范成本预算和控制。
3. 向现场要效益：做好5S，消除现场七大浪费。
4. 向质量要效益：用熟Q7，杜绝质量损失。
5. 向技术要效益：技术攻关增效益。
6. 向节约要效益：人人节约积效益。
7. 向活动要效益：开展丰富多样的活动，让员工更团结。

（五）目标管理原则

目标管理，就是以目标管理的方式和手段凝聚全体员工的心。目标管理的关键，不仅是让员工知道自己在做什么，做到什么程度，更重要的是让员工知道自己与工作目标的利益关系。目标管理也可称作利益导向管理。当员工的工作业绩同自己的利益相关联时，员工就会产生内生动力，这样的效能管理作用就会更大。

 案例：

★ 没有目标和责任的安全管理

上个月车间考核，甲班因成本考核一项较差，拖了班组的后腿，月考核的名次在全车间倒数第一。这个月，甲班终于把成本降下来了，而且成本降低的幅度很大。没想到在车间调度会上，甲班的张班长却被车间负责人点名批评，并扣发全班当月奖金，原因是张班长当班期间私自把氮气阀门关死，造成了生产上的安全隐患，如果不是车间负责人及时发现并排除隐患，很可能造成人员伤亡，后果不堪设想，同时还造成了车间产品整体质量和产量的下降。

造成车间一直没有发现该问题的原因，是张班长所采取的手段非常隐蔽，不容易发现。由于氮气使用量较大，因此他采取在当班期间关小氮气阀门，交班之前再开大到正常状态的手段，自认为谁也不会发现问题。这样甲班生产期间一切正常，但由于交班前突然加大氮气量，导致交接班后不久，生产极不平稳，产生大量不合格产品。

在有关领导的帮助下，张班长对此问题进行了深刻的检查。他说："当初把氮气阀门关小，目的是想降低产品成本，没想到会影响产品质量并可能造成车间爆炸的危险。"

（六）安全与质量第一原则

在计划经济和粗放型管理时期，许多企业都将增长规模和发展速度放在第一位。现实中，安全造成的事故令人痛心，但仍有些企业或班组不重视安全和质量。推行效能管理，必须打破传统的陈旧的管理思想和行为，坚持安全第一原则，树立安全就是效益的观念。

【知识卡片】

"安全第一"口号的提出

"安全第一"这个词最早是美国钢铁公司B.H.凯里董事长提出来的。1906年，凯里从众多的事故中总结经验，下决心摆脱令他焦头烂额的困境。他别出心裁地把公司提出的经营方针加以变动，将原来的"质量第一，产量第二"改为"安全第一，质量第二，产量第三"。这项方针的改动，既保障了雇员的安全，又使质量、产量得到保证，凯里"安全第一"的口号和他的安全措施取得了成功，震动了美国的实业界。1912年，美国芝加哥创立了"全美安全协会"，研究制定有关安全的法律草案。1917年，英国伦敦也成立了"安全第一协会"。从此，"安全第一"的口号为许多企业和管理部门所接受。

企业在生产、经营等管理策划、实施的过程中，要求全员提高风险识别意识、风险评估能力，做到"四不伤害"（不伤害自己、不伤害他人、不被他人伤害、保护他人不受伤害），时刻把安全放在第一位。

坚持安全第一，必须坚持以下基本准则：

（1）劳动者的生命安全是第一位的。生产和安全相互依存，不可分割。离开生产活动，安全就失去了意义；没有安全保障，生产就不能顺利进行。因此，必须将安全生产放在第一位，把保护劳动者在生产劳动中的生命安全和健康放在首要位置。

（2）抓生产首先抓安全。在组织和指挥生产时，首先要认真、全面地分析生产过程中存在的和可能产生的有害因素及其种类、数量、性质、来源、危害程度、危害途径及后果等，同时分析可能产生有害因素的过程、设备、场所、物料和环境，为采取预防措施提供依据。抓安全、防事故，首先要知道有哪些危险，然后有针对性地采取预防措施，危险预知是第一位的。

（3）当生产任务和安全工作发生矛盾时，应按"生产服从安全"的原则处理，把安全作为保障生产顺利进行的前提条件，确保安全时再进行生产。

（4）在评价生产工作时，安全有"一票否决权"；不抓好安全生产的领导是不称职的领导。

（5）各岗位上的生产人员，必须首先接受安全教育，并经考核合格后才能上岗。

第三节
班组效能管理的核心节点和方法

实施效能管理，树立先进的理念，制定必要的原则，是十分必要的，但没有健全的制度，没有较高的执行力，没有好的实施方法，效能管理就很难落到实处。

一、案例导入

**海尔公司的
小纸条**

海尔电冰箱是国际知名的，在生产电冰箱的厂里有一栋五层楼的材料库。一次，有一位合作伙伴到海尔电冰箱材料库来考察。他每上一层楼就会发现每层楼道里的玻璃上都贴有一张小纸条，小纸条上面有两句话，一句话是："负责擦这块玻璃的责任人：×××"，另一句话是："负责检查这块玻璃的责任人：×××"。

这位合作伙伴就感到很奇怪，于是向旁边的陪同人员问道："我对贵公司在玻璃上贴上小纸条的做法有些不解。贴上擦玻璃的责任人还说得过去，是将责任落实到擦玻璃的人身上，可是为什么还要贴上检查玻璃的责任人呢？请您给我解释一下吧。"

陪同人员笑着说："我们公司在是这样规定的：如果发现某块玻璃脏了，追究责任时，是不会对擦玻璃的人处罚的，而是处罚那些负责检查这块玻璃的人。"

合作伙伴："那这个楼层有多少块玻璃呢？"

陪同人员："总共有2 945块。"

合作伙伴："那如果有一块玻璃上有脏点，这样的小事，贵公司也会追究负责检查玻璃的人吗？"

陪同人员："是的，我们公司专门有一条擦玻璃的制度：事无大小，不管是一块玻璃还是十块玻璃，如果发现某块玻璃脏了，其责任就要具体落实到负责检查这块玻璃的人身上。"

在海尔公司里，不管是大事还是小事，都会将责任明确。例如，每块玻璃都有指定的人来擦，每个厕所都有指定的人来清洁，如果生产一台电冰箱需要156道工序，那么这项工序也就会被分为312项责任，这些责任都会落实到这些责任人的身上。

作为班组长，为了有效检查班组成员具体实施计划的情况，海尔制定了以下规定：

规定1：班组成员在完成每月、每年的计划时，要有具体的指标，并且要用数字说话。

规定2：要将大计划分割成小计划，然后将这些计划分配给班组成员，明确说明每个小计划的责任人和实施者。

规定3：当班组成员完成的计划达到了班组预期的结果，班组长就应该制定相应的奖惩计划。

规定4：除数字指标外，班组长还要知道具体要赶超的具体标杆。

规定5：班组长要将每件事都落实到班组成员身上，即使是行政工作，也要给出可量化的工作计划和指标。

总之，作为班组长，要将计划的每一小部分都落实到班组成员身上，做到责任到人、到事，最后的结果要用数字说话，并且要制定相关考核办法，这样有利于班组计划有效执行。

二、案例分析与启示

（一）案例分析

海尔能成为国际知名企业，与其高效的班组管理方法有很大关系。一块玻璃脏了，这根本就是小事，但是在海尔却不同，会被当成"大事"来管，还要追究责任人的责任。这样做的好处就是，班组长不会再去想班组成员的工作态度如何，只要将责任锁定，就可以将这些工作内容和考核标准形成环环相扣的责任链，当某个环节出现问题时，就可以将责任锁定在某个班组成员身上，防止班组成员相互之间推卸责任，做到"奖有理，罚有据"。

（二）案例启示

这个案例告诉我们，制度执行必须与个人责任挂钩，并有严格的监督检查和奖惩制度，优良的管理文化才能形成。没有好的制度并使制度落地，效能管理就不可能实现。

三、学习要点链接

（一）制度和执行力是效能管理的核心节点

班组长是企业的细胞，企业肌体是否健壮，要看每一个细胞的状态；细胞状态如何，关键在班组长。因此，健全的班组管理制度和高效的班组执行力是班组建设的重要环节。

健全的制度不仅规范企业中人的行为，为人的行为画出一个合理的受约束的圈，同时也鼓励和保障人在这个圈子里自由地活动。健全的制度一定要可行、科学、稳定、系统，以便提高制度的可执行性。制度对于企业的发展功不可没，而对于各类组织执行力的塑造、制度的创立也是不可缺少的重要方面。

原通用电气董事长兼首席执行官杰克·韦尔奇（Jack Welch）曾经说："管理者的执行力决定公司组织的执行力，个人的执行力则是个人成功的关键！关注执行力就是关注企业和个人的成功。"

一个优秀企业制度的突出特征就是制度不是空洞的说教，而是生机勃勃的精神，这种精神的核心就是执行。对于班组长而言，执行力就是选拔合适的人员到恰当的岗位上，充分发挥每个人的优势，为企业创造最大的效益；对于个人而言，执行力就是把想干的事干成功，实现自我的劳动价值。健全的制度与执行力间的关系如下图所示。

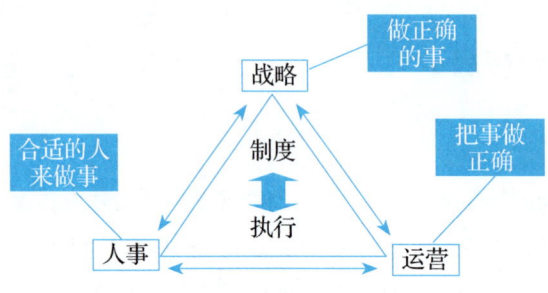

健全的制度与执行力间的关系

（二）效能管理常用的几种方法

1. PDCA管理法

PDCA是Plan（计划）、Do（执行）、Check（检查）和Action（处理）的简称。PDCA是按照顺序进行生产管理、质量管理的有效模式。右图所示为PDCA循环管理示意图。

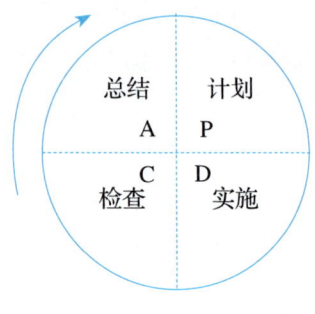

PDCA循环管理示意图

案例：

★ 注意发现细节

王班长于2012年5月到锦屏水电站为葛洲坝集团某项目部的员工进行班组长培训，培训过程中安排参观，期间车辆需经过一条约30千米的隧道（项目上称为A、B洞，双向行驶隧道）。该隧道是人员、设备、材料运送的重要路径，大型车辆、交通车辆等往来不止，因施工原因，隧道内路况不是很好，车辆往来中能见度较低。车辆行进途中，王班长突然叫停车辆，并对一位正在进行隧道卫生清洁工作的员工进行了谈话，原因是该员工未穿戴反光背心，极易发生安全事故。

2. OJT管理法

OJT管理法（On the Job Training）是在工作现场进行培训的一种方法。

OJT的特点是在具体工作中，双方一边示范讲解，一边实践学习。有不明之处可以当场询问、补充、纠正，还可以在互动中发现以往操作中的不足之处，共同改善。师带徒是OJT一种实现形式。

师带徒是一种既有现场培训又有课堂培训的"工作—学习"培训方式。这种方式可以让新员工在学习的同时获得收入。一般而言，师带徒会持续好几年，新员工的技能水平会在潜移默化间得到提高，而自己的工资也会随着能力的提高而自动增长。师带徒是现代企业一种很好的管理方法，可以使初学者在师傅正确的指导下少走弯路，不断进步，同时在师徒之间形成了非常好的师徒关系，为企业的发展注入了一股深深的情谊。

★ 案例：

★ 师带徒培训方式

云南省电力设计院师带徒风采展示

3. "以人为本"的动态管理法

以人为本管理，是当今社会现代管理的重要理念和管理思想。以人为本的管理的核心，是关心人的成长。因为在人的成长过程中，需求是变化的，所以以人为本的管理也应是动态的。管理者要发现员工的需求和要求，及时给予正向的互动，这样以人为本的管理才能落地。

案例：

★ 被重视的小李产
生了工作动力

新来的大学生小李在车间实习，觉得现场管理没什么好学的，总是孤芳自赏。班组的其他师傅对他很有意见。班组长蒋师傅发现小李计算机用得非常熟练，正好班里要搞QC（质量控制）活动，就主动邀请小李参加。小李感觉到自己的本领有了用武之地，非常高兴，下班后主动教大家计算机知识，上班时很投入地制作PPT课件。最后，他们班组的QC活动获得了公司的第一名。小李不仅从QC活动中学到很多有用的现场技能，而且同全班组的师傅打成了一片。

4. 优秀资源利用

优秀资源利用，是指班组长在管理班组的过程中，充分调动各种积极因素参与班组管理，形成团队管理文化。例如，发挥团员、党员的先锋带头作用；发挥老同志的作用；发挥技术骨干的作用等，形成优势相加、优势相助的班组文化。

5. 做好自己的示范效应

服人者，德服为上，才服为中，力服为下。

（1）力服是只靠权力使人服从，是被迫服从。力服的优点是解决问题迅速、简单；缺点是下级口服而心不服，不能持久。

（2）才服是以自己的才能引导下属，让其理智地服从，但难于使能力超过自己的下属服从。

（3）德服是靠自己高尚的人格使下属心服口服。

当前尤其强调的是，班组长要有高度的工作热情，以身作则，有奉献和牺牲精神，一名优秀的班组长只有将三者有机地结合起来，才能成为一个班组的灵魂与核心。

> 有漏洞就一定会有钻洞的人。"其身正，不令而行；其身不正，虽令而不从。""不敢承担责任，会失去承担更大责任的机会。"

The fourth section
第四节
班组效能管理能力训练

效能管理是综合运用多元化手段进行管理的一种模式，不仅重视过程、管理的效果和结果，更是将有效管理作为衡量管理质量和管理水平的尺度。因此，效能管理对管理者的能力提出了更高的要求，需要不断地实践，以积累经验、提升能力。

一、能力训练做一做

（一）精细化管理再探究

"没有问题"其实是最大的"问题"。产生"没有问题"的原因有以下三类：一是心中不想问题；二是没有能力发现问题；三是刻意掩盖问题。把问题明明白白找出来，已经成功一半，再创造条件去解决问题，班组工作就能不断上台阶。

1. 班组精细化管理由理念到技术

班组精细化管理，是先进的管理理念和适合的管理技术高度融合，是通过班组规则的细化、实用化，把精细化管理的五个基本方法（专业化、规范化、标准化、数据化、系统化）应用到岗位工作中去，确保班组工作在有效、高效、良好的环境下持续运行，使班组工作效果不断改善。

（1）班组管理问题及解决方法见表7-1。

表7-1　班组管理问题及解决方法

班组管理问题	对应解决方法
重生产轻市场	班组精细化管理坚持与市场对接
缺乏改进工作的动力、能力	班组精细化管理对班组每一项工作都有细致的要求，保证班组不断改进
技能强，管理弱	班组精细化管理在班组开展，能不断提升班组长的管理水平
班组管理体系（制度、规程）不完善、不规范、不精细	班组精细化管理过程就是对班组规则、制度的细化过程
有制度，无执行，难以养成习惯	班组精细化管理不仅注重班组规则的精细制定，更以多种方式促进严格执行
班组中存在等、靠、要的思想	班组精细化管理通过训练，使班组成员素质大幅度提升

2. 精细化管理要"严""细""仁"有机结合

首先讲"严",其次是"细",最后是"仁"。

不严,制度就没有威慑力,难以贯彻执行;不细,则容易出现管理上的"真空",导致疏于管理;不仁,则往往会出现"压而不服""口服心不服"甚至抵触现象。

3. 精细化管理的三个关键

（1）立足教育训练。

① 班组长利用多样的宣传手段,采用不同的宣讲形式向班组员工宣传班组精细化管理,如黑板报、班组看板、宣传条幅、标语、动员会、座谈会等,推动精细化管理模式。

② 班组长应积极主动地为班组员工争取更多的外部培训机会,如专家讲座、大型公开课等。目的是让班组成员加深对精细化管理的认识。

③ 利用企业、车间内部报纸、网站等宣传阵地为班组精化管理助力。目的是用典型带动一般,鼓舞班组员工士气,促进班组员工之间互相交流,共同提高。

（2）岗位责任具体化。

① 岗位责任具体化的两种方式:

A. 为每个班组活动找到一个责任人。

B. 对每个班组活动的相关指标进行明确界定,包括完成时间、成本等。

② 岗位责任具体化的两个特点:

A. 做得不好的工作能够找到责任人,可以按照制度的规定对其进行教育、引导,或者处罚。

B. 做得好,也可以找到责任人,可以按照规则、制度的规定对其进行奖励,还可以把这位员工好的做法归纳、总结、提升,作为班组精细化管中的榜样在班组内推广。

（3）以事论责。

① 工作做得好不好,不是人说了算,是市场说了算。

② 对工作的标准负责,而不是对人负责。

（二）试试看,这样做会给你带来什么

1. 树立三个观念

（1）时间观念。不遵守时间,不按时到岗,肯定会影响生产的正常进行。因此员工不但要按时上下班,也要在规定的时间内保质保量地完成任务。

（2）遵守安全法规的观念。由于安全法规内容较多,班组长应逐项介绍,使员工做到心中有数。另外,操作中还应注意提醒员工。

（3）令行禁止的观念。凡是要求做到的,必须做到;凡是禁止的,必须禁

止。这方面没有讨价还价的余地，有令则行，有禁则止，才能统一意志和步调，保证安全生产，防止事故发生。

2. 实现三个创新

（1）营造和保持一种良好的环境，让员工在和谐的环境中工作。

（2）由一个或者更多的人来协调和关注班组的活动和工作，以便收到员工单独活动所不能收到的效果。

（3）发挥班组综合职能作用，合理利用和分配班组资源，来实现工作或生产目标。

3. 班组长的言论"七说"

（1）急事，慢慢地说

（2）大事，清楚地说。

（3）小事，幽默地说。

（4）没把握的事，谨慎地说。

（5）做不到的事，不乱说。

（6）没发生的事，不胡说。

（7）伤害人的事，不能说。

（三）"一分钟"管理法则实施

目前西方许多企业纷纷采用"一分钟"管理法则，并取得了显著的成效。具体内容："一分钟目标""一分钟赞美"及"一分钟惩罚"。

"一分钟目标"，就是企业中的每一个人都将自己的主要目标和职责明确地写在一张纸上。每一个目标及其检验标准，应该在250个字内表达清楚，让一个人在一分钟内能读完。这样，便于每个人明确认识自己为何而干，如何去干，并且据此定期检查自己的工作。

"一分钟赞美"，就是人力资源激励。具体做法是，企业的领导者花费很短的时间，在员工所做的事情中，挑出正确的部分加以赞美。这样可以促使每位员工明确自己如何做事，更加努力地工作，使自己的行为不断向完美的方向发展。

"一分钟惩罚"，是指某件事应该做好，但却没有做好，对有关的人员首先进行及时批评，指出其错误，然后提醒他，你是如何器重他，不满的是他此时此地的工作，而不是别的。这样，可使做错事的人乐于接受批评，感到愧疚，并注意避免同样错误的再次发生。

"一分钟"管理法则大大缩短了管理过程，有立竿见影之效果。一分钟目标，便于每位员工明确自己的工作职责，努力实现自己的工作目标；一分钟赞美，可使每位员工更加努力地工作，使自己的行为趋向完美；一分钟惩罚，可使做错事的人乐意接受批评，促使其今后工作更加认真。

需要注意的是，确定一分钟目标，不是想当然；进行一分钟表扬，不是专门"挑刺"；及时的一分钟惩罚，不是"秋后算账"。

二、能力训练指导

本节分别从三个不同的角度设计了效能管理能力训练项目，从三个不同的方面提升班组效能管理能力。然而，这不是效能管理的全部，而只是抛砖引玉，因为效能管理是全方位的综合管理的体现。

运用效能管理手段进行班组管理，应抓住三大重点：一是效能管理是综合各种资源进行管理的模式，是先进理念和先进管理技术、方法的高度融合；二是效能管理是一种将管理过程和管理结果相结合的管理思路和策略，可以通过有效管理取得最佳管理效果；三是效能管理特别关注精细化管理，以目标为导向，把安全和质量作为管理重点。

思考题与能力训练

1. 召开班组长座谈会，讨论效能管理与其他管理的区别，并用文字描述概括。
2. 写一篇500字以上的学习体会，谈一谈对效能管理的认识。
3. 制定一份班组效能管理方案。

Extended reading
拓展阅读

实施效能管理　提升班组管理效果

效能管理是现代科学管理的重要组成部分。效能管理，就是将多元管理方法进行整合利用，以达到管理预期的目的或结果，从而最大限度地提升管理的影响力。这也是效能管理区别于其他管理的不同之处。班组是企业（包括服务型企业）最基本的生产单位，它的最高目标是创造经济价值和服务价值，这是班组管理的主题，也是效能管理的根本目标，是效能管理的真谛所在。

效能是衡量管理效果的尺度，管理的有效性高，工作或生产的效果才有可能好。效率、效益、效果三大指标是衡量效能的依据，只有充分发挥效能管理的作用，才能提高管理的各种因素在生产、工作过程中的效果。在班组管理中推行效能管理，是班组管理方式由粗放管理向精细化管理的转化，是提升班组长综合管理素质和能力的过程，更是现代化企业和现代化班组建设的必然要求，必须引起班组长的高度重视。

当前，在班组推行效能管理，还有一定的难度，主要难点表现在：一是班组长没有树立效能管理的理念，没有理解其真正价值；二是班组长综合管理素质和能力不足，同时驾驭多元管理技法的能力欠缺；三是班组长效能管理的培训课程建设和培训项目还处于空白期。但是，不能因为有难度，就放弃效能管理在班组中的实施。效能管理，是企业现代化和班组现代化的必然要求，也是企业国际化的重要策略。因此，在班组中实施效能管理，提升班组管理的效能是大势所趋，发展之必然。

效能管理，对于提高班组现代化管理水平是十分有效的，也是十分必要的，必须从思想上重视起来，从行动上做起来，知难而进，推进班组的现代化发展。目前，推行班组效能管理，要紧紧抓住以下几个关键环节：

一、树立效能管理理念，提升对效能管理的认知度

思路决定出路。从当前班组管理的现状看，班组管理方式的转变是重中之重，班组长应该认识到这一点。在管理过程中，一是要重视过程，更要重视结果，要将管理过程与管理结果相结合，坚决避免采用无效或效果不好的管理方式；二是要注重管理思路、管理方式的多变化，实施共性与个性相结合的管理系统化策略，提升管理综合效益；三是围绕主题目标实施全方位、全面的系统化管理。

二、科学理解效能管理要义，科学实施效能管理

效能管理不仅体现了先进的管理思想，而且有自身独特的具体要求，能否做到在班组中推进效能管理的思想和方法，必须对效能管理的要义有一个基本的理解和认识。其要义主要体现以下五个方面：

（1）明确管理目标，实施目标导向性管理。班组所有管理都要以实现目标为宗旨，调动一切积极因素，采取多种管理办法，以最大限度地提升管理效果。

（2）学会抓管理重点，实施要点第一原则。学会时间管理，提升时间管理效能。科学利用现代管理工具，做好重点工作排序、跟踪提醒、监督和指导。把关键问题处理在工作过程中，特别是安全和质量，必须做到早预防，建立警示制度和及时处理机制等。

（3）熟练掌握各项制度，发挥制度在管理过程中的效能。制度效能的核心是执行力，使全体组员理解制度、明白执行制度对自己和组织所产生的价值，有主动执行制度的自觉性，培养自我管理的良好行为意识和行为习惯。

（4）把人本管理作为效能管理重要原则。使每位员工都关心班组发展，参与班组管理，形成和谐的管理团队。

（5）关注管理细节，向生产工作中的细节要安全、要效益。

总之，效能管理十分重要，班组在推进效能管理的过程中，要注意学习，不断总结经验和教训，在实践中不断提升效能管理水平。

（作者：毕结礼）

第 **8** 单元
班组压力与情绪管理

      人的压力有大有小，情绪有好有坏，这是生活中的自然现象，没有压力、没有情绪的人是不存在的。适度的压力和好的情绪，是人们生活、工作不可或缺的元素。但当今社会，随着竞争发展机制建设的不断推进，人们对竞争的不适应性、负面竞争及其产生的负面压力越来越大，不正当的个人情绪带入生活和工作中，不利于工作效率的提高和人们的身体健康。因此，压力和情绪管理，成为当今社会管理的重要组成部分。班组处于生产的一线，在工作、生活的过程中，会遇到各种各样的难题，会产生一定负面的压力和情绪。如何运用科学有效的班组压力和情绪管理，将班组的负面压力和情绪进行有效调整，进而使其转为正面压力，成为产生生活、工作正能量的动力源泉。

学习目标

1. 了解产生负面压力和不良情绪的相关因素。
2. 掌握调整压力和情绪的基本技能。

学习方法

1. 通过真实的案例，了解负面压力和不良情绪产生的原因。
2. 通过技能训练，掌握调节压力和情绪的技法。

第一节
压力与情绪概述

　　压力与情绪并不是凭空产生的，有其产生的社会背景、工作背景和生活背景。人们在工作生活中会遇到各种压力，因而也会相应产生不同的情绪。那么，班组长这个岗位，会遇到什么压力，这些压力是如何产生的，又会造成什么样的负面情绪呢？只有清楚地了解了这些，才能有的放矢地进行压力与情绪管理。

一、案例导入

**小王到底
怎么了？**

　　年初，公司提拔小王做了班组长。小王毕业后一直在公司工作，在过去的几年里工作总是积极主动，成绩也十分显著，是大家公认的业务技术尖子。他还保持了学习的习惯，自学了很多专业书籍，业务技术知识不断丰富，公司领导很赞赏他的学习精神。但任命他当班组长却让大家始料未及。虽然大家都知道余班长到了退休年龄，需要新人接班，但大家都以为应该是年龄较大一些的老黄接任。

　　小王接任之初，还稍微有一些兴奋的感觉，但是之后压力就越来越大，每天有各种各样的突发事件需要处理。人际关系更让他头疼，年纪大的老黄不服从自己的管理，小王自己也不知道如何让他服从。在他还是技术尖子的时候，他与大家的关系还不错，当了领导后反而和大家关系都疏远了，小王觉得自己根本镇不住大家。而且由于自己花在公司上的时间变得越来越多，妻子偶尔也会抱怨。不仅如此，领导对自己继任班组长之后的成绩并不满意，虽然他做了很多，但感觉完全没有之前那样得心应手。

　　这些事情都压在小王身上，小王也觉得既然领导提拔了自己，自己就应该干好，干成这样心里也非常不舒服，情绪也很差，经常莫名其妙对家人发火，对员工有一些不耐烦；身体也出现了一些毛病，肩膀和皮肤都有一些不舒服的症状；脑子也不如当初活跃和灵活。小王常常想自己这是怎么了？开始怀疑自己是否真的适合做班组长，想要放弃。

二、案例分析与启示

（一）案例分析

　　小王当上班组长后感受到很多方面的压力，有解决问题的压力、同事关系的压力、领导的压力、家庭与工作平衡的压力。这些来自不同方面的压力，让小王有着"四面楚歌"的感觉，给小王造成很多的负面影响。他的身体、心理、行为上都产生了一些变化，身体上开始出现一些症状；心理上没办法控制好自己，经常愤怒和焦虑，也开始怀疑自己，不相信自己能够胜任工作，同时思维状态也不如之前。这些压力让小王产生了退缩的行为，每次想到上班都会有一些头疼。

（二）案例启示

从表面上看，小王好像是没有做班组长的能力，实际上并不是这样，只是他的抗压能力需要提高，他并没有用合适的方法去管理自己的压力，在心理上也还没有适应这种身份上的变化，没有将压力化为动力。这个案例还告诉我们，健康的心理和心理调整技能，是班组长做好管理工作的最基本的技能，绝对不能忽视。

> 【知识卡片】
>
> 压力的定义
>
> 　　压力是指人们在面对工作、人际关系、个人责任等要求时感受到的心理和精神上的紧张状态。例如，案例中的小王担任班组长后，他的工作和人际关系以及责任都有了新的要求，他感到紧张、焦虑，这样的状态就是在压力下的一种状态。

三、学习要点链接

（一）压力分类

按压力的强度，可把压力分为如下三大类：

1. 一般单一性生活压力

在日常生活中，人们会不可避免地遭遇到各类生活事件，这些事件是人们在生存和发展过程中无法回避的，例如考试、升迁、恋爱、婚姻、就业、失业、亲人亡故、迁居等。人们不可能同时遇到这么多压力源。在人们生活工作的某一时段内，经历着某一种事件并努力去适应它，这种压力的强度不足以使人们崩溃，这种压力称为一般单一性生活压力。

经历一般单一性生活压力，其后果不完全是负面的。在适应这类压力的过程中，虽然付出了许多生理和心理的资源，但是只要在衰竭阶段没有崩溃，并且没有再发生任何事件，那么，承受人在经历过一次压力之后，会提高和改善自身适应能力。以往有许多研究证实，经历过各种压力而未被击垮的人，可以积累许多适应压力的经验，从而有利于应对未来的压力，这就是通常所说的"吃一堑，长一智"。

2. 叠加性压力

叠加性压力有两类：

（1）同时性叠加压力。在同一时间里，有若干构成压力的事件发生，这种压力称为同时性叠加压力，俗称"四面楚歌"。

（2）继时性叠加压力。两个以上能构成压力的事件相继发生，后继的压力恰恰发生在第一个压力的第二阶段或第三阶段，这种压力称为继时性叠加压力，俗称"祸不单行"。

叠加性压力，是极为严重和难以应对的压力，它给人造成的危害很大。有的人会在"四面楚歌"中倒下，有的人会在第一个压力的衰竭阶段被第二个压力打垮。

案例：

★ 这是为什么？

某公司小吴，工作上不是特别顺利，老板对他不满意。同时，他在感情上又和妻子出了问题，正在闹离婚。不巧的是，他父母的身体也出了问题，进了医院。小吴感到自己很不顺，为什么这么多事情同时让他一个人遇上，承受了巨大的压力。

3. 破坏性压力

破坏性压力又称极端压力，包括战争、大地震、空难、被绑架、被强奸等。在实际生活中，此类压力并不罕见。

经历极端压力之后，心理症状是多方面的。情绪方面以沮丧为主，同时伴有攻击行为，与亲人变得疏远，对当时的记忆丧失，长期注意力难以集中，回避社会活动，失去安全感等。

【工具箱】

测量你的压力有多大

　　　　　　　　　　　　　　　　　　　　同意　　不同意

1. 晚上我入睡困难。

2. 我肌肉紧张，或有偏头疼。

3. 我担心自己的财务状况，怕收支失衡。

4. 我希望我每天拥有更多的笑容。

5. 我经常因为工作不吃早餐或午餐。

6. 如果我能够改变我的工作状况，我愿意去做。

7. 我希望拥有更多的个人时间来休闲娱乐。

8. 最近我失去一位好朋友或家庭成员。

9. 最近我的婚姻状况不佳或刚离婚。

10. 我好长时间没有放假了。

11. 我希望自己的人生有清晰的意义和目标。

12. 我一周要在外面吃三顿饭以上。

13. 我有慢性疼痛。

14. 我没有很亲密的朋友圈子。

15. 我没有定期锻炼（每周三次以上）的习惯。

16. 我在吃抗抑郁药物。

17. 我对性生活不大满意。

18. 我的家庭关系不尽如人意。

19. 我的自尊水平较低。

20. 我没有时间冥想或者内省。

你的得分是：_____

计分方法：选择几个"同意"就得几分。

低于5分	你的压力水平较低，保持良好的应对措施
高于5分	你有中度的压力
高于10分	你的压力水平较高
高于15分	你的压力水平极高

【知识卡片】

情绪的定义

情绪就是人们受到某种刺激后所产生的一种身心激动状态，是人们的主观体验。通俗地说，就是人对客观事物是否符合自己的需要而产生的不同态度。

（二）健康情绪评价的三个标准

1. 情绪表达明确、恰当

情绪健康的人能通过语言、神态、行动准确地传达自己的情绪，并能采用自己和社会都可以接受的方式去释放、表达或宣泄情绪。

2. 情绪反应适时、适度

情绪健康的人做出的情绪反应无论是积极的还是消极的，总是能够找到原因的。情绪反应的强度与引起该情绪的情境相符合，反应发生的持续时间与反应的强度相符合。

3. 积极情绪多于消极情绪

这一情绪健康标准并不否认消极情绪本身的存在价值及其合理因素，只是情绪健康的人积极性质的反应多于消极性质的反应，并且消极情绪持续的时间较短，反应的强度较轻，也不会无缘无故地牵涉那些与引发消极情绪无关的人和事。

（三）情绪的分类

关于情绪的类别，长期以来说法不一。我国古代有喜、怒、忧、思、悲、恐、惊的七情说，美国心理学家普拉切克（Plutchik）提出了八种基本情绪：悲痛、恐惧、惊奇、接受、狂喜、狂怒、警惕、憎恨。还有的心理学家提出了九种情绪类别。虽然类别很多，但一般认为有四种基本情绪，即快乐、愤怒、恐惧和悲哀。

1. 快乐

快乐是指一个人愿望和追求的目的达到产生的情绪体验。这里的"愿望"是人们自己设定的，而是否满足则是人们的主观体验，是对其结果的主观评价。幸福、欢乐、放松、自豪、兴奋、欢乐、狂喜、心满意足、随心所欲、欣喜若狂等，都是"喜"，只是其程度不同。例如，能找到一份心仪的工作，完成了人生的一大选择，都会由衷地"喜"。

快乐对人们的身心健康有很大的好处，但是快乐也是需要有度的，过度的快乐也会带来负面的影响。最典型的案例便是"范进中举"，高兴过度结果引来了悲剧。因此，人们在生活中遇到快乐的事情，也不妨提醒自己"快乐也要适度"。

2. 愤怒

愤怒是人们应对挫折的外显形式。例如，暴跳如雷、脸红脖子粗、高声斥责、怒目圆睁、拳头紧握等，是人们遭遇挫折时求得心理平衡的方式。愤怒这种不良的情绪，有时不但会伤害到自己，也会伤害到别人。

案例：

★ 不服从领导的老黄

老黄不服从新班组长小王的领导，小王非常生气，但他又觉得自己不应该跟一个员工闹意见，所以他拼命压抑自己的情绪，并对老黄和颜悦色。但是老黄并不吃小王这一套，依然我行我素，老黄的行为对班组其他人的行为和态度带来了不利影响。小王忍无可忍，终于有一次对老黄表达了强烈的愤怒。

3. 悲哀

悲哀是人们的自我怜悯。受伤时，人们需要有一个疗伤的空间，需要自我安慰。悲哀正是这样一种心灵救助，它可以缓解人们的失落感。在哀伤时，人们可能放声痛哭，可能不断抽泣，可能怨天尤人，也可能慢慢地咀嚼伤痛。难过、忧愁、自怜、沮丧、绝望、叹息，甚至抑郁都是悲哀的表现。悲哀并不一定都是负面的，可"化悲痛为力量"。

悲哀是人们不可避免的。悲哀时不应消极等待，应有合理的宣泄渠道及应对模式，其中倾诉、哭泣是最常见的两种宣泄方式。当人们倾诉、哭泣过后，情绪也会得到一定的缓解。

4. 恐惧

当人们无法预测即将袭来的灾难时，就会产生恐惧。例如，紧张、警觉、惊恐、慌张、急躁、畏惧、坐立不安等，都是恐惧的表现。在工作压力面前，人们经常会有恐惧、焦虑、紧张的情绪，这些情绪都是正常情绪的一部分，但需要适度。否则不仅会影响工作，更会影响健康。房屋在倒塌，地缝在裂开，而我们却无能为力，在恐惧中可能会逃跑，会不由自主地睁大眼睛、呼吸困难，还可能不断地发出尖叫声，也可能丧失基本的反抗能力而坐以待毙。

 案例：

★ 小吴的焦虑是怎么产生的？

小吴当上班组长后，一直担心自己做得不够好，有很多的焦虑。而每次焦虑的时候，他都会告诉自己不要焦虑，要控制住自己的情绪，并告诉自己这没什么。这样做的结果是小吴反而更加焦虑了。他晚上会失眠、多梦，整个身体也出现了状况。后来领导发现了小吴的不良状态，和小吴做了一次会谈，询问了小吴焦虑的原因，鼓励小吴去面对自己的焦虑，帮助小吴找到焦虑的应对的策略。小吴做了一些调整，开始面对自己的情绪，调整自己的情绪，而不是压抑。

（四）压力源的分类

压力绝不是无缘无故产生的，有其根源所在。在现实生活中，压力源分为外内两部分：外部压力源主要分为工作、家庭、社会、环境四个方面；内部压力源主要分为追求完美和不自信两个方面。表8-1为压力源的分类。

表8-1　压力源的分类

外部压力源	工作压力	工作超负荷；工作要求高（甚至苛刻、挑剔等）；职业发展不顺；人际关系紧张等
	家庭压力	经济负担；家务负担；家庭矛盾等
	社会压力	很难快速适应或跟上社会的变革和发展，落后于时代
	环境压力	环境恶劣（噪声、污染）；过度拥挤；缺乏安全感的环境
内部压力源	不自信	自我价值感较低；非常在意别人的看法；敏感于别人的评语；常不喜欢自己；常认为自己被伤；常怨天尤人；怨恨自己不如人
	追求完美	标准定得很高；常觉得时间不够用；缺乏与家人相处的时间；常年处于紧张状态

【知识卡片】

压力源的定义

压力源（Stress）又称应激源或紧张源，是指对个体的适应能力进行挑战，促进个体产生压力反应的因素。

（五）班组长的主要压力源

班组长产生压力的原因主要有以下四个方面：

1. 工作内容的压力

班组长在企业中起着承上启下的作用，其工作内容繁多，既要管人，又要管事，责任重大，这是一个重要压力源。

2. 更新知识结构的压力

班组长大都有五年以上的工作经验，离开学校已有一段时间。科学技术迅猛发展，对已有的知识结构往往需要更新换代，及时补充新的知识。另外，由于职位与职能的转换，班组长对知识有了新的、不同的需求，除了专业知识以外，还需要及时补充先进的管理知识，以适应职场和工作需要的压力。

3. 工作与生活之间的矛盾带来的压力

大多数班组长的年龄在28周岁以上。这个年龄阶段的人，大多数都组建了自己的家庭，上有老人需要照顾，中有丈夫或者妻子需要关怀与沟通，下有儿女需要抚养。然而，班组长往往同时承担着巨大的工作责任，工作与生活两方面都需要付出时间与精力，当分配不均时就很容易产生矛盾，工作与生活之间的矛盾与冲突成为了他们不得不面对的问题，这也给他们带来了巨大的心理压力。

4. 发展压力

企业的发展路径呈金字塔形，班组长处于金字塔的中间位置，往上的发展路径为公司高层管理者，即总监、副总经理或者总经理等岗位，岗位稀少，机会罕见。这就对班组长产生了极大的晋升压力。

【知识卡片】

班组长承受的17个方面的压力

1. 上传下达走样的压力。

2. 以讹传讹谣言的压力。

3. 激励不当产生的压力。

4. 公司规定带来的压力。

5. 工作安排形成的压力。

6. 职位晋升造成的压力。

7. 脾气失控引发的压力。

8. 自我批评过度的压力。

9. 绩效考核带来的压力。

10. 过分追求带来的压力。

11. 不适应领导方式的压力。

12. 情绪传导形成的压力。

13. 人际关系形成的压力。

14. 不会"拍马"的思想压力。

15. 职业安全带来的压力。

16. 面对领导的心理压力。

17. 与员工之间代沟的压力。

（六）负面压力与情绪的影响

正面压力会给人们带来积极向上的动力，负面压力则相反，必须注意调整。

在工作中，一个人长期处在很大的压力下，就好像是一个齿轮高速转动的汽车，如果不懂得缓解压力，就可能会对自身的各方面造成影响。压力过大的影响会从人的身体、心理、行为三方面反映出来。

1. 对身体的影响

压力对身体的影响会从很多方面表现出来，最常见的有三个方面：首先是肩膀和颈部比较容易紧张；其次是皮肤会变得比较敏感；最后是消化系统会有很大的负担。

生理反应是一个持续的过程，当人感到承受压力后，体内首先会增加荷尔蒙的释放，为迎接压力做好准备，主要表现为：汗腺分泌增加，心跳加快，血压增高，血糖上升，肌肉紧张等；接着人体会积极抵抗，试图消除压力对身体造成的冲击，使其恢复到正常状态。但是，如果压力持续时间较长或压力的作用力太强，身体无法适应时，抵抗力就将消耗殆尽，人体的免疫能力开始下降，人们会出现头痛、疲劳、过敏、消化系统紊乱等病态症状，甚至会患上高血压、糖尿病和心脏病。

【知识卡片】

忧虑伤脾胃

工作不顺、压力太大很容易让人感到忧愁和焦虑，这种不良情绪会影响脾胃健康。中医认为，人的忧虑情志主要是通过脾来表达的，当人处于忧虑状态时，往往出现食欲下降、消化不良等症状，有的女性因为工作紧张，还会出现经期紊乱等症状。

出现忧虑情绪时，要学会分散注意力，如果一件事情想不明白就干脆放下，出去走走、听听音乐……做一些轻松的事情，也许你会豁然开朗。研究发现，多吃香蕉、苹果、葡萄、燕麦等富含镁的食物，有助于稳定情绪，改善心情。心情不好时，还可以做几个小动作，比如抬头挺胸、轻轻吸气呼气、将肩膀往上提，这些都能给你带来积极的心理暗示，让你摆脱坏情绪。还可以通过发些脾气，以缓解不良情绪。

2. 对心理的影响

过度的压力，一般会产生四种不良心理反应：

（1）消极心理。消极心理往往对工作漠不关心。如果长期处于消极状态，则很容易患上班恐惧症。

（2）敌视心理。持敌视态度的员工会攻击周围的人。如果员工对管理人员或同事持敌视态度，他们就会给别人出难题，而且对一些小事大发雷霆、吹毛求疵。

（3）悲观心理。人们在工作中经常遭受挫折时，就会感到伤心，并逐渐变得悲观、失望、丧失自信心，不好社交并感到十分孤独，当面对自认为无法承受的强大压力时，甚至会采取自杀等极端方法逃避压力。

（4）思维混乱。

在工作中，常常会遇到一些压力过大对认知造成影响的事例。例如，有些人演讲前准备得很好，正式演讲时却什么也想不起来；有些学生平时能做出来的题，考试时却答不出来。

【知识卡片】

情绪的主要表现

1. 恐惧、愤怒、焦虑、紧张、迷惑、烦躁、敏感、喜怒无常。

2. 道德和情感准则削弱。

3. 感情压抑，兴趣和热情减少，厌倦工作。

4. 悲观失望和无助的心理。

3. 对行为的影响

压力过大也会对行为产生很大的影响，主要有以下两个方面：

（1）压力对人们日常行为的影响。面对强压，通常人们的行为反应是失眠、过量饮食或厌食。为减缓压力，许多人会大量吸烟、酗酒或服用镇静药物。

（2）压力与员工工作行为的关系。压力与缺勤和离职有一定关系，因为与工作有关的压力能导致工作不满意感，而缺勤和离职与工作不满意感密切相关；压力还可能导致决策失误，处于高压下的人会对决策采取拖延或回避的办法。面对结果不确定但又关系重大的决策，人容易失去信心，认为自己不能做出理性选择，因而拖到最后时刻才不得不做出决定。

 案例：

★ 踢猫效应

某公司董事长为了重整公司一切事务，承诺自己上班将早到晚回。有一次，他看报看得太入迷以至于忘了上班时间，为了不迟到，他在公路上超速驾驶，结果被警察开了罚单，最后还是误了时间。这位董事长愤怒之极，回到办公室时，为了转移别人的注意，他将销售经理叫到办公室训斥一番。销售经理挨训之后，气急败坏地走出董事长办公室，将秘书叫到自己的办公室并对其挑剔一番。秘书无缘无故被人挑剔，自然是一肚子气，就故意找接线员的茬。接线员无可奈何垂头丧气地回到家，对着自己的儿子大发雷霆。儿子莫名其妙地被父亲痛斥之后，也很恼火，便将自己家里的猫狠狠地踢了一脚。

第二节
压力与情绪管理常用技法

　　压力与情绪管理中常用的技法，主要包括：身体管理策略、思维管理策略、情绪管理策略、行为管理策略、正向能量管理策略。

一、案例导入

每个人都是自己
压力的主人

　　小王刚升任班组长，面对一些工作任务，感到压力很大，焦虑和紧张。在自己无法调节的情况下，寻求了心理咨询师帮助。

　　咨询师：你刚参加工作不久，就面临如此重要的任务，如果是我，我也会非常地焦虑紧张，那么你这次来这里想要做出哪些改变呢？

　　小王：我想在以后工作中，有压力时能坚强一点，别那么紧张和焦虑。

　　咨询师：很好，这是一个不错的目标，那么你在之前的工作中，有没有面对压力不那么紧张和焦虑的时候？

　　小王：没有吧。

　　咨询师鼓励：再好好想想。

　　小王：有时候有了压力，我就问自己到底是为什么感到压力，然后发现问题解决问题，这样压力就没了。

　　咨询师：很好，非常棒，能跟我具体说说这样的事情吗？

　　小王：有一次，由于业务关系领导安排我去见一个大客户，但我之前是做技术的工作，没谈过这么大的业务，感觉到压力很大，但是我想这个大客户只是来谈某个方面的业务，我就花了一周的时间把那方面的业务恶补了一下，到了那一天我找了单位一个比较熟悉业务的同事和我一起接待那个大客户，我们相互配合，一些关键业务的地方我还是能懂，同时发挥自己技术的优势，就这样顺利的交流下来了。

　　咨询师：很好，我看到你所做的，就是面对压力，想解决办法，然后实施，这是非常好的面对压力的方法。那么现在我们来想一下，假设将来你已经能很好地应对压力了，你该如何表现的呢？

　　小王：我想那时我应该不会那么焦虑和紧张了，我会具体问题具体分析，哪怕这个压力无法解决，我也会找时间出去放松，不会总把自己沉溺在压力之中。

　　咨询师：很好，很高兴看到你这么有智慧的应对。那么现在我们来评估一下，你有多大信心很好地面对压力，0分是没有信心，10分是非常有信心，你给自己打几分呢？

小王：5分吧！比来的时候多一些信心。

咨询师：很好，现在你觉得还可以做些什么让你的信心更高一些？

小王：其实我就是压力太大，忘了用理智的思维去分析和管理压力，才会造成现在这样，我觉得自己可以回去跟老婆孩子谈一谈，然后再找领导谈一下我工作中遇到一些问题，我相信情况会好很多。

咨询师：很好，相信你自己可以找到很多的方法去面对自己的压力。

二、案例分析与启示

（一）案例分析

在这段对话中，咨询师使用的技术叫做短期焦点技术，这种技术非常擅长解决一般的心理烦恼和问题，并且简单易学，很多管理者都开始在工作中使用这种心理技巧用于管理。咨询师没有告诉小王应该怎样面对压力，应该怎样应对压力，而是通过鼓励和引导激发了小王自己在工作中的能力和资源，最终建立起应对压力的信心。从案例中可以看到，在工作中，每个人都会有一些成功的经验，而这些成功的经验往往被自己忽略，只关注自己的问题。需要意识到，每个人都是压力的主人，自身有着足够的资源去解决和应对自己的压力，自身才是解决自己压力问题的专家。

（二）案例启示

每一个人都会面对压力，每一个人也都有一定的能力解决压力。案例中有两点值得借鉴：一是每一个人都是自我压力管理的主人；二是建立自信，巧用技巧和减压方法。

三、学习要点链接

压力管理有很多技巧和方法，这些技法不仅可以用于调节自己，也可以用于帮助他人。主要分为五个方面：

（一）思维管理策略

每个人对于压力的认识都不相同，面对不同压力事件时每个人的想法也都不同。例如，当面临一项重要任务时，有的班组长会觉得做不好就很失败，名誉扫地；有的班组长会觉得是让自己去施展自己才能、展示自己的机会。不同的想法会导致不同的情绪。而思维管理策略的重点，就是通过一些技法帮助人们将负面的思维转换成积极的正面的思维。

 案例：

★ 这个实验告诉我们什么？

心理学家做了一个实验：要求实验者在周日的晚上，把未来7天所有烦恼的事情都记录下来，然后投入到一个大型的"烦恼箱"。到了第三周的星期日，他在实验者面前，打开这个箱子，逐一与成员核对每项"烦恼"，结果发现其中有九成并没有真正发生。接着他又要求大家把剩下的一张字条重新丢入到纸箱中，等过了三周，再来寻找解决的方法。结果到了那一天，他开箱后，发现那些烦恼也不再是烦恼了。

【知识卡片】

　　烦恼是自己找来的，或称"自找麻烦"。据统计，一般人的忧虑有40%属于过去，有50%属于未来，只有10%属于现在，而92%的忧虑是从未发生过的，剩下的8%的烦恼则是可以轻易应付的。有一个秘密是医生都知道的，那就是因为免疫力的提升，大多数病人的疾病都可以不治而愈。同样地，大多数的烦恼都会在第二天早晨好很多。克服烦恼的秘诀——提升能力，聚焦到最关键的、最核心的8%的烦恼上来，解决掉，压力就没了！

1. ABCDE技术

ABCDE技术，是用五个不同的字母分别代表不同的内容要素，并通过对自我行为的分析和再认识的过程，减轻过度的压力。

 案例：

★ 小王利用ABCDE技术减压的做法

小王最近的工作压力特别大，时常头疼、胸闷，经常到深夜还睡不着，他觉得自己太累了，这样下去工作和身体都得出现问题。于是，他决定试着利用ABCDE技术给自己减压。

在A栏里写下让他压力大的事件。在B栏中写下是什么认知让他觉得这件事情产生了压力。在C栏中填入认知带给了他什么压力并打分。之后，便针对B栏中的认知开始辩驳（C档），想办法证明B栏中的认知是不合理的。最后，看看辩驳之后的效果如何（E栏），再给此时的压力打分数。

A（事件）	B（认知）	C（结果）	D（辩驳）	E（效果）
大订单限期完成的任务	任务前期进展不顺利，以后只会越来越难	注意力不能集中，休息不好，时常出错返工 压力：9分	开始时就发现问题，避免我在错误的方向上走得更远	心情平复了很多，能专注在工作上 压力：5分

续表

A（事件）	B（认知）	C（结果）	D（辩驳）	E（效果）
	大领导亲自点名让我做，做不好就无出头之日了		谁都有可能犯错，即使这次真的没做好，也不代表其他事情做不好	
	没做好，我今年的绩效就没了		这个任务在我的绩效中，比重不超过5%，影响并不大	
	这点事都做不好，我太笨了		这件事情还没到截止日期，不一定做不好，而且这件事没做好也不代表我笨	

2. 培养问题解决式的思维

减压思维策略，也是一种思维能力的体现，是可以通过日常训练来培养提升的。

周末早上，大家正在熟睡时，一个邻居家中传出轰隆隆的装修声。那么，你会怎么做呢？

★ 遇到这种情况你会怎么做？

甲：火冒三丈，冲出去"主持公道"，大喊大叫，与邻居争吵，但无济于事。

乙：在家里嘟嘟囔囔，心怀不满，很焦虑，但是不敢说或不愿意说，比较压抑。

丙：这时候也会不高兴，也会下去与邻居理论。但与邻居无法沟通时，便穿起球鞋跑步去，或拎起菜兜子买菜去。

这是甲乙丙三个人面对压力时的三种应对方式：压力寻求型、压力承受型、压力处理型。其中，压力处理型是一种问题解决式的思维。其他两种方式都不利于问题的解决。

3. 问题解决式思维的两个要点

（1）在战略上要藐视"敌人"。

人不可能不会遇到问题，在问题面前，不是你把问题解决了，就是问题把你击垮。在问题的解决的过程中，就是人与问题战斗的过程，而这个过程是需要战术的，具体讲，就是在战略上藐视"敌人"。

案例：

★ 应该怎样面对一
项新的任务？

在接到一项新任务时，不同的人对自己说出不同的话：

"我不具备这个能力。"

"我办不成这件事情。"

"我的记忆力很差。"

这些话都是非问题解决式的思维。

"到目前为止，我还不具备这个能力，不过不代表我以后不具备。"

"到目前为止，我还没把事情办好，不过我还在努力，事情还在好转。"

"出门太急，又忘了带钥匙，还好我在工作中用备忘录，很好地防止遗漏事情。"

这样的思维模式，就具备了解决问题的思维模式，就是要藐视问题，提升自己。

（2）在战术上重视"敌人"。

如何才是在战术上重视问题呢，这就需要在面对问题时，少问几个为什么，多问几个怎么做。

案例：

★ 面对困难怎样思
考才对？

"是哪里出了问题？"

"为什么出现这样的问题？"

"我为什么这样倒霉？"

这是典型的非问题解决式的思维。

"怎样才能弥补过失？"

"最有效的解决方法是什么？"

"为了有效解决问题，我需要做哪些方面的努力？"

这样的思维方式是解决问题的思维模式，即在战术上要重视"敌人"，多思考如何解决问题的方法。

（二）身体管理策略

上文已经讲到压力过大对身体造成的影响，可见身心是存在内在联系的。调整身体对缓解压力起到一定的作用。在日常生活中，很多人通过练习瑜伽做运动的方式帮助自己减压，这些都属于良好的身体管理策略，本节主要介绍两种不同身体管理策略。

1. 肌肉放松训练

肌肉放松训练是指使有机体从紧张状态松弛下来的一种练习过程。放松有两层意思：一是让肌肉松弛；二是消除紧张。放松训练的直接目的是使肌肉放松，最终目的是使整个机体活动水平降低，达到心理上的松弛，从而使机体保持内环境平衡与稳定。当压力事件出现时，紧张不断积累，压力体验逐渐增强。此刻，持续几分钟的完全放松比睡眠一小时效果更好。

训练方法指导语：

我现在来教大家怎样使自己放松。为了做到这一点，我将让你先紧张，然后放松全身肌肉。紧张及放松的意义在于使你体验到放松的感觉，从而学会如何保持松弛的感觉。

下面我将使你全身肌肉逐渐紧张和放松，从手部开始，依次是上肢、肩部、头部、颈部、胸部、腹部、下肢，直到双脚，依次对各组肌群进行先紧后松的练习，最后达到全身放松的目的。

 **案例：**

★ 肌肉放松方法

第一步

深吸一口气，保持一会儿。（停10秒）

好，请慢慢地把气呼出来，慢慢地把气呼出来。（停5秒）

现在我们再做一次。请你深深吸进一口气，保持一会儿，再保持一会。（停10秒）

第二步（前臂）

现在，请伸出你的前臂，握紧拳头，用力握紧，体验你手上的感觉。（停10秒）

好，请放松，尽力放松双手，体验放松后的感觉。你可能感到沉重、轻松、温暖，这些都是放松的感觉，请你体验这种感觉。（停5秒）

我们现在再做一次。（同上）

第三步（双臂）

现在弯曲你的双臂，用力绷紧双臂的肌肉，保持一会儿，体验双臂肌肉紧张的感觉。（停10秒）

好，现在放松，彻底放松你的双臂，体验放松后的感觉。（停5秒）

我们现在再做一次。（同上）

第四步（双脚）

现在，开始练习如何放松双脚。（停5秒）

好，张开你的双脚，脚趾用力绷紧，用力绷紧，保持一会儿。（停10秒）

好，放松，彻底放松你的双脚。

我们现在再做一次。（同上）

第五步（小腿）

现在开始放松小腿部肌肉。（停5秒）

请将脚尖用力向上翘，脚跟向下向后紧压，绷紧小腿部肌肉，保持一会儿，再保持一会儿。（停10秒）

好，放松，彻底放松。（停5秒）

我们现在再做一次。（同上）

第六步（大腿）

现在开始放松大腿部肌肉。

请用脚跟向前向下紧压，绷紧大腿肌肉，保持一会儿，再保持一会儿。（停10秒）

好，放松，彻底放松。（停5秒）

我们现在再做一次。（同上）

第七步（头部）

现在开始注意头部肌肉。

请皱紧额部的肌肉，皱紧，保持一会儿，再保持一会儿。（停10秒）

好，放松，彻底放松。（停5秒）

现在，请紧闭双眼，用力紧闭，保持一会儿，再保持一会儿。（停10秒）

好，放松，彻底放松。（停5秒）

现在，转动你的眼球，从上，到左，到下，到右，加快速度；好，现在从相反方向转动你的眼球，加快速度；好，停下来，放松，彻底放松。（停10秒）

现在，咬紧你的牙齿，用力咬紧，保持一会儿，再保持一会儿。（停10秒）

好，放松，彻底放松。（停5秒）

现在，用舌头使劲顶住上腭，保持一会儿，再保持一会儿。（停10秒）

好，放松，彻底放松。（停5秒）

现在，请用力将头向后压，用力，保持一会儿，再保持一会儿。（停10秒）

好，放松，彻底放松。（停5秒）

现在，收紧你的下巴，用颈向内收紧，保持一会儿，再保持一会儿。（停10秒）

好，放松，彻底放松。（停5秒）

我们现在再做一次。（同上）

第八步

现在，请注意躯干部肌肉。（停5秒）

好，请往后扩展你的双肩，用力往后扩展，保持一会儿，再保持一会儿。（停10秒）

好，放松，彻底放松。（停5秒）

我们现在再做一次。（同上）

第九步

现在，请上提你的双肩，尽可能使双肩接近你的耳垂，用力上提，保持一会儿，再保持一会儿。（停10秒）

好，放松，彻底放松。（停5秒）

我们现在再做一次。（同上）

第十步

现在，请向内收紧你的双肩，用力内收，保持一会儿，再保持一会儿。（停10秒）

好，放松，彻底放松。（停5秒）

我们现在再做一次。（同上）

第十一步

现在，请向上抬起你的双腿（先左后右或是先右后左均可），用力上抬，弯曲你

的腰，用力弯曲，保持一会儿，再保持一会儿。（停10秒）

好，放松，彻底放松。（停5秒）

我们现在再做一次。（同上）

第十二步

现在，请紧张臀部的肌肉，保持一会儿，再保持一会儿。（停10秒）

好，放松，彻底放松。（停5秒）

我们现在再做一次。（同上）

结束语

这就是整个渐进性肌肉放松训练过程。现在，请感受你身上的肌群，从下向上，全身每一组肌肉都处于放松状态。（停10秒）

请进一步注意放松后的感觉，此时你有一种温暖、愉快、舒适的感觉，并将这种感觉尽量保持1~2分钟。（停1分钟）

一般情况下，每天两次15~30分钟的练习就能够起到很好的缓解压力的作用。应该注意的是，放松前的紧张动作是为了体验放松的感觉，这种感觉越强，记忆就越牢固。

2. 呼吸放松法

呼吸是人体能掌握控制的一种行为，在日常生活中，人基本上使用胸式呼吸，而在呼吸放松中，腹式呼吸是非常有效的。腹式呼吸也就是"横隔膜呼吸"，在呼吸时横隔膜会收缩，降入腹部，肚子会鼓起。腹式呼吸是最有效率的呼吸方式，可将大量空气吸进血氧最新鲜浓郁的肺底部，将废气排出，并带动相关肌肉放松。有意识地进行腹式呼吸，可使人平静、放松。效果最好的腹式呼吸，还要能将注意力拉回在自己身上，甚至仿佛正在关注一股呼吸的气息在自身如何流动。多数人都可借由腹式呼吸改善睡眠、缓和突然的紧张状况。病人也可借由腹式呼吸减少对药物的依赖，加快复原的速度。身心绝对会互相影响，腹式呼吸的成效是很好的证明。

【知识卡片】

腹式呼吸放松训练方法

躺在床上，或者坐在沙发上，一只手（左手）放在胸部，另一只手（右手）放在腹部肚脐处，正常地呼吸，感觉两手上下起伏地运动，并且比较两手的运动幅度。

进行腹式呼吸练习：缓慢地通过鼻孔呼吸，在吸气时，让腹部慢慢地向外扩张，也就是腹部的肚子慢慢的鼓起来；在呼气时，让腹部慢慢地向下凹陷，也就是腹部的肚子慢慢的收缩，体会腹部涨落的感觉。可以通过比较两手运动的幅度去体会与习惯性呼吸方式的不同。

这样练习几分钟以后，坐直，可以先休息一下，两手放的位置仍同前，进行腹式呼吸，比较两手此时在吸气和呼气中的运动，并且判断那一只手的运动更加明显。如果左手运动比右手更明显，这可能意味着还没有掌握腹式呼吸的技巧，需要慢慢地练习。

每次练习呼吸控制时，至少得花4分钟的时间，这是因为恢复氧气和二氧化碳的平衡状态大约要花4分钟。如果你用同样的时间呼气和吸气，便能达到最有效的平衡。你可以把一只手放在胸口上，另一只手放在腹部，当你吸气时，你的手会升起来，试着慢慢数到4，呼气时也慢慢数到4。这样做4分钟，看看你是否更放松些，无论用口或鼻子呼吸都可以，哪种呼吸的方法对你比较舒服，就用哪种方法。最好是用鼻子，如果你不适应，就先用口。温和地慢慢呼吸，而不要大口吸气。

注意，刚刚开始练习这种呼吸方法时，你可能会感觉有一些不适应，而且，在练习3~4分钟左右时也许会感觉头晕，这都是正常的现象，不要担心，继续练习。每天早晚各练习5~6分钟，这样可以使你习惯这种呼吸方式，并且自己可以逐渐体会这种呼吸方式给你带来的一些良好感觉。很多体会，只有自己去亲自实践，才能够真正感受得到。

（三）情绪管理策略

情绪管理是指通过研究个体和群体对自身情绪和他人情绪的认识，培养驾驭情绪的能力，并由此产生良好的管理效果。情绪是压力状态下最直接的反应和感受，很多时候压力会让人产生愤怒和恐惧等情绪，这些情绪如果不能够很好的管理，就会对自己和他人造成不好的影响，每个班组长都需要具备良好的情绪管理能力。主要体现在以下三个方面：

1. 合理宣泄情绪的技法

在我国的传统文化背景下，通常会将发泄情绪看做是一件不好的事情，人们经常会压抑自己的情绪，这虽然也会有一些好处，但是时间久了就会对自己的身心造成一些影响，合理地宣泄情绪会对自己的压力缓解有好处。

宣泄情绪的技法有若干种，不同的人有不同的选择。如去唱歌，或找朋友聊天喝酒。当前比较好的心理宣泄室值得大家去尝试。

心理宣泄室用于让个体在一个安全的地方将心里的焦虑、苦闷、愤怒等消极情绪释放出来，为不良情绪提供一个出口，达到心理放松和减压效果。个体在可控的范围内将消极情绪宣泄出来。宣泄室的布置不仅仅是供发泄的宣泄器械，也包括合适的宣泄环境和用于交流的平台。在这里，可以通过击打沙袋、涂鸦、唱歌、听音乐、畅谈、笔谈等方式消除心理压力，发泄不良情绪。在通过多种方式引导适度宣泄情绪之后，让心理向着积极健康的方向发展。

2. 适度表达情绪

从某种意义上讲，所有的情绪问题都不是情绪本身的问题，而是情绪表达出现了问题，如果能够学会恰当表达自己的情绪，就能够更好地管理自己的情绪。

适度地表达自己的情绪，尤其是负面情绪的表达是一项非常重要的功课。当人们有负面情绪时，很多人认为除了忍着或者爆发出来就没有更好的方式了，但是实际上80%的负面情绪可以通过语言表达出来。情绪表达可归纳为三步走技法：

第一步：陈述引起情绪的具体事件或言行。（"当看到你迟到的时候。"）

第二步：陈述你的感受。（"我有点生气。"）

第三步：陈述引发你情绪的理由。（"因为我希望你工作能够准时一点。"）

案例：

★ 希望你能准点上班

当员工小吴再次迟到时，班组长小刘非常生气，当着很多员工的面指着小吴说："怎么又迟到，你能不能每天有点正事。"小吴心里感到很不爽，但是又不能说什么，脸色很不好。小刘回到办公室后觉得自己说得有些过了，没有照顾到小吴的感受，在那么多员工面前当面指责他，于是他把小吴叫到办公室，对他说："今天我不够冷静，没有照顾你的感受，其实看到你迟到时，我有点生气，因为我希望你能够准时一些。"

3. 培养积极情绪

积极的心理暗示法是培养积极情绪有效的方法。心理暗示分为自我暗示和他人暗示，心理学常用的催眠疗法就用大量的暗示对人产生作用，而自我暗示是可以在生活和工作使用的。自我暗示是靠思想、语词，对自己施加影响以达到心理卫生、心理预防和心理治疗目的的方法。通过自我暗示，可以调理自己的心境、感情、爱好、意志乃至工作能力，起到非常积极的作用。例如，面对紧张的场面时，反复告诫自己"沉着、沉着"；在荣誉面前，自敲警钟"谦虚、谦虚"；在遭遇挫折时，安慰自己"要看到光明，要提高勇气"等。下面介绍两种具体的自我暗示的方法：

（1）冥想放松法。用一件真实的物件，如某种球类、某种水果，或者手头可以找到的小块物体，来发挥自我想象的能力，具体做法是：

① 凝视手中的物体，如橘子，反复、仔细地观察其形状、颜色、纹理脉络；然后用手触摸其表面，感觉其质地是光滑还是粗糙，再闻闻其有什么气味。

② 闭上眼睛，回忆这个橘子都留给你哪些印象。

③ 放松肌肉，排除杂念，想象自己钻进了橘子里。那么，想象一下，里面是什么样子？你感觉到了什么？橘子里面的颜色和外面的颜色一样吗？然后再假想你尝了这个橘子，记住它的滋味。

④ 想象自己走出了橘子的内部，恢复了原样，记住刚才在橘子里面所看到的、尝到的和感觉到的一切，然后做5遍深呼吸，慢慢数5下，睁开眼睛，你会感觉到头脑清爽，心情轻松。

（2）自主训练法。又叫适应训练法，其中较简单的一种方法如下：

① 坐姿，把背部轻轻靠在椅子上，头部挺直，稍稍前倾，两脚摆放与肩同宽，脚心贴地。

② 两手平放在大腿上，闭目静静地深呼吸3次，排除杂念，把注意力引向两手和大腿的边缘部位，把意念排导在手心。

③ 不久，就会感到注意力最先指向的部位慢慢地产生温暖感，然后逐渐地扩散到手心全部。这时，心里可以反复默念："静下心来，静下心来，两手就会暖和起来。"

④ 做5遍深呼吸，慢慢数5下，睁开眼睛。

 案例：

★ 暗示的作用是惊人的

某医院一位检验员工作马虎，错将一位早期胃癌病人的检验结果写在另一位病人的报告单上。事过一年之后，这家医院检查科复查时发现了这一起差错，急忙派人去纠正。谁知派出去的人员却带回来了极其令人惊讶的消息：那位胃癌患者从报告单上得知自己未患癌症，便放下心来，不良情绪解除，经其他治疗配合，仍然活在世上；而另一位普通病人从报告单上获悉自己患了胃癌，精神受到严重打击，顿时充满悲观、绝望情绪，并停止了工作，不到一年便去世了。

（四）行为管理策略

一切的压力管理都需要落实到行为上，适当的行为策略可以更好地管理压力。

1. 学会放下

每个人的承受能力都是有限的，面对压力，每个人都需要学会劳逸结合，适度的放下压力。只有学会放下，才会更好地拿起。

 案例：

★ 这杯水你能举多长时间？

在一次压力管理培训课上，一位培训师拿起一杯水，然后问台下的学员："各位认为这杯水有多重啊？"有人说是半斤，有人说是一斤，培训师则说："这杯水的重量并不重要，重要的是你能拿多久？拿一分钟，谁都可以；拿一个小时，可能觉得手酸；拿一天，可能就得进医院了。其实这杯水的重量是一样的，但是你拿得越久，就越觉得沉重。这就像人承担着压力一样，如果一直把压力放在身上，到最后就会觉得压力越来越沉重而无法承担。所以必须放下这杯水，休息一下后再拿起这杯水，如此才能拿得更久。所以各位应该将承担的压力过一段时间后适时地放下，并好好地休息一下，然后再重新拿起来，如此才可能承担得更久。"

2. 离开压力源

学习了应对压力的方法，但这些方法也不是万能的。当被压力弄得疲惫不堪、无力应对的时候，未必一定要强求自己去面对，有时候需要暂时地离开压力源，去做一些喜欢的事情，或是听听音乐，或是锻炼身体，或是出去郊游，释放自己的压力，让自己有更多的力量来应对压力。

3. 寻求社会支持

除了自己以外，身边的人往往也能够提供支持，帮助自己缓解压力。当与家人、朋友或同事一起分担压力时，就会感受到其他人的关心、理解和支持，感觉自己不是在孤军奋战，原本的压力也变得轻多了。从他人那里获得的支持就像压力的缓冲器，缓解了压力对生理和心理的影响，提高了抗挫折能力。

（五）正向能量管理技法

正向能量技法主要是为了提高每个人自我的力量，相信自己可以克服压力，可以做压力的主人。积极心理学和后现代心理学中有很多提高正向能量的技法，其中短期焦点技法是常用的技法。

1. 短期焦点技法的理念

（1）员工是解决自己的问题的专家。

每个人都是有资源的，有解决问题所需要的能力。人的问题都是有解决办法的，但解铃还需系铃人，所以作为班组长不应一再地教导下属该如何做或是做什么，而应去协助下属发现自己的资源和潜能。而这些资源本身存在于每个人的经验中，如果每位员工能更信任自己，并运用自己的资源来解决问题，那么相信班组长也会轻松很多。

（2）凡事必有例外。

短期焦点技术不相信人没有成功的经验，强调凡事必有例外，通过这些例外可以带出问题的解决。例如，当一位员工跟管理者说："最近压力太大了，我都撑不住了。"一般的管理者可能会想办法帮助员工解决这个问题，给他想很多的办法。如果运用短期焦点技法，管理者会问："过去有没有什么时候你比较好地处理过类似的压力？"短期焦点技术相信每个人的力量，启发员工的思考，发挥员工的积极性，从而减少管理者自身的压力。

（3）小的改变带动大的改变。

小的成功经验会引发涟漪效应，引起整个系统的改变。每个人不需要完全改变。当面对压力时，只要做出一些不一样的小改变，就会有不同的体验，最终产生新的不一样的改变。管理者可以鼓励员工做出不一样的尝试，强调采取行动而不是获得领悟或情绪抒发。

案例：

★ "猴子"管理法则

比尔·翁肯（Bill Oncken）曾发明一个有趣的理论——背上的"猴子"，也称为"猴子"管理法则。所谓的"猴子"，是指"下一个动作"。回想一下，你是否有过这样的经历：在走路时碰到一位部属，他说："我能不能和您谈一谈？我碰到了一个问题。"于是你便站在过道上专心听他细述问题的来龙去脉，一站便是半个小时，既耽搁了原先你要做的事，也发现所获得的信息只够让你决定要介入此事，但并不足以做出任何决策。于是，你说："我现在没时间和你讨论，让我考虑一下，回头再找你谈。"

当你一旦接收部属所该看养的"猴子"，他们就会以为是你自己要这些"猴子"的，因此，你收的越多，他们给的就越多。于是，你饱受堆积如山、永远处理不完的问题困扰，甚至没有时间照顾自己的"猴子"，将一些不该摆在第一位的事情做得更有效率，平白让自己的绩效打了折扣。

经理人应该将时间投资在最重要的管理层面上，而不是养一大堆别人的"猴子"。身为经理人，如果你能让员工去抚养他们自己的"猴子"，他们就能真正地管理自己的工作，你也有足够的时间去做规划、协调、创新等重要工作，让整个企业持续良好地运作。

2. 短期焦点技术：例外技术

例外技术属于短期焦点技术中一种，强调凡事必有例外，每个人都有自己的能力和资源。例如，当一个学生说："我一看到英语就头疼。"老师反问："什么时候你看到英语不头疼？"从而引发学生的思考。通过例外技术，可以帮助下属找到自己的资源，从而有力量去解决问题，长此以往，就会形成问题解决式的积极思维。但是例外技术并非会一概而论，很多时候需要班组长相信下属是有资源的，才会起到很好的作用。如果班组长本人就觉得下属无法胜任这项工作，那么例外技术也无法起到很好的作用。

3. 短期焦点技术：假设解决架构技术

假设解决架构技术是一种引导员工培养自己建构解决问题的方法，当员工很难运用"例外架构"找到自己闪光点时，就可以使用该方法。管理者刨根问底地问问题，如果话语触及其内心，更会引起强烈的阻抗。而假设解决架构在一定程度上能有效瓦解员工的防线，引发员工的思考。一个人很想改变目前不思进取、得过且过的状态，可是却给自己许多诸如"我意志力不够坚定，过不了多久就会恢复原状""我好像对做什么事都提不起兴趣，而没有兴趣就不能把事情做好"等借口。这种思前想后的特点只会让他行动不起来。再继续讨论他的想法正确与否，只会堕入无穷无尽的争论中。这时就可以使用假设解决架构技术："看来你有很多顾虑和想法，但你有没有想过有一天，你会跨出行动的第一步，你为自己的理想去拼搏，你的生活变得充实而丰富多彩？"这样的问句可以打破他惯有的思维，为他描绘可以预见的未来，既避免了与他的争论，又可以引导他正向地思考。假设解决架构技术一共有四类问法：

（1）奇迹问题：如果有一天，你睡觉醒来后有一个奇迹发生了，问题解决了（或是"你看到问题正在解决中"），你如何得知？是否会有什么事情变得不一样了？

（2）水晶球问题：如果在你面前有一个水晶球，可以看到你的未来（或是"可以看到你的美好的未来"），你猜你可能会看到什么？

（3）拟人问题：当问题解决了，我是你家里的一座老钟，正在看着你，我会看到你有什么不同？

（4）结局问题：从我的办公室走出去，你的问题就解决了，你会看到自己有什么不同？

假设解决架构技术就是引导人们去看当他的问题不再是问题时他的生活景象，将人的焦点从现在和过去的问题移动到一个比较满意的生活，这样使谈话更富于正向引导性和激励性，鼓舞每个人深入地认识自己的价值，建构自己生活的意义。

短期焦点技术十分简单易行，但却需要使用者建立起积极的心态，相信每个人心中都有力量，这样才能够很好地激发每个人。如果使用者心态不积极，或者不相信每个人都是有解决问题的能力，或者太看重自己，都会在使用过程中遇到困难。

The third section
第三节
压力与情绪管理能力训练

本节主要通过四个能力训练模块帮助班组长学会有针对性地减压，并制定自己的压力管理方案，同时也学会利用短期焦点技术帮助下属减压。

一、思维调整与帮助减压能力训练

（一）案例导入

案例：

★ 小吴的问题出在哪里？

　　小吴的公司最近面临改革，要发展很多新的业务。小吴作为班组长，对他来说以前的工作驾轻就熟，但是新的工作内容却不太熟悉。有一天上层领导找到小吴，分配给他一项新的任务，并且表达了对小吴的期望和信任。小吴接到任务后压力很大，他非常希望自己能够不辜负领导的信任。由于小吴不太熟悉新的业务，任务刚开始实施就出现了很多的问题，这让小吴非常焦虑，觉得自己没有做好这项任务，辜负了公司的信任，自己的能力有问题，可能再也不会被领导器重了。

　　在这种情况下，小吴的情绪越来越差，压力越来越大，导致他无法很好地分派工作，睡眠和休息都不是很好，反而更加做不好工作了。

（二）能力训练指导

1. 换一种寻找问题的方法

　　在这个案例中，小吴最大的外在压力源就是他面临的这个挑战，他并没有办法离开这个压力源，因为这是他工作的一部分。但是实际上，对小吴影响最大的其实是他的内在压力源，因为小吴认为如果这件事做不好，领导就再也不器重自己了；这件事情做不好，证明自己的能力不行。这样的内在认知让小吴没办法放开手脚，压力越来越大，最终超过临界值，而进入崩溃阶段。

　　那么，小吴可以通过什么样的方法来帮助自己呢？针对小吴的情况，他完全可以通过调整自己的思维来帮助自己减轻压力，使用ABCDE技术可以很好地帮助小吴，见表8-2。

表8-2　ABCDE技术帮助小吴减轻压力方案

A（事件）	B（认知）	C（结果）	D（辩驳）	E（效果）
新的挑战任务	任务前期进展不顺利，以后只会越来越难	情绪越来越差，压力越来越大，导致他无法很好地分派工作，睡眠和休息都不是很好	一开始出现问题是在所难免的，而且现在出现问题总比之后再出好	心情平复了很多，能专注在工作上
		压力：9分		压力：5分
	领导这么信任我，做不好领导就会对我失去信任		这么多年我一直非常努力地工作，领导是了解的我，不会因为这件事情做不好就对我失去信任	
	没做好，我的能力就有问题了		这个任务只是因为我不熟悉，熟悉了就能找到解决方法，相信可以做好	
	这件事我做得太失败了		这个任务还没到截止日期，不一定做不好，而且这个任务没完成好也不代表我很失败	

2. 常见的不良认知

（1）读心术（Mind Reading）：即使没有充分证据，你也以为自己知道人们在想什么。例如，"他认为我是个失败者"。

（2）预测未来（Fortune Telling）：对未来进行预测——事情会变得更糟或者前面有危险。例如，"我会考不过这次考试"，或者"我不会得到这份工作"。

（3）灾难化（Catastrophizing）：相信已经发生的或者即将发生的事情是如此的糟糕和难以忍受，以至于不能够承受。例如，"如果我失败了，那将太可怕了"。

（4）贴标签（Labeling）：给自己或他人以整体的负面评价。例如，"我是不受欢迎的"，或者"他是个极讨厌的人"。

（5）低估正性信息（Discounting Positives）：认为自己或他人所取得的正性的成绩是微不足道的。例如，"是妻子都会那么去做，所以她对我好并不算什么"，或者"那些成功是很容易取得的，所以它们并不能说明什么"。

（6）选择性负性关注（Negative Filter）：几乎只关注于负性信息而很少注意到

正性信息。例如，"看看所有这些不喜欢我的人"。

（7）过度概括化（Overgeneralizing）：在只有少量信息的情况下就对整体做出消极预测。例如，"这总是会发生在我身上，我在很多事情上都失败了"。

（8）两极化思维（Dichotomous Thinking）：以全或无的方式来看待事件或人。例如，"我被所有的人拒绝"，或者"这完全是浪费时间"。

（9）"应该"（Should）：根据主观而不是依据事物本身来评价事物。例如，"我应该做得好。如果我做不好，那么我就是一个失败者"。

3. ABCDE技术的实施步骤

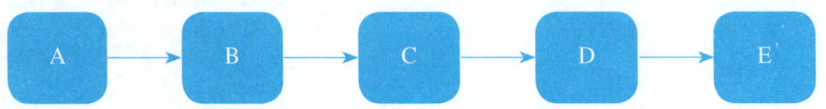

第一步：A（事件），确认诱发事件。例如，小吴的新的挑战任务。

第二步：B（认知），明确自己的非理性认知。例如，小吴认为"如果我做不好，领导就再也不器重我了"。

第三步：C（结果），确认自己非理性认知的消极后果。例如，小吴情绪越来越差。

第四步：D（辩驳），与自己的非理性认知作斗争。例如，小吴的"这个任务只是因为我不熟悉，熟悉了就能找到解决方法，相信可以做好"。

第五步：E（效果），以理性认知取代非理性认知赢得积极效果。例如，小吴的压力变成5分，在适度范围内。

在使用ABCDE技术时，不一定由一个人独立完成，也可以由班组群策群力完成，大家相互帮助。

二、确定压力源能力训练

（一）案例导入

见本单元第一节的第一个案例。

（二）能力训练指导

1. 压力圆圈分析法应用

小王的压力源来自多个方面，下面用压力圆圈分析法，对小王的压力源进行分析。压力圆圈分析法是自我评估压力来源的一种方法，主要依靠自己对压力来源进行分析。

如下图所示，在大小圆圈内写自己最近生活中的各种压力。大球代表大压力，小球代表小压力；离人物近的为近期的压力，远的为远期的压力。

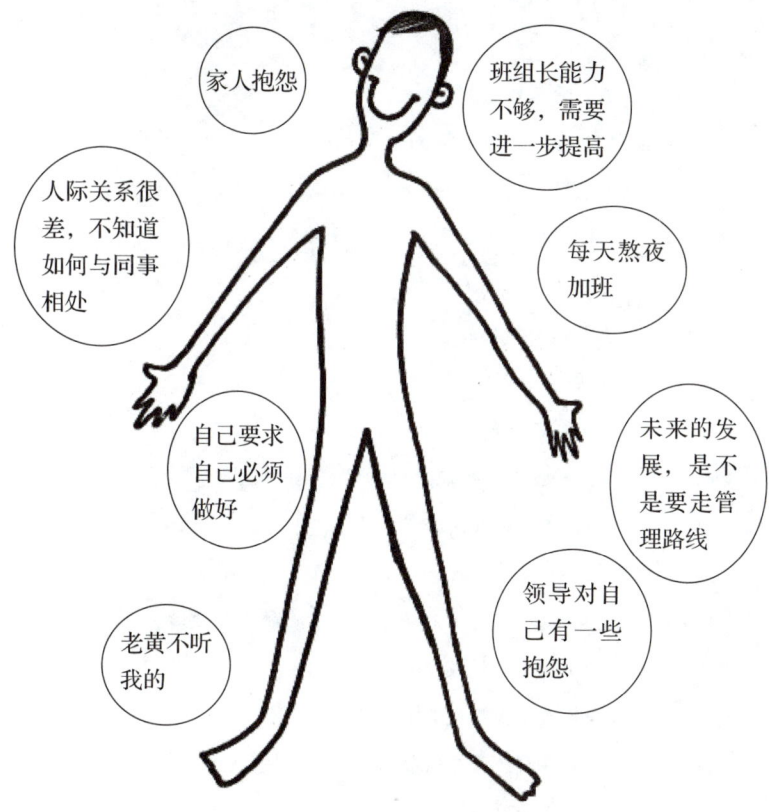

压力圆圈分析法应用实例

可以看到，小王的很多压力都是近期的而且并不是很小。了解这些压力来源可以帮助小王更好地理清自己的思路，小王可以针对每一条压力源想一些解决方法。例如，老黄不听自己的，可以想办法跟老黄做一次沟通，或者请领导帮一些忙；自己要求自己必须做好，属于内部压力源，可以通过思维训练去调整。

2. 工作压力源测试表应用

测试表是心理学工作者们在多次实践基础上提炼归纳出来的，它可以自测，也可以用于他测。

【知识卡片】

工作压力源测试表

1. 计分标准

每个项目都与特定的压力有关，这些项目和有关内容的种类列在下面。将每种内容各项目的得分相加，得到该种情况的总分。对于下面的各个问题，如果您的答案是"总是"，则计"7"分；"一般"计"6"分；"经常"计"5"分；"有时"计"4"分；"偶尔"计"3"分；"很少"计"2"分；"从未"计"1"分。

2. 题目

（1）我不清楚我的工作任务和目标。

（2）我为一些没有必要的任务或目标工作。

（3）为了赶上进度，我不得不在晚上或周末加班。

（4）对我而言，提出工作质量的要求毫无必要。

（5）我在组织中缺乏正常发展的机会。

（6）我对其他员工的发展负责。

（7）我不清楚该向谁汇报工作，也不清楚谁该向我汇报工作。

（8）我被夹在上司与下属之间。

（9）我在一些无关紧要的会议上耗时太多，影响了正常工作。

（10）我接受的任务有时太困难或太复杂。

（11）要得到提升，我得另找一家企业。

（12）我有责任听取下属的意见，并帮助下属解决问题。

（13）我缺乏行使职责的权威。

（14）正式指令渠道并未形成有机的整体。

（15）我同时负责多得几乎无法管理的项目或任务。

（16）任务似乎越来越复杂。

（17）继续留在这个组织会损害我的职业生涯。

（18）我的行动或决策会影响其他人的安全和工作。

（19）我不能完全理解对我的期望。

（20）我的工作只由一个人负责，与他人无关。

（21）我常完成超过正常日工作量的任务。

（22）组织对我的期望超过我的能力与技能的范围。

（23）我缺乏足够的训练和经验去正确授权。

（24）我感到我的职业生涯处于停顿状态。

（25）我在组织中的职责更多地与人而不是与事有关。

（26）在工作中我几乎没有成长的机会，也学不到什么新知识或技能。

（27）我无法理解在我的工作中包含全部组织目标。

（28）我从两个或两个以上的人那里接到相互冲突的要求。

（29）我必须对他人的未来（职业生涯）负责。

（30）我感到我甚至没有时间偶尔休息一下。

3. 评分

如果总分低于10分表示压力程度低；总分在20~24分之间表示中等程度的压力；如果总分为25及25分以上表示压力程度高。

① 角色模糊：题目1、7、13、19、25，合计（　　）分。

② 角色冲突：题目2、8、14、20、26、28，合计（　　）分。

③ 角色负荷超载：题目3、9、10、15、16、21、27，合计（　　）分。

④ 职业生涯开发：题目5、11、17、22、23、29，合计（　　）分。

⑤ 工作职责：题目4、6、12、18、24、30，合计（　　）分。

三、自我压力管理方案制定能力训练

（一）案例导入

小刘作为班组长一直负责维护高炉的正常运行，工作一贯认真负责，诚实可靠。最近由于小刘的妈妈突然去逝，小刘有一些分心，一个组员因为工作疏忽运错了组件，并隐瞒下来，结果导致了事故的发生。

 **案例：**

★ 小刘面对压力该怎么办？

这件事造成了不好的影响，领导批评了小刘，小刘自己也很自责，觉得是自己工作的失职，加上妈妈去世，这样的压力让小刘有点意志消沉，不知道如何处理，非常苦闷。

（二）能力训练指导

1. 小刘应该这样面对压力

每一位班组长都可能会遇到双重或多重的叠加性压力，既然无法避免事件的发生，那么如何面对压力就显得很重要。小刘应按以下方法管理自己的压力。

首先小刘意识到最近自己压力比较大，测查压力的大小有很多的工具和方法，意识到自己的压力超过自己的承受程度是很重要的。

认识到自己的压力以后，管理压力一般从两方面入手，一是从压力源入手；二是从压力对自己情绪、行为等造成的影响入手。

（1）从压力源入手。小刘需要寻找自己的压力源，对于小刘来讲，外部压力源主要有两个，一个是母亲去世；另一个是出现的事故。面对这两个压力源，小刘可以分别采取不同方法：针对母亲的去世，小刘可以适当地找人倾诉，表达自己的哀伤，或者休息一段时间，也可以寻求心理咨询师的帮助；针对工作事故，小刘可以主动承认错误，尝试着做好善后工作，如果觉得自己这段时间无法胜任这个工作，可以适度请求暂时离开岗位几天。

（2）从压力造成的影响入手。小刘因为母亲去世，情绪和意志消沉，就需要适度表达自己的情绪，并且培养积极的情绪。在身体方面，如果小刘受到影响，也可以进行放松训练，或者多做一些运动等；在思维方面，小刘一直认为是自己的错，陷入自责当中，小刘需要调整自己的思维，让自己认识到解决问题才是最重要的，做好承担后果的准备，但同时需要积极地挽回损失；在行为方面，小刘也可以多寻求社会支持，如果坚持不住，可以暂时离开压力源等。

总之，小刘的压力可以通过一定的步骤有针对性地寻找解决方案，在此过程中，可以尝试利用短期焦点技术帮助自己提升能量，寻找解决办法。

2. 给小刘制定一个压力管理方案

当小刘意识到自己压力过大时，就可以尝试建立自己的压力解决方案，见表8-3。

表8-3　小吴的压力源、影响及解决方案

压力源与影响	解决方案
外部压力源：工作事故	① 承认工作失误； ② 尝试做好善后工作； ③ 如果这段时间无法胜任工作，可以休息几天
外部压力源：母亲去世	① 找人倾诉，表达哀伤； ② 适当出去旅游； ③ 自己处理不好，可以寻求心理咨询师的帮助
内部压力源：一切都要在控制之中	事情总有做错的时候，出现差错重要的不是自责，而是去解决问题
身体影响：失眠、精力不济	① 放松训练； ② 多做运动
情绪影响：意志消沉，悲伤难过	① 适度表达自己的情绪； ② 给自己一些积极的心理暗示
行为影响：上班心不在焉，有些分神	① 寻求社会支持； ② 离开压力源； ③ 让同事代班
认知影响：自责，认为都是自己的错	调整思维，认识到解决问题才是最重要的

3. 建立压力管理方案的主要步骤

（1）测查自己的压力的大小。例如，小刘的测查结果是压力过大，则急需压力管理。

（2）测查自己的压力源，分为内部压力源和外部压力源。

（3）测查压力对自己的影响，分为心理（情绪和思维）、行为、身体三方面的影响。

（4）针对自己的压力源，进行有针对性的调整，包括暂时离开压力源。

（5）针对压力对自己的影响，进行有针对性的调整，利用所掌握的压力与情绪管理常用技法。

所有的这些压力管理办法并非一次实施完，正如短期焦点技术所指出的，小改变导致大改变，在体验中去释放压力，无论何时都要相信自己才是解决自己压力问题的专家，只有管理好自己的压力，才能更好地帮助下属减压。

四、短期焦点技术的应用与帮助下属减压

（一）案例导入

小孙最近刚入职，压力很大，很多事情做起来信心都不是很足。小刘作为班组长非常着急，一方面组里的工作任务很多，特别需要小孙尽快上手；另一方面小刘又觉得不能给新人太多压力。有一天，小孙找到小刘，告诉他自己最近压力很大，很多事情都干不好，有点不想干了。

案例：

★ 小孙的焦点之路

下面是班组长小刘利用短期焦点技术和小孙的对话：

小刘："今天来是想有什么改变？"

小孙："希望自己事情干得好一点，压力能够小一点。"

小刘："你刚入职，很多事情需要学习，我刚入职时压力也很大。最近有没有什么时候觉得自己一件事件干得还不错，感到挺满意。"

小孙："好像没有吧！"

小刘："再想想，如果有的话呢？"

小孙："想不出来。"

小刘："那现在我这样问你，如果你走出我办公室，你的压力全没了，你能感觉到自己有什么不一样吗？"

小孙："那样我应该就轻松很多，干起活来也应该比较自在，能够很灵活地去对待很多问题，也不会再害怕这害怕那。"

小刘："挺好的，那你现在想想以前有没有这样的时候？"

小孙："有吧，其实我第一份工作刚开始的时候也挺紧张的，可是当时我把自己放在'菜鸟'的位置上，反正啥也不会，跟着班组长好好学就是了，当时没有想这么多。"

小刘："很好，那现在这份工作呢？你觉得你可以怎么去面对呢？"

小孙："我觉得我可以放开自己的心态，重新给自己定位一下，让自己别去想那么多就好了，好好努力工作，领导也会看到。"

小刘："很好，我相信你，相信你会做得更好。"

…… ……

（二）能力训练指导

1. 对话内容与技巧分析能力

上面的对话中小刘运用了短期焦点技术。在平时工作中，班组长并非一定要严格遵循焦点的流程去进行谈话，但是需要掌握其中的要领，现在一起来分析一下案例中的对话。

小刘："今天来是想有什么改变？"（上来直接说想要什么改变，直接往期望上引导，而不是抱怨）

小孙："希望自己事情干得好一点，压力能够小一点。"（建立起一个良好的目标）

小刘："你刚入职，很多事情需要学习，我刚入职时压力也很大。最近有没有什么时候觉得自己一件事件干得还不错，感到挺满意。"（利用例外技术）

小孙："好像没有吧！"（小孙没有想到，但是不要着急，这很正常）

小刘："再想想，如果有的话呢？"

小孙："想不出来。"

小刘："那现在我这样问你，如果你走出我办公室，你的压力全没了，你能感觉到自己有什么不一样吗？"（利用了假设解决架构技术，启发小孙思考）

小孙："那样我应该就轻松很多吧，干起活来也应该比较自在，能够很灵活地去对待很多问题，也不会再害怕这害怕那。"

小刘："挺好的，那你现在想想以前有没有这样的时候？"（启发小孙思考以后，再寻找例外情况）

小孙："有吧，其实我第一份工作刚开始的时候也挺紧张的，可是当时我就把自己放在'菜鸟'的位置上，反正啥也不会，跟着班组长好好学就是了，当时没有想这么多。"（寻找到了例外情况，让小孙多说一些，具体化一些）

小刘："很好，那现在这份工作呢？你觉得你可以怎么去面对呢？"

小孙："我觉得我可以放开自己的心态，重新给自己定位一下，让自己别去想那么多就好了，好好努力工作，领导也会看到。"

小刘："很好，我相信你，相信你会做得更好。"（随时都记得要赞美）

…………

短期焦点技术非常强调员工自身的能量与资源，尽量让员工自己去解决自己的问题，而班组长只是起引导作用，是解决问题的指导专家。

2. 短期焦点技术的步骤

第一步：正向引导。

在了解情况的基础上进行正向引导，班组长可以问："今天来是想解决什么问题？""今天来最想改变什么？"

第二步：建立目标。

帮助组员建立良好的目标，目标必须合理，用组员自己的话去陈述。例如，"我希望和小吴每天上班能和平相处。"

第三步：寻找例外。

当确立目标以后，就可以去寻找例外情况了。寻找例外情况时不要着急，有时候甚至可能会寻找不到例外情况，这个时候可以讲一些其他员工的故事或者不局限在工作上。一旦寻找到例外情况，就应该立刻具体化，看看员工是怎么做到的，帮助启发员工思考。

第四步：假设解决问题架构。

当例外找不到的时候，可以使用假设解决架构技术，员工有问题时，总容易把自己放在问题里，而无法自拔，假设解决架构技术可以启发员工从不同的角度思考。

第五步：引导到行为上，进行鼓励与赞美。

任何时候都需要及时赞美与鼓励。当员工找到例外情况后，要具体引导到行为上，小改变导致大改变，鼓励员工去尝试。

思考题与能力训练

1. 回顾一下，你在担任班组长以后，都遇到了哪些大的压力？产生了什么影响？是如何克服的？

2. 你如何面对班组其他成员压力和不良情绪？

3. 利用所学知识和技术，给自己制定一个压力管理方案。

4. 你有无将班组管理中的不良情绪转化为班组管理正向能量的案例？其余成员有吗？请写出来进行交流。

Extended reading
拓展阅读

员工健康管理应成为班组管理的重中之重

"健康是人生第一财富。"（拉尔夫·沃多·艾莫森，19世纪诗人、哲学家）从现代生活工作的角度看，健康不仅是人生的第一财富，也是家庭、社会和组织的第一财富。其实这一道理很简单，例如，一个家庭中的一个成员健康出了问题，产生的负面效应需要全家人承受。一个企业也是如此，员工把不健康情绪带到工作中，造成的安全事故、质量事故和影响团队和谐气氛的案例也时有发生。由此可见，健康管理尤其重要。

健康管理这么重要，但是，在某些人的思想观念和意识中，存在严重的偏差。某些企业认为，不用搞什么健康管理，企业员工都很健康。其实，健康管理不是说员工得了病再去管理，我们讲的健康，是一个全方位概念，包括身体健康和心理健康两大部分，重在心理健康。关于健康管理，在某些发达的国家，企业早已建立了员工健康俱乐部、心理健康咨询室、压力排解活动室等。而健康管理在我国刚刚起步。随着现代化和市场经济建设的不断推进，员工的压力越来越大，健康管理正在引起我国有关部门的重视。据有关材料证明，全国总工会已将员工健康管理列入工会的工作职责和任务目标，在全国推进。健康管理将成为管理的重要内容，成为现代社会发展、现代企业管理的发展趋势。

压力和情绪是健康管理的重要内容。从管理科学角度看，在健康管理中，压力和情绪管理是非常重要的，因为压力是员工产生情绪的主要根源，而情绪又是影响管理效果的直接因素。因此，必须高度重视压力和情绪管理在提升管理效能中的作用。

首先用好正向压力和情绪在管理中的正能量。压力和情绪不完全是负向的。在一定限度下的压力，对激发员工活力，调动积极性是动力源，没有压力，就没有动力。情绪也是如此，乐观向上的情绪，是家庭、社会和组织机构不可缺少的兴奋剂，是产生工作热情、催人上进的催化剂。在管理中，如何用好压力和情绪的正向作用，是压力和情绪管理的重要组成部分。

负向的压力和情绪，是指不利于员工健康，对管理带来负面影响的压力和情绪。员工健康管理，就是尽可消除压力和情绪中的不利影响，使其负面能量转化为正向能力，提高管理效能。

国内外健康管理的实践证实，对过度的压力和情绪进行调适，会提升管理水平和管理效能，至少产生以下三个方面的效果：一是减少过度的压力，有利于员工身体健康，保持健康旺盛的工作精力；二是减少负面情绪，有利于岗位工作责任心、积极性的调动，避免安全事故和质量事故的发生；三是有利于团队的和谐。

健康管理在我国刚刚起步，还没引起人们的足够重视。作为现代班组长，特别是优秀班组长，必须从现在、从当下重视这个问题，把健康管理作为提高班组效能管理的重要手段和重要内容，以提高现代班组的现代化管理水平。

（作者：毕结礼）

第 9 单元

班组创新管理

创新已成为当今时代企业竞争发展的核心因素。企业创新不仅需要技术创新，更需要管理创新，因为管理主宰着企业发展的命脉。企业创新包括各个层面和多种要素，班组管理创新，是企业创新的基础。创新将成为班组长重要的岗位素质。

学习目标

1. 提升班组管理创新理念。

2. 掌握班组管理创新的基本原则和技法。

3. 提升班组长营造班组创新氛围的能力。

学习方法

1. 结合班组长日常管理工作，掌握班组创新的原则、技法。

2. 班组长认真回顾总结自身特点，发现以往工作中的创新点。

3. 开展班组管理创新交流活动，相互学习，共同提高。

The first section
第一节
班组创新管理基本要素

　　人们离不开学习，但学习不能照搬，而需要创新。创新不仅是一种能力，更是一种习惯，也是一种主动的意识。创新素质需要培养，只有把握好创新的关键点，才可以参与到创新的行列中，并成为创新者。

一、案例导入

高班长用创新办法解决生产能力与生产进度的矛盾

　　某企业的铝合金部件加工，采用通用工装加工垫块，每次加工前都需要利用机床校正工件，辅助时间长，且每次只能加工一个零件。工件的切换时间也比较长，机床停机会影响加工效率。相对较低的日产量无法满足生产进度的需求，生产能力与生产进度产生了矛盾。为解决这一矛盾，铝合金部件加工班高班长利用车间的生产废料，制作了多工位垫块专用加工工装（见右图）。该工装通过两个定位边解决了工件利用机床校正的难题。通过多工位装夹，一次可加工5个工件，从而一举解决了产能过低而无法满足生产进度的矛盾。

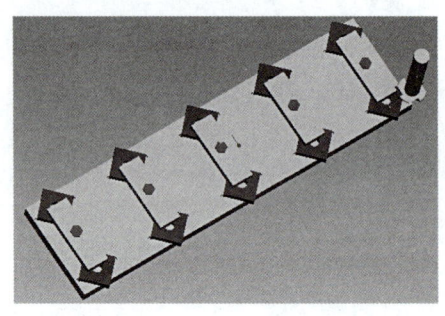

多工位垫块专用加工工装图

二、案例分析与启示

（一）案例分析

　　高班长面对生产能力和生产进度的矛盾，采取了自制工装的创新办法，解决了供需矛盾，并且利用生产废料，节省了成本。小小创新解决了生产上的大问题。

（二）案例启示

　　通过上述案例可以看出，创新就是面对矛盾、解决矛盾，把不可能变为可能。创新就是采取一些新的思维方法、新的手段、新的措施，解决所面对的矛盾和问题，将不可能变为可能的过程。这个过程要敢于去想、敢于去做，才会使创新成为可能。

三、学习要点链接

（一）培养班组的创新意识和创新理念

创新一般包括三个含义，即更新、创造和改变。无论是更新、创造还是改变，都取决于人们的创新意识水平，以及观念的更新程度。人们常讲，思路决定出路，理念决定行为。班组的创新意识和创新理念，是班组创新的先导，是班组创新行为的灵魂。因此，班组创新，必须高度重视创新意识和创新理念的培养。

意识属于心理活动的范畴。创新意识，就是指创新的主动意识，或创新的动机。它是创新思维和创新行为的前提，是当代人才素质内在要素的主要内容之一。创新意识构成要素包括创新动机、创新兴趣、创新情态、创新意志及耐力等。班组创新意识培养，要紧紧抓住这几个关键要素展开，才会行之有效。

理念是一种思想。企业经营理念，就是企业的一种经营思想。价值与意识不同。人们的价值理念是建立在人们意识基础上的文化。文化的核心内容就是价值理念。所以，有的企业把班组文化建设作为班组创新管理的关键来抓，重在培养班组创新的、先进的价值理念。

班组创新必须首先培养班组的创新意识和理念，否则班组创新管理就是空谈。培养班组创新意识和创新理念，应抓住三大节点：一是培养班组创新动机和兴趣，养成班组的创新习惯；二是培养班组的创新思维能力，充分发挥班组成员的创新能力，每位员工都应当成为班组创新管理的一员；三是班组长作为班组创新意识和创新理念形成的关键因素，具有主导性和示范性效应。

 **案例：**

★ 现场管理中的创新

现场管理是班组长管理的重要工作。某企业配送中心料件管理班组，通过管理创新，提高了配料质量和效率。原配送中心料件管理，每一个人负责几种或几十种料件，料件放置在不同区域，每个人在找料件时，要到不同区域去找，非常忙乱，不容易找到，效率很低。马班长在认真分析问题的基础上提出新的管理方案，即把全班组人员分成几个小组，每个小组负责一个区域的料件，并把区域和料件统一编号，定置化管理。方案确定之后，进行了料件管理培训。经过前后对比，效果截然不同。

（二）班组管理创新的主要内容

班组创新包括技术技能创新和管理创新两大部分。其中，技术技能创新必须有管理创新的支持，管理创新也离不开技术应用，这是由现代化社会经济技术发展特点决定的。作为班组长而言，提高班组工作水平，管理创新更为重要。如果管理水平低，员工的技术技能发挥会受到一定的负面影响，就更谈不上技术创新了。

班组管理创新，主要内容包括：一是管理思维创新，要打破思维定势，敢于探索求异；二是管理制度和管理方法创新，特别是人员管理的激励制度创新；三是管理过程和管理技术手段创新，如信息技术在管理中的应用等。

 案例：

★ 新产品战略开发
需要创新推动

企业新产品、新技术开发，是企业战略发展的重要组成部分，也是班组工作的重要内容。如何组织好开发管理工作，是班组长的重要职责。某企业某班组在企业产品开发过程中，承担了新产品的实验工作，装置调试十分复杂，技术含量高，调试要领、技术不好把握。罗班长在遇到这一难题时，带领全班组员工认真研究，不断攻克技术难题，研制生产出一台产品调试操作技能实训装置。经培训，员工掌握了产品调试技法。这套操作技能实训装置，获得了4项发明专利，7项实用新型专利。罗班长获得"全国技术能手"荣誉称号。

（三）班组创新的特点

创新不仅有共性特点，也具备个性化特点。创新思维是创新的基本素质，但创新思维如果脱离创新环境和工作活动实际，创新则为无本之木。特别是在班组管理创新中，更不能脱离班组平台谈创新。根据班组工作的性质和特点，班组管理创新有"新、实、小、快"四个特点：

（1）具有"新"的特点。班组创新要突出一个"新"字。所有创新，都应体现一个"新"字，"新"是创新的基本要求。班组创新要突出的"新"字，一定要紧扣班组生产、工作的特点，即能够发现班组管理的新问题，提出解决问题的新办法，收获管理新成果。这个"新"贯穿于班组管理的日常工作中，能够帮助创新管理，使管理有新思路、新办法和新效果。

 案例：

★ 海尔公司的责任
分工

在海尔公司里，不管是大事还是小事，都会将责任划分明确。例如，每块玻璃都有指定的人来擦、每个厕所都有指定的人来清洁，同时指定专人进行监督；如果制作一台电冰箱需要156道工序，那么这项工序也就会被分为312项责任。当出现问题时，不仅追究具体过程中实施人的责任，而且要追究检查人的责任。这样做的好处就是，班组长不会再去想班组成员的工作态度如何，只要将责任锁定，就可以将这些工作内容和考核标准形成环环相扣的责任链，当某个环节出现问题时，就可以将责任锁定在某个班组成员身上，防止班组成员相互之间推卸责任，做到"奖有理，罚有据"。

（2）具有"实"的特点。班组创新要突出一个"实"字。"实"就是要从班组生产经营管理的实际情况出发，解决实际发生的矛盾和问题，取得实际效果。例如，罗班长带领全班组员工经过反复研究实验，终于开发出了填补国内空白的调试操作技能实训装置。

案例：
★ 移动公司的小礼品

某营业厅门店，由于业务繁忙常常需要排队，客户对此颇有情绪。为解决这一实际矛盾，店长想出了多种办法，例如，在排队客户中开展"有奖满意度调查"，以转移客户等候时的焦躁情绪，并派送各种小礼品，如介绍公司最新业务的扑克牌、小扇子、面巾纸等，既缓解了客户情绪，又宣传了公司业务。

（3）具有"小"的特点。班组创新要突出一个"小"字。"小"就是要从小事情上着手，从班组力所能及的实际情况出发。例如，研制适合班组实际应用的小工装、小工具等；在管理上，制作简单适用的小卡片、小模板，搞一些小型的培训等；在工艺方法上，研究一些小的操作流程改善方法等。

案例：
★ 公司"小制度"

某行业对外服务窗口，为提高对客户服务水平，制定了若干"小制度"。例如，立下"着装小规矩"，以幽默生动的语言使员工在笑声中接受了公司的着装要求；设置"小小光荣榜"，每周投票评出"微笑之星""业务之星"等，并直接与当月绩效挂钩；征纳小点子，设置"智囊箱"，鼓励大家进行小改革、小发明、小创造，对员工进行奖励；开辟小园地，张贴温馨的文化墙，并标上每位员工当天的心情，大家对心情不好的员工纷纷给予鼓励，增强了集体的凝聚力。

（4）具有"快"的特点。班组创新要突出一个"快"字。班组创新的目的是为生产经营服务，快速解决班组实际管理中出现的矛盾和问题，能够快速发现、快速响应、快速见效。例如，有的企业成立了班组管理问题诊所，聘请有经验的技师和专家坐诊，及时解决班组在生产经营中出现的各种疑难问题。

案例：
★ 他们是这样发现并处理问题的

某冲压班组接到驾焊车间的反映，认为其在冲压过程中涂油过多，不仅污染车间地面，同时还产生了其他不利于生产的问题。他们非常重视并立刻进行了原因分析，得出结论是由于材料、模具的问题，使得频繁涂油是避免制件拉裂的唯一办法，因此造成油量使用过多。于是他们一方面做调整涂油的实验；另一方面向研究部门反映此问题，从材料、模具等方面进行改进。最终该问题及时得到了解决，并避免了与其他车间的矛盾。

（四）打造员工创新平台

为班组员工创新搭建平台，有意识地为员工提供创新条件，支持班组员工创新，是班组员工能够创新的基本条件。其形式主要有：

（1）打造活动平台。企业通过开展班组创新活动，发现班组中存在的问题，通过解决问题取得创新成果。例如，有的企业开展了班组全员创新管理，把"发现问题就是成绩，解决问题就是创新"的理念注入班组长和全体员工心中；有的企业开展了星级班组、星级员工评比活动，增强班组的活力。

 案例：

★集体智慧的结晶

移通大厦班组对供电系统高压设备进行了整体更新工程。由于高压供电设备是移通大厦枢组通信和生活用电的源头，稍有不慎就会造成大面积供电中断事故，而且高压室空间狭小，且控制电源接线复杂，这些都是工程顺利进行的障碍。为了确保供电安全及施工质量，割接工程施工必须不间断进行。施工班组集体研讨，共同想办法克服困难，首次采用了无供电间断的在网割接，体现了创新力的最大化。移通大厦原计划一个多月的高压改造工程，最终仅用了短短16天的时间，这是班组成员用辛勤汗水换来的，顺利实现了动力中心一贯倡导并奉行的"消除供电隐患，提升系统安全"原则。

（2）打造评价展示平台。通过对班组创新成果组织评价，使班组创新得到认可。例如，有的企业及时评比班组的小发明、小改革成果，并组织专利申报；有的企业开展以员工姓名命名优秀操作法、大师工作室等活动，激发了班组的创新活力。

 案例：

★创建学习型班组的特色活动

某汽车零部件公司制筒制管小组以创建学习型班组为目标，结合实际，开展多种特色活动，强化了组员的责任意识，调动组员自觉参与班组管理的积极性，提升了班组的学习力、凝聚力。

在完善各项班组管理制度的基础上，为加强班组管理，调动组员相互学习的积极性，小组长张建国充分利用"班组园地"，在展示生产任务完成情况及安全、质量、现场管理等工作开展情况的基础上，增设了"组员动态管理""合理化建议"等看板。"组员动态管理"看板及时反映每位组员的去向，便于工作安排和组员管理；"合理化建议"看板除展示组员提出的创新改造项目外，主要展示小组员工在生产过程中的操作经验、生产中容易出现的问题及安全等注意事项。通过这个平台，大家相互交流操作体会，相互学习，相互提醒，营造了"向问题学习、向工友学习、向实践学习"的学习氛围。同时开展"值日班长"活动，小组员工轮流担任执行班组长，人人参与班组管理，强化了组员的主人翁意识和责任意识，有效提高了组员参与班组管理的积极性。

（3）打造交流平台。通过推广和交流班组创新成果，不仅增强了班组创新的成就意识，还可以使班组成员之间互相借鉴，形成企业班组间创新合力，共同推动企业创新发展。例如，有的企业组织班组长创新成果经验交流会，推广班组创新成果；有的企业把班组创新成果放在企业信息平台上供学习借鉴等。

案例：

★ 开心工作网打开了他们的心门

某公司班组为了加强对班级成员日常工作生活的了解，为他们打造一个轻松、愉快的交流沟通平台，利用微博等新兴沟通工具，以古典武侠风格为主基调，开展了虚拟化网络平台——开心工作网的建设。开心工作网共分为博客聚义堂、微博客栈、投票酒馆、1号班组、英雄榜等版块，员工可以在开心工作网上自由地沟通交流，发表自己的心得体会，将自己在工作中的经验进行分享。此外，还可以发起或参与各式各样的投票活动，了解员工对各种观点的看法。开心工作网打开了员工心门，拉近了班组管理层与基层员工之间的距离，同时也加强跨部门员工之间的沟通交流，给员工创建了一个快乐的沟通分享平台。

（五）制定创新激励策略

制定班组创新激励策略，可以有效促进班组健康发展。

（1）制定班组创新成果奖励政策。奖励政策可以分为精神奖励和物质奖励两种类型。例如，有的企业颁发创新证书予以表扬；有的企业设置创新成果奖。从实施的过程看，两种奖励方式同时应用效果更佳。

案例：

★ 培训为班组长提供成才之路

某煤矿班组每年都要选送一批优秀班组长外出培训学习。每年按照严格的选拔程序，进行高技能人才选拔，一经审核通过，每月分别为"金、银、铜牌"员工发放600元、400元、200元不等的高技能人才津贴。班组培训实施以来，全矿共有118人获得了技能晋级，18人通过集团公司后备专家评审，全矿已拥有122名"金、银、铜牌"员工，极大地缓解了技能人才紧缺的局面。矿井先后从班组长中提拔聘用了5名区队长，15名区队、部门副职，该煤矿成为生产基地的"人才摇篮"。

（2）班组创新评先与评模挂钩机制。制定班组创新成果与班组长和员工评先进、评劳动模范挂钩政策，把尊重人才、尊重创造同班组创新结合起来，有利于班组创新的推动和持续健康发展。

（3）建立班组创新与员工晋级挂钩机制。企业在员工晋级时，要考虑班组创新取得的成果，考虑创新成果解决问题的重要程度。这样有利于促进班组创新的内在动力，使创新活力不断产生。

（六）创造创新文化氛围和环境

文化建设既是企业、班组发展品牌和品质的象征，也是当前企业竞争的核心要素，企业文化已成为员工择业和发展依据的重要选择。创新也是如此，企业、班组创新，首先是创新文化建设，净化和提升创新环境，实践证明，谁有文化优势，谁就占据了竞争和发展优势，创新也是如此。创新文化建设，其内涵就是培养良好的创新价值观念。

班组文化建设的内涵十分丰富，就创新文化而言，主要有几个因素：一是要高度认识班组创新对班组发展、企业发展的意义和价值；二是创新是班组的使命，提升班组创新的使命感；三是班组创新是一种精神，使班组凝聚创新力量，形成创新习惯，崇尚创新精神。班组创新文化，就是让员工知道追求什么，倡导什么，反对什么，形成创新高尚的文化氛围。

创新文化建设具体形式有：一是开展班组创新成果表彰活动，认可班组创新成果，鼓舞员工创新，为创新指明方向；二是开展班组创新经验交流活动，开设图书室、学习岛，提供创新学习平台；三是利用电视、网络等宣传媒体，宣传班组创新活动和创新事迹；四是以队歌、队徽、队呼、成果展示园地和班组创新荣誉展板等形式推动创新，展示创新文化。

The second section
第二节
班组创新类型与创新原则

班组创新具有全面性、综合性和个性化特点，一个班组就是一个企业的缩影，因此，班组创新不是单方面的。为了便于班组长把握班组创新规律，结合班组生产与组织方面的特点，下面介绍班组创新的类型和创新原则。

一、案例导入

配送班送给生产单位的料件经常出现数量少、质量有缺陷的问题。生产单位说："因为配送班在送货时，数量就不够，质量就存在着问题。"配送班员工说："我们是把厂家送的货一点不差地送到生产单位去的，你们也签字了，我们没有什么责任。"配送班孙班长想："怎样才能使送到生产单位的料件数量准确、质量没问题呢？"他大胆提出了绿色配送的管理方案：把厂家供的货全部拆包，确认数量准确、外观质量合格后，再按生产单位要求选配货物，裸装送到生产单位。生产单位确认数量对、外观质量合格后，才收料签字。通过征求员工意见并得到上级主管部门的同意后，开始实行绿色配送。绿色配送方案实施后，配送班与生产单位的责任清楚了，数量少、外观质量不合格的问题解决了，而且生产单位不拆包装箱子，环境卫生也好了。孙班长还与厂家联系，把包装箱子返回去再利用，又降低了包装成本，受到了厂家好评。

这样配送为什么会效果好？

二、案例分析与启示

（一）案例分析

配送班组为改善配送料件出现的数量差错、质量缺陷问题，大胆创新，通过改变配送流程中看起来很小的环节，确实解决了配送中经常出现的问题，不仅提高了配送质量和效率，还节约了成本，改革看似虽小，但效果却很大。

（二）案例启示

上述案例告诉我们，班组创新就在班组日常工作、生产的过程行为之中，很多都是由一些微不足道的因素而形成创新的切入点，关键是谁能发现问题，谁就能找到解决问题的新方法，这才是创新的关键。

三、学习要点链接

（一）班组创新的三大类型

班组生产或工作的平台，也是班组创新的平台。从班组工作、生产的权责看，班组创新主要体现在三个方面，也可称作三大创新类型。一是岗位技术技能创新；二是班组实务管理创新；三是班组现场管理创新。

1. 岗位技术技能创新

技术技能型人才，是企业技术更新、产品更新的重要支柱，是生产一线的骨干力量。因此，技能人才的岗位技术技能创新，是企业不可或缺的重要因素。根据实践概括，岗位技能创新主要有三种方法：一是变革式创新。创新离不开变革，变革式创新的实例很多，例如，本章第一节中的"多工位垫块专用加工工装图"，就是岗位技术技能创新很好的实例。二是拓展式创新。值得注意的是，拓展式创新不是指拓展训练，而是一种创新范式，主要指拓展思路，即打破思维定势的一种创新。三是自主式创新，也是一种自觉创新行为，是内在创新素质的体现。岗位技术技能创新，其基本点在于：具有熟练的岗位技术技能，达到熟能生巧，并在此过程中产生创新意识、创新行为。

 **案例：**

★ 这个难活谁来干？

某企业的焊接一车间承担了一项新的生产任务，即一个产品上的缓冲梁和枕梁的生产。这两个部件是因为其他单位生产时经常出现质量问题耽误工期才转到焊接一车间的，面对这份不挣钱而且又很脏的活儿，大多班组长都躲得远远的。车间领导经过慎重考虑，决定把这项任务交给机械手班。谢班长二话没说就把这项任务接了下来。此时谢班长心里也没底，因为工作难度确实很大，需要解决的问题多而且难度大，干不好还需要承担风险。谢班长主动出击带领团队成员分头行动，将问题一一破解。他们加班加点自己设计制作了枕梁自动焊接工装，攻克了机械手段焊的技术难题，优化了高强钢焊接的工艺参数，编制了自动焊程序。由于实现了焊接自动化生产，效率提高了，产品质量上来了，问题工序变成了精品工序，不挣钱的埋汰活儿变成了抢手的好活儿。他们不仅出色地完成了生产任务而且填补了公司枕梁、缓冲梁自动化焊接工艺的空白，制作的"枕梁自动焊接工装"被评为企业立项攻关一等奖，"焊接机械手段焊收弧坑问题的解决方案"获企业"五小"成果一等奖。机械手班获得了省青年文明号、部创新示范岗、全国工人先锋号等荣誉称号。

2. 班组管理实务创新

班组管理实务内容包括班组团队建设与员工管理、员工培训与能力提升、激励与沟通、班组应用文写作、班前碰头会、总结汇报会等。由于内容多，创新的范围也相应较多。概括来讲，主要体现在三个方面：一是管理制度创新，例如员工培训学习制度创新；二是管理方法创新，例如制度管理与感情管理如何结合才会更加有效；三是管理流程创新，例如如何控制管理效果和管理成本等。

案例：

★ 售后服务班能不能晚上不上夜班

　　某企业的产品交给用户使用时，经常要在晚上进行停车检查，因此在全国许多城市设立了售后服务班。晚上，各售后服务班要对上线运行后下线的产品进行全面检查，以确保其安全完好。可天天上夜班，大家的身体有点吃不消。为此，这个企业的售后服务部门召集售后各班组长讨论怎样进行改进创新。经过班组长们认真的讨论，得出了一个结论：对售后服务过程中出现的一般性问题要采取规范化、程序化的方法解决，对售后服务过程中出现的复杂的问题要采取创新和信息化的方法解决，这样可以让一部分人员不上夜班，还可以倒班。这个企业的售后部门针对各班组长的建议，在各售后服务班开展了规范化、流程化建设和创新活动，使售后服务的问题得到了很好的解决，并通过产品动行发生故障的规律，建立了一套售后服务问题处理预案，采取了一些先进的监控设备，他们不上夜班的梦想，不久就能够逐步地实现。

3. 班组现场管理创新

　　现场管理创新，应是班组创新的主要平台，因班组的生产和工作任务、质量把关和成本控制等都是在现场完成的，现场管理创新对班组管理而言也显得尤为重要。班组现场管理创新的内容是多方面的，主要包括生产和工作计划、进度与人员协调的创新，现场人员管理创新是重点；执行力与执行策略创新；生产或工作流程制度创新；质量、安全监控方法创新等。

案例：

★ 监督班能创新吗?

　　某企业焊接监督师班承担着车间员工操作技能指导及产品质量监督工作。班组8人分别对车间各个班组进行焊接过程巡检及产品最终交检，以保证焊接产品质量。这样的班组能创新吗？他们用四年走了四步，回答了这个问题。

　　四年来在李班长的带领下，班组不断开展创新工作，大大提高了产品一次交检合格率，使产品焊接质量得到持续提高。第一年，班组对车间操作员工进行了工艺文件的培训，每天早上到各个班组进行工艺文件提问，使全体员工都能熟知工艺文件，并按工艺文件要求进行操作，杜绝了凭经验操作的陋习。第二年，班组在车间的支持下，组织开展了焊接件精品评选活动，评出了19件精品工件。并对精品件进行分析归纳，总结制定出了规范的工序操作标准，使焊接质量得到了稳步提升。第三年，班组在全车间组织开展了免检员工、免检工序评选工作，鼓励全体员工将手中的产品做成车间的样板。第四年，班组针对单位提出的"焊接艺术化"的工作理念，组织了各班焊接技能及焊缝修磨比赛，企业质保部门的领导亲自参加，对获得前20名的选手给予表扬和奖励，鼓励全体员工将手中的产品做成艺术品。同时，班组还将多年来积累的工作前、工作中、工作后的标准操作经验编制成《焊工操作手册》，制成看板在车间张贴，使员工操作得到统一，使产品质量得到提升。

由于监督师班的努力、各班组的配合，提高了焊工的实际操作技能，解决了由于员工技能水平低造成产品质量不高的问题，员工也多次在省、市级焊工大赛中获奖。四年来组织员工制作各种焊接胎具、组对胎具60多项，其中有21项获得国家专利，使产品质量和工作效率得到不断提高。

（二）班组创新管理要点

班组管理创新有三个关键因素，必须把握住。一是培养员工的创新意识和创新精神，树立班组创新的团队意识和参与意识，形成班组创新的文化氛围；二是把握创新规律，在日常工作、生产中的小事情上下功夫，不要忽视小改小革，重视创新习惯养成；三是建立创新学习和交流制度，不断提高创新力。

（三）班组创新原则

无论做任何事情，都必须遵循一定的规律和原则，并且持之以恒就会有收获。班组创新也具有一定规律，有其原则。

1. 坚持在岗位生产和岗位工作中的创新原则

班组岗位创新的目的和目标是很明确的，即不断提高班组工作或生产的能力和效率，确保高质、安全完成班组的生产或工作任务，以支持企业持续健康发展。因此，班组创新只有在生产的过程中，紧密结合企业生产与技术发展，才能实现创新的目标要求。

2. 坚持从小处创新的原则

班组工作主要是执行性任务或工作，具体事务多，看起来虽然都是琐碎的小事，但有可能会造成大事故。所以班组生产工作的每一件小事，都不能忽视，一些小的改革和创新，都会产生可观的业绩。

 案例：

★善于发现班组成员的情绪

某挖掘机作业组，为保证作业安全，除了从操作规章等方面采取措施，还对班组成员心理和情绪格外关注。发现情绪不正常、心情急躁、精力不集中或神情恍惚等问题的职工，及时谈心交流，弄清原因，因势利导，使其保持良好心态投入工作，提高安全生产注意力；对受到批评或处罚的人，单独与其谈心，讲明原因，消除抵触情绪；每月必须召开一次谈心会，组员聚在一起，畅谈安全工作经验，反思存在的问题和不足，互学互帮，共同提高。

3. 坚持团队创新和人人参与的原则

当今社会，团队意识越来越被重视。现代班组就是一个团队，应当成为学习型、创新型班组。如果要成为创新型班组，班组成员必须参与到创新中。另外，创新的实践告诉我们，在某些时候，一句话、一个建议虽然不能成为创新结果，但也许会对某项创新产生积极的影响。

某检修中心班组，以前由班组长按岗位分配个人工作，成员之间条块分明，缺少交流，可替换性差。针对以上情况，大家试行了轮值管理新模式，由班组成员轮流担任副班组长，负责每天主持例会、分配工作、传达文件等，由班组长进行补充和完善。同时，各成员在例会上相互交流、相互学习，并轮流负责不同岗位工作。通过一段时间的实施，使班组各成员对班组工作和不同岗位有了全面的认知和掌握，使班组成为一个有机的整体。

案例：
★ 轮值管理新模式

4. 经济实用型原则

企业以经济效益为主要目的，降低成本、增加收入，是企业管理的重要目标。班组则是实现这一目标的管理节点。因此，如果班组创新不能为企业增加收入或降低成本，且无法在生产与工作中应用，将成为无效的创新。

某位员工在日常业务办理中，通过观察和总结，提出通过整合可以将部分业务的工单合并，此建议得到了公司的认可和推广。用这个方法，节省了25%的工单用纸，每年为公司节省了上百万元。

案例：
★ 一张简单的工单

5. 敢想、敢试和敢于担当原则

敢想是创新的第一要素，即要求人们在生产工作的过程中多提出问题。敢试，即敢于尝试，不怕失败。当然，标准化生产过程必须遵循标准化工作规程，不能乱想乱试。敢于担当，要敢于面对问题、解决问题，如质量问题、安全问题。

某石油公司分子筛脱蜡车间班组，在新的分子筛装置开工时，根据多年的操作经验，大胆地提出了六个单元同时进行的"倒开车"构想，并与专业技术人员共同研究、严格论证，保证了开工的圆满成功，使装置开车时间由90天缩短到38天，降低生产成本150多万元。他们还提出调整装置原设计塔板温度控制指标的建议，使装置收率提高了2个百分点，年增效2 000万元。

案例：
★ 创新在敢想中实现

第三节
班组创新常用的思维方法与创新技法

创新思维与创新技法的有效结合，才有使创新成为可能。创新思维是创新的灵魂，创新激发是创新的支柱。

一、案例导入

怎样才能降低运输设备的故障呢?

在某企业运输设备的生产过程中，要保证设备在铁路线上能够安全、平稳、可靠运行，出厂前必须要经过一个重要的检测环节——调试。起初，调试班对引进技术的消化吸收不够透彻、调试问题发现得不够深入和全面，调试操作员工队伍水平普遍仅仅停留在原有的产品调试阶段，因此，调试质量难以保障，导致上线的设备频繁出故障。后来，企业调任骨干首席操作师老李成为班组长。他上任后，将自己调试的方法编成培训教案，通过认真培训，培养出了一批又一批的理论知识强、操作技能过硬的调试能手，而且员工之间有了争当首席操作师的竞技意识，调试员工的水平普遍都有了大幅度的提高，使企业新开发的运输设备上线运行后，百万公里故障率在同类企业中最低，深受客户好评。

二、案例分析与启示

（一）案例分析

李班长是首席操作师，他有自己一套成熟的调试运输设备的方法，通过他的培训，培养了一批骨干，承担起了新产品的调试重任，解决了故障率高的问题。李班长不负车间重托，带领全班组员工把住调试这一重要关口，为企业赢得客户做出了贡献。这个例子说明李班长不仅自己会干，还会带领全班组员工一起干，并把培训作为抓手，通过提升能力，突破了工作难关，李班长想法对路，办法得当。

（二）案例启示

看起来李班长攻克难题的办法并不复杂，在有些人看来，只不过是将他自己的技术方法编成教材，对班组成员进行有针对性的培训，使得员工能力有所提升。看似一个简单的解决问题方法，却反映出李班长思路清晰、方法得当。可以说，他抓住了问题的根本，找到了解决问题的有效方法。

三、学习要点链接

（一）班组创新常用的思维方式

1. 发散性思维

发散性思维，是指人们在解决问题的过程中，对同一问题的解决，从不同的层面和视角去思考解决问题的方法，从而提出多种解决问题的思路和方法，而不是只从一个层面和视角思考问题。发散性思维又称辐射性思维和扩散性思维。数学中的一题多解，其实就是发散性思维的应用。

某企业钢铁二班，为提升班组士气，强化文化建设，决定向全班员工征集团队口号，并把征集团队口号的过程，当成员工学习、提升班组凝聚力的过程。班组长的建议得到大家响应，每位员工从不同角度提出自己的团队口号。通过大家投票选出前五条，再通过班委会讨论决定，"比铁还硬，比钢还强"的钢铁二班团队口号就产生了，并成为钢铁二班全体员工的一种精神体现。

📖 **案例：**

★ 用发散性思维想出团队口号

2. 收敛思维

收敛思维同发散思维不同。收敛思维，是指人们在解决问题的思维过程中，将各种不同的信息、经验和规律，归结到问题解决统一目标和方法上去。因此，收敛思维也叫集中思维，与扩散思维相反。在技能人才创新活动中，收敛思维经常被应用。发散思维和收敛思维虽然不同，但在解决问题的过程中，两者很难分开，如上述"团队口号"产生的例子，就是先用了发散思维，后用了收敛思维。

某企业焊接件设备维修班，生产现场经常出现很多"焊豆"，不仅影响环境，也不安全。林班长上任后，决定把这个问题解决掉。他利用自己的专业优势，拟设计生产一台吸"焊豆"机，并拿出图纸让班组员工参与讨论。大家通过对吸"焊豆"机装置图纸的分析，从造型、尺寸、材料等方面提出了修改建议。林班长把大家的意见梳理后，对设计图纸进行了完善，很快将吸"焊豆"机研制成功，改善了现场环境，提升了安全系数。

📖 **案例：**

★ 林班长善于集中大家意见解决生产中的问题

3. 横向思维

横向思维，是指人们在解决问题的思维过程中，将问题同周围的事物、相关因素进行比较，从中找到解决问题的方法。这种思维方法，主要通过尽量扩大思维范围，从其他事物中得到问题解决的启示。有人称横向思维为宽度思维，横向思维的人善于对比，如将自己班组的发展同其他班组对比，发现别人的长处和自己的不足。

 案例：

★ **不比不知道**

某企业生产一班，是该企业的红旗班，无论是生产还是管理都在企业名列前茅，当然班组长老孙也很自豪。更为可贵的是，孙班长还有一个非常好的习惯，即自己每年的工作有记录、有总结，发现自己的不足并制定改进方案。有一次，孙班长参加行业班组长交流会，横向一比，发现了自己管理中的不足，特别是现代学习手段在班组学习中的应用，自己还没接触过，真是不比不知道，一比吓一跳。横向比较看社会进步，纵向比较看自己的发展，两种思维模式都不能少。

4. 纵向思维

纵向思维同横向思维不同，如果说横向思维注意面的拓展，纵向思维则注意对事物进行直上直下的深度分析。纵向思维，是指人们在解决问题的过程中，抓住事物发展不同阶段的特征、矛盾进行深度挖掘，发现发展中的问题、机遇。纵向思维对事物的认识是一个由低到高、由浅入深的过程。用这种思维方式，会产生入木三分、一针见血的效果。在具体的工作中，横向思维和纵向思维也会同时应用到。例如，班组建设通过对外比较和自我发展阶段性比较，制定新的班组建设方案，比用一种思维方法的效果更好。

 案例：

★ **从班组的发展历程中发现班组建设中的问题**

某企业售后服务班组，为不断提升售后服务质量，请从事售后服务多年且有丰富的老师傅来班组指导培训。老师傅来到班组做的第一件事，就是请班组员工将最近5年的销售服务工作按年度进行分析，找出其中的经验和问题。通过分析发现，班组虽然应用了现代化管理手段进行管理，但应用水平不高，能力不强。特别是有的员工认为，班组管理这么简单，不必用什么高水平的信息化管理手段。老师傅发现问题后，对该班组进行了培训指导，并提出了进一步改进管理的现代化建设方案。

5. 正向思维

正向思维是指人们在解决问题的思维过程中，按照常规思路，遵照时间的顺序，以揭示事物的常见特征、一般趋势为目标的思维方式。这是一种从已知到未知的揭示事物本质的思维活动。正向思维例子很多。例如，分析人的不良情绪的产生时，按照常规分析，人们产生不良情绪的原因主要有家庭问题、工作问题和身体问题等。

案例：

★ 张师傅今天为什么会不高兴？

某班李班长，有一天上班后发现张师傅闷闷不乐。实际上，张师傅平时是一个非常乐观和善的老员工，在班组各个方面都起到表率作用。李班长在心里画了个问号，张师傅今天怎么了？为了不影响生产工作，李班长将张师傅叫到了一边，进行沟通。李班长按照情绪产生的常规因素进行劝解，请张师傅不要生气，表示任何问题都是可以解决的。张师傅非常感谢李班长的关心，心情很快调整好了。

6. 逆向思维

正向思维是按照事物发展规律从常规角度去思考。逆向思维则不同，是指人们在解决问题的思维过程中，从问题的反面去思考。人们常讲的换位思考就是一种逆向思维。例如，两个人有矛盾时，互相换位思考，则问题就容易解决。逆向思维也称为求异思维。司马光砸缸救人的故事，是非常典型的逆向思维案例。正常人的思维是让人脱离水，司马光则相反，他是让水离开人。砸缸救人成为千古名典，也成为逆向思维最有说服力的例子。

案例：

★ 求职简历倒着写

在一次求职招聘会上，有一份与众不同的求职简历，吸引了许多招聘者。因为求职者一反常规简历的写法，不是从学习经历写起，而是把自己的实践工作经历、工作业绩、特长放在前面，然后才介绍自己的学习经历。这种思维方式，正好吸引了招聘者，他们关注的是"你会干什么，而不是看你学了什么"。结果求职效果就不同一般。

7. 求同思维

求同思维是指在创新活动中，根据实际需要，将两个或两个以上的事物联系在一起进行"求同"思考，寻找它们的共同点，然后从共同点中产生新的创意的思维活动。例如，大象又高又大，光腿就有大殿的柱子那么粗，想要称它的体重，在古代还真是一个难题。可曹冲利用若干块石头重量等于大象体重的"求同"思维，将大象牵到河里的一只大船上，等船身稳定了，在船舷上齐水面的地方，刻了一条痕迹。再叫人把象牵到岸上，把大大小小的石头，一块一块地往船上装，船身就一点儿一点儿往下沉。等船身沉到刚才刻的那条痕迹和水面一样齐时，再称石头，就知道大象的体重了。

案例：

★ **看看宋班长的求同思维创意**

某企业的售后服务班宋班长在产品售后服务中，需要装拆大量螺栓，而且是用普通的棘轮扳手装拆这些螺栓，每天不知道要正着转多少圈，反着转多少圈，应用手动工具工作，既费时又费力。宋班长想起电钻也是有正反转的，如果把棘轮扳手改装成电动扳手不就不费劲了吗？于是，宋班长按照这种思维方式，研制出了一种手电钻——电动扳手转换头，通过电钻连接转换头，转换头再连接各种不同类型的扳手套筒，使手电钻具有了电动扳手的功能，既方便携带又提高了装拆螺栓效率。

8. 求异思维

求异思维不同于求同思维，求同是找共同之处，求异则相反，是指人们在解决问题的思维过程中，用与众不同的、独特的思维去看同一个问题。求异思维也叫逆向思维，简单地讲，就是不同于正向思维。正在大家按照常规方法思考问题时，突然出现一种奇想，与众不同。上述司马光砸缸救人的故事，其实也是一种求异思维。

案例：

★ **班组建设应该各具特色**

某企业为增强班组活力，突出不同班组特色，分别制定了特色班组建设与评选方案。根据企业发展需要，分别按照班组工作特点，建立了生产型、安全型、质量型、技术型、节能型、学习型等六型班组。每个班组重在突出自己的特点，促进了不同类型班组的特色发展，增强了企业活力。

创新的思维方法还有很多，大家在日常工作学习中，还要注意经常性地学习。例如，逻辑思维、形象思维、比较思维等，都可以在创新中发挥作用。

（二）班组创新常用的技法

1. 头脑风暴法

头脑风暴法又叫智力激励法。这种方法是通过召开智力激励会的形式，让参会者无拘无束发表意见，讲出想法，从中发现创意亮点，例如人们常讲的"诸葛亮会"。这种方法的特点是，参加会议的人员相互启发、相互激励、相互补充以弥补个人知识、能力的不足，从而引发创造性设想的连锁反应，使之逐步接近预期目标。

案例：

★ **李班长的"神仙会"**

某企业的线束班在扎线束的时候，把各种导线从线捆中抽出，扯到规定的米数剪断后，再扎在一起。在抽线时，电线常常出现打结和相互缠绕的问题。李班长召集全班组开会讨论解决办法。会上，大家提出了许多想法，有的人提出把每种线都下好后，再往一块扎；有的人提出做一个案板，画上线，并钉上一排钉子，然后，在案板上抽线；还有的人提出制作一种电线分离器，把各种电线先插入分离器的孔里，然后再把抽出的一端固定在一个板上，拉着这个板向前走，就达到了目的。大家觉得制作电线分离器的主意不错，针对这个方案提出了一些具体的意见，李班长利用业余时间画了一张图，让几个员工按图去做，结果成功了。

2. 5W2H法

所谓5W2H法，即为什么（Why）、做什么（What）、谁（Who）、何时（When）、何地（Where）、怎样做（How do）、做多少（How many），又叫设问创新法。其核心是在管理活动中，通过不断发现问题，不断解决问题，推动改革和创新的做法。

某班组生产线生产出了一批残次品。

问题1：为什么会出现残次品呢？

因为小赵在操作时，出现了误差。

问题2：为什么小赵会出错呢？

小赵对操作规程、生产工艺并没有完全掌握。

问题3：小赵为什么没有完全掌握操作技术？

小赵是新员工，班组针对新员工的辅导、培训不足，小赵在没有完全掌握相关技术的情况下便上岗作业。

问题4：班组为什么对新员工的辅导、培训不足？

班组针对新员工的辅导、培训没有健全的体系。

问题5：班组为什么没有健全的针对新员工的辅导、培训体系？

班组管理被企业高层所忽视，基层管理存在很多漏洞。

📖 案例：

★ 关于残次品的
"十万个为什么"

3. 小人法

小人法（Smart Little Creatures Modeling）是指将对象的各个部分想象成不同组别的小人，根据人的行动来研究问题的解决方案，然后再形成一种创意的活动过程。

某企业的配电柜装配班的李班长考虑一个人安装配电柜，从头干到尾工作效率太慢，他联想到一群人接力，提出了6人安装配电柜的操作流程。经车间同意后，对员工进行培训，操作熟练后上岗，6人协作安装配电柜比一个人安装配电柜工作效率提高了30%。

📖 案例：

★ 小人法解决大问题

某企业的焊接班王班长发现在焊接时，如果焊条放在地上时间长了，受凉受潮，焊接质量就不好。他联想到如果把每捆焊条看成是一组小人，他们要是受凉受潮怎么办呢？他设计了一款像婴儿车一样的焊条保温车，操作者走到哪里小车就跟到哪里，从而解决了焊接因焊条受凉受潮而影响质量的问题。

4. STC算子

STC算子（Size-Time-Cost Operator）是一种非常简单的工具，是通过以极限的方式想象所要研究的对象，然后产生一种创意的过程。

通过把尺寸（或体积、距离）、时间（或速度、效率）、成本这三个因素设定极大或极小时，看被研究的对象有什么变化，从中找到有创意的方案。例如，一个车轮，如果它飞得最快，就是一个飞向火星的探测器；如果它体积最大，成本最大、速度为零，就可以造一个轮式的宫殿。

 案例：

★ 赵班长的想法不错

某企业的一个组合件焊接班，在焊接组合件时，经常出现把件焊错了的问题，下道工序员工不断向车间反映，影响效率、质量和成本，焊接班经常挨车间批评。赵班长想，怎样才能不出现组焊错误，把质量问题和损失成本降为零（使C最小），又把工作效率提高到最大化（使T最大）呢？他想到了距离（S）这个因素，如果打破班组界限，让员工轮流到下道工序学习一段时间，了解下道工序要求，就不会出现组焊错误了。他的建议被车间采纳后，班组员工分期分批到下道工序学习。通过学习，不仅了解了组焊件要求，也提高了员工协调协作能力，质量损失、工作效率、班组间关系三方面都实现了最佳管理目标。

5. 多屏幕法

多屏幕法（Multi-Screen Thinking）是一种系统地思考问题的方法，分为三个层次：系统、超系统和子系统，再将每个系统分为过去、现在和未来，然后把系统和时间结合起来，分析所研究的对象，产生一种创意。下图为多屏幕法示意图。

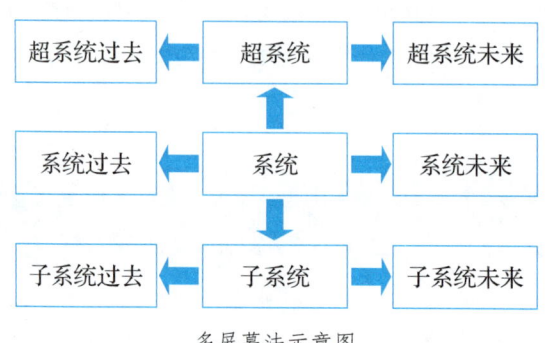

多屏幕法示意图

某企业的一个车间在应用SQDC（S：Safety，安全；Q：Quality，质量；D：Delivery，交期；C：Cost，成本）看板时，出现了不真实的现象。原因是班组长不想把真实情况写在看板

★多屏幕法应用分析

上，因为，据实来写，怕影响自己班的成绩，也怕挫伤员工的工作积极性。车间在检查时，发现了这种现象，就组织班组长讨论怎样填写SQDC看板。有的班长就运用多屏幕法，提出了SQDC看板应是车间（超系统）、班组长（系统）和员工（子系统）共同参与管理的园地，现在只由班组长来管是不对的，应是各负其责，车间的安全员、质量员、生产计划员、成本管理员分别把当月班组发生的安全、质量、交期、成本数据填写在看板上，班组长进行分析，并把问题落到有关员工身上，然后组织改进问题，这样，SQDC看板就起作用了。车间采纳了这个建议，实施后，SQDC切实起到了管理作用。

（三）班组创新值得注意的问题

1. 要克服思维定势的影响

班组创新要克服从众型思维、书本型思维、经验型思维和权威型思维的定势，要树立实践是检验班组创新效果好坏的唯一标准的观念，遇到矛盾和问题时，要想到创新，不唯上、不唯书、不随众，打破条条框框限制，敢于尝试，勇于探索，善于突破。

2. 要克服套用某一种思维方法来考虑所有问题的做法

要树立不同问题使用不同的思维方法的观念，通常一种问题要多种思维方法并用来分析解决。因此，要认真学习，掌握思维方法的精髓实质，不要简单地、机械地照抄照搬。

3. 要克服思维方法万能论的想法

思维方法不是万能的，只是分析问题、解决问题的一个方面，真正的创新，还需要专业技术知识的强有力支持。所以，大家要把学习思维方法和学习专业技术知识结合起来，不能顾此失彼。

第四节
班组创新能力训练

创新具有时代特点，且与国家经济技术的发展趋势密切相关，与国家，甚至是世界的文化建设相关联。例如，人本管理是当代管理中的文化走向。当前，大家都在人本管理创新上大做文章，因此企业班组长创新，也必须了解发展的大势，创新才会更加有价值。创新就是通过思维创新技法，将看似不可能的事情变成可能。

一、案例导入

**利用标杆管理
提高管理效率**　　　改革开放以来，我国的企业在管理上虽然已经有很大的进步，但相比发达国家，仍然有很大的差距，存在着成本高、效率低、产品质量差等诸多问题。某企业为解决这些管理问题，提出了标杆管理法。具体做法：以国内外一流的企业在生产技术上的、管理上的优秀要素为尺度，如成本标杆、质量标杆、安全标杆等，作为企业不同阶段性发展目标，分步实施。该企业实施这种管理办法后，能耗降低了30%。标杆管理的做法，不仅需要确立目标尺度，还对管理技术、管理方法和各项技术指标都有具体的要求，如管理的科学性、信息技术应用等。

二、能力训练与指导

（一）案例启示

案例中的企业采取标杆式管理模式，提高了企业管理水平，并取得能耗降低30%的惊人业绩。企业在管理过程中，应当采用现代管理理念、管理技术和管理方法。班组创新必须在企业发展的大环境中，紧紧抓住企业管理创新、技术创新不放手。因此，研究企业发展趋势，成为班组创新的第一课；分析企业发展的判断能力，则成为班组创新的第一能力。

（二）班组创新应把握的节点

1. 把握企业发展动态，认识企业发展趋势

当今企业要生存和发展，一是要服务用户，不断开发新用户；二是要不断创

新。创新是企业面向市场、引导用户的重要方法和手段。很多企业不断地进行产品创新、管理创新和营销模式创新，带动了企业各级组织进行创新。班组是企业的基层组织，也必须进行创新才能适应企业的管理、技术和产品不断变化的需求。

（1）企业技术产品变化趋势。

① 企业的产品由制造型向创造型发展。企业要发展就必须转变生产经营方式，由过去的制造型企业向创造型企业转变，只有这样，企业才能在激烈的竞争中处于领先地位，做优做强，才能不被淘汰。因此，国内很多企业都不断地研发具有高科技含量的新产品，占领国内市场，打入国际市场。发明创造已经成为这个时代的最强音，3D打印、大数据技术的开发应用，催生了新技术革命迅猛发展。

② 企业的技术装备向柔性化发展。许多国内的大型企业的技术装备已经采用了数控加工中心，机器人、生产流水线生产、柔性工装、组合模具和夹具得到了普遍应用，这为生产高科技产品提供了条件。许多企业的硬件设施已经达到了国际领先水平。

（2）企业管理发展趋势。

① 企业的员工素质综合化。现在很多企业的员工素质很高，许多班组的岗位员工是大专毕业生，有的岗位员工还是本科毕业生。企业通过组织多专业、大工种培训，许多员工具有一专多能的本领，为企业的产品创新、管理创新提供了人才保证。加之国家推进"双证教育"，一批批既懂理论又会技能的青年人快速成长，并逐渐成为企业的骨干力量。

② 企业的组织向扁平化发展。许多企业对传统的直线职能制进行了改革，选择了事业部或矩阵式组织管理模式，精简了机构，压缩了管理链条，使得企业将管理重心下移，班组承担了一些原来没承担过的重任。

③ 企业的流程向信息化发展。为提高企业各项工作效率，许多企业进行了流程变革，通过梳理业务流程和管理流程，并与信息技术结合，提高了工作效率，使生产经营节奏加快，要求员工快速适应。

④ 企业的管理理念向精细化发展。企业管理的各项制度、流程、操作要求越来越细，越来越严格，要求企业员工在各项工作中，必须精耕细作，不能出差错，从观念到操作技能精益求精。

2. 内外发展对班组建设和管理的影响

（1）职能结构区域化。传统企业的生产组织结构以专业化分工为主，这使得每位员工责任单一，业务范围过窄，并导致出现管理层次多、用工数量多的弊端。而现代企业为实现高效化，普遍采用了多能工和区域工的形式，基层班组的责任也得到了加宽加重，工作内容更为复杂化。例如，许多企业采取区域化管理模式，将原来的专业班组变为生产区域班组，在一个班组中相关的专业都包含在内。

（2）管理重点下移。由于企业管理重心下移，基层管理责任加重。许多企业的一些组织都具有班组管理特点，如企业里的售后服务站管理就是一种班组制的管理，但这个组织相对独立在外，要比班组的管理责任大。

（3）柔性班组的出现。现在有许多企业采取临时用工制、工序外包制，并把管理权下放给基层组织。基层组织给他们设了一个或几个班的编制，把工作交给他们干，管理由他们自己管，这样的班组有一定的自主权。

（4）虚拟化、网络化班组成为现实。一些与市场密切的企业，为了充分利运好网络资源，或借助互联网进行异地或跨地域的市场化运作，形成了以网络为主要管理手段的网络化项目小组。例如，网络银行、网络商店、网络营销等广泛应用，使得跨区域管理成为了现实。

（三）创新思维能力训练实例

1. 等式成立实例

以下等式在什么情况成立？对你思考问题有什么启发？

1+1=1，3+4=1，9+1=1，6+6=1，17+7=1。

答案如下：

这道题有多种答案，这里只给出一种答案，供参考：

1市斤+1市斤=1公斤；3天+4天=1星期；9厘米+1厘米=1分米；6个月+6个月=1年；17小时+7小时=1天。

2. 九珠连接实例

怎样用三条线将九珠连接起来，思维的突破点在何处？

要求：① 不能移动任何珠；② 连接必须一笔完成。

答案如下：

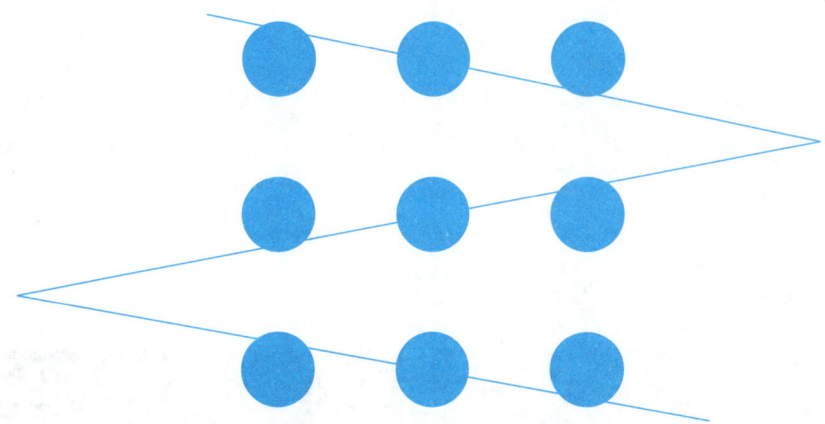

3. 数字搬家实例

把1、2、3、4、5按原顺序从A处搬到C处，一次只能挪一个，不能以大压小。怎么排才行？

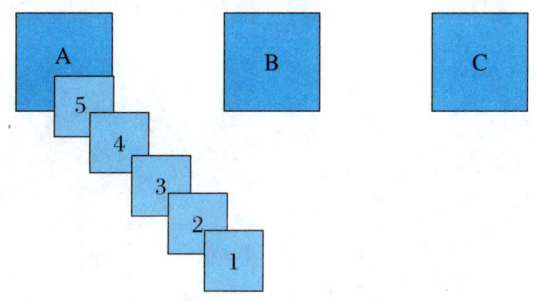

答案如下：第一步：1→C；第二步：2→B；第三步：1→B；第四步：3→C；第五步：1→A；第六步：2→C；第七步：1→C；第八步：4→B；第九步：1→B；第十步：2→A；第十一步：1→A；第十二步：3→B；第十三步：1→C；第十四步：2→B；第十五步：1→B；第十六步：5→C；第十七步：1→A；第十八步：2→C；第十九步：1→C；第二十步：3→A；第二十一步：1→B；第二十二步：2→A；第二十三步：1→A；第二十四步：4→C；第二十五步：1→C；第二十六步：2→B；　第二十七步：1→B；第二十八步：3→C；第二十九步：1→A；第三十步：2→C；第三十一步：1→C。

4. 地面试验小章鱼试验设备插头创新实例

中国北方机车车辆工业集团长春轨道客车股份有限公司的高速动车组产品小章鱼试验中，试验设备无法完成一次校线工作，实验过程繁琐，为了提高工作效率和试验数据准确性，试验班组将结合实际试验流程，改造试验设备，达到提高工作效率100%的目的。

实施措施：

（1）提出结合以前的工作经验制定整改计划，制定试验设备插头改造新方案。

（2）将之前的每捆线对应的实验设备改造成单个插头，即将每捆需要接的8根线改造成一个传感器插头。

（3）通过实验确认改造后的插头针位的对应位置，校验无误后即可完成改造。具体操作方法如下图所示。

小章鱼试验设备插头创新操作方法

创新前要把实验设备8根线与产品试验线柱相应连接后，仅需要将两个插头对应插接即可。

经过创新，小章鱼试验的时间缩短50%，提高工作效率100%，降低试验故障率30%。

思考题与能力训练

1. 根据本班组实际情况，说一说班组创新的特点。

2. 结合实际谈一谈班组创新的意义与作用。

3. 举出实际应用创新思维方法的例子，并提出创新实施方案。

4. 举例说明什么是小人法？请用小人法提出班组创新设想。

5. 根据本班组实际情况，说一说班组创新应遵循什么原则？

Extended reading
拓展阅读

罗班长对班组创新实践的认识

某企业电力车间电力二班始终把激发员工的技术创新热情、保持班组的技术创新活力作为班组建设的核心工作来抓，打造出一支作风顽强、技术精湛、勇于创新的发明型、研究型员工团队。

班组通过不断进行创新，不仅满足了生产工作的需要，同时也有效地搭建了员工个人事业提升的平台，使员工利用创新活动提供的展示和锻炼机会实现了自我价值，为班组持续、稳定、健康的发展做出了积极的贡献。

一、强化岗位技能传承，提升整体技能水平

班组人员既是相对稳定，也是一个新老更替、不断流动团体。立足岗位实际的技能水平的高低直接反映出班组创新能力的基础，因此，要把强化岗位技能摆在第一位。众所周知，电气设备维护岗位在现代化企业中是典型的知识型、高技能型岗位。技能传承和知识更新是班组能够出色完成工作任务的关键。

班组要做好员工的技能传承，实现整体技能水平的提升。可以指定班组技术高超、品德优良的操作师进行"师徒传帮带"，让新人尽快地进入岗位角色，鼓励老师傅公开经验技术，实现班组技能共享。

二、注重班组创新文化培育，将创新元素植入班组日常工作之中

增强创新的主动性，建设创新型班组。班组的创新氛围是持续推进的基本支撑，没有好的创新文化氛围，就不能够实现持续性，员工也就缺乏创新的主动性和积极性。因此，要始终坚持把班组创新文化的培育作为建设创新型班组的核心内容。一是要注重员工发挥创造性。鼓励班组成员广开言路，拓展思路，凝聚智慧，用创造性的思维方式去立足本职岗位，开展创新活动；二是要注重创新平台的搭建。将创新工作从自发性转化为制度约束的自觉性，人人思考创新，人人钻研。同时给予创新活动、创新项目、创新员工一定的物质和精神支持，搭建一个充分施展才能的平台。通过创新使员工找到归属感和使命感，克服超越工作只是为了等价交换的低层次思想观念。这极大调动了员工工作的积极性，使班组工作效率和质量得到了根本性的提升。

三、统筹协调发挥团队作用，集体攻关配合完成创新难题

员工的个人能力是有限的，个体的创新活动是局部的，要想从整体上实现处处创新，就需要发挥团队协同作用。一是班组及时根据创新内容组建团队。把攻关创新方向一样的人分为一组，让他们用集体的力量去攻关，实现力量的集中。二是培养团队带头人，打造班组的核心竞争力。突出抓好团队带头人的培养，团队带头人是团队的"火车头"，其素质和能力的高低会直接影响到团队的整体。三是"团队结对"，做好互补。不同的团队之间必然存在长处短处不同的差异，要根据团队需要，建立起团队结对互助机制，实现团队整体水平的提升，为更好地开展创新活动奠定扎实的基础。

四、几点认识

（1）班组创新意义深远，是企业快速发展对班组的迫切要求，对企业的创新力的提升起着基础性、关键性的作用，是企业实现提高核心竞争力、实现跨越式发展的必要条件。

（2）班组创新是班组在生产实践中的内在需求。由于员工面临的是众多的、现代化的高科技机床设备，为了高效、高质地完成工作任务，对于质量问题或设备隐患必须通过创新的方法来解决。否则，班组将很难保证维护区电气设备安全正常运行，这将对企业生产进度造成严重影响。

（3）创新是员工自身发展、提升技能水平、展现才华的良好平台，是内在提升的要求。创新的成功需要高超的技能作为保障，员工通过攻关创新，可以提高自身技能水平和积累经验。为了完成创新任务，员工会学习、查阅大量资料，并做很多实验，这会使员工综合素质得到很大提升。某电力二班创新、立项攻关连续多年名列分厂前茅，创新成果累计30余项。其中获得公司表彰的达27项，一等奖14项，充分彰显了员工的工作业绩，提升了员工的知名度。一名员工通过创新晋升为首席操作师，一名员工晋升为二级操作师，两名员工晋升为三级操作师，还有数名员工晋升为高级技师或技师，通过创新的舞台圆了他们的职业梦想，实现了员工的自身价值。

（作者：罗昭强）

参考文献

［1］中航工业西安航空发动机公司班组建设系列文化丛书之3：班组建设管理手册. 中航工业西安航空发动机公司资料.

［2］中航航空工业集团公司工会. 航空工业班组建设. 北京：航空工业出版社. 2014.

［3］李丽娟. 管理学原理. 北京：北京理工大学出版社，2010.

［4］王晓君. 班组现场管理实用百答. 北京：新华出版社，2012.

［5］原成刚. 怎样当好班组长. 北京：北京燕山出版社，2009.

［6］崔生祥. 怎样当好创新型班组长. 北京：中国言实出版社，2011.

［7］王明哲. 如何做一名合格的班组长——怎样当好班组长. 北京：中国言实出版社，2011.

［8］百度文库：http://wenku.baidu.com/view/40ebe7402b160b4e767fcfc7.html.

［9］劳动和社会保障部，中国职工教育和职业培训协会. 企业班组长培训教程. 北京：海洋出版社，2007.

［10］郑州铁路局. 班组长. 成都：西南交通大学出版社，2009.

［11］温德诚. 精细化管理实践手册. 北京：新华出版社，2009.

［12］陈兰华，魏玉光. 铁路安全风险管理普及读本. 北京：中国铁道出版社，2012.

［13］成都铁路. 班组管理与实践. 成都：西南交通大学出版社，2012.

［14］李学章，崔生祥. 怎样当好班组长. 北京：企业管理出版社，2014.

［15］彭万忠. 怎样做好现代班组建设与管理工作. 北京：中国言实出版社. 2011.

［16］北京职工教育协会. 企业中层领导管理能力训练教程. 北京：知识出版社，2006.

［17］曾仕强. 曾仕强管理学. 北京：东方出版社，2009.

［18］隋晓明，赵文明. 你是世界上最会说话的人. 北京：中国商业出版社，2010.

［19］王瑞祥. 现代企业班组建设与管理. 北京：科学出版社，2007.

［20］赵慧敏，吴日荣. 班组长全面管理技能应用手册. 北京：中国工人出版社，2012.

［21］夏晓凌. 我谈治班之策. 北京：中国工人出版社，2002.

［22］刘建怀. 电力企业班组管理决策100例. 北京：中国电力出版社，2005.

［23］燕山石化公司——企业文化案例. 企业宣传资料.

［24］王树林. 班组管理实战. 北京：化学工业出版社，2009.

［25］党新民，肖智军. 现场管理实务. 2版. 广州：广东经济出版社，2004.

［26］杨剑，黄英. 优秀班组长现场管理. 2版. 北京：中国纺织出版社，
　　　　2010.

［27］徐明达. 怎样当好班组长. 北京：机械工业出版社，2009.

［28］中国21世纪议程管理中心. 创新方法教程（初级）. 北京：高等教育出
　　　　版社，2012.